Lehrerhandbuch Erzieherausbildung Band 3

Neue kompetenzorientierte Unterrichtssequenzen & Arbeiten mit dem Portfolio

Mit CD-ROM

Von Hanna Heinz

Handwerk und Technik • Hamburg

Über die Autorin

Hanna Heinz unterrichtet als Dipl. Sozialpädagogin (FH) langjährig in der beruflichen Ausbildung von Erziehern/Erzieherinnen und Kinderpflegern/Kinderpflegerinnen an der Fachakademie für Sozialpädagogik und an der Berufsfachschule für Kinderpflege in Lindau/Bayern. Neben der unterrichtlichen Tätigkeit begleitet sie die praktische Ausbildung in verschiedenen Erziehungs- und Bildungseinrichtungen. Sowohl eine Klassenlehrerausbildung, eine heilpädagogische Zusatzausbildung und die Qualifikation als Mentorin zum Kindergartenprojekt „Giraffentraum – gewaltfreie Kommunikation für den vorschulischen Bereich" bereichern ihre Arbeit. In beruflicher Nebentätigkeit gestaltet sie Fort- und Weiterbildungsveranstaltungen für Kollegien an beruflichen Schulen.

Symbole im Buch (siehe Rand)

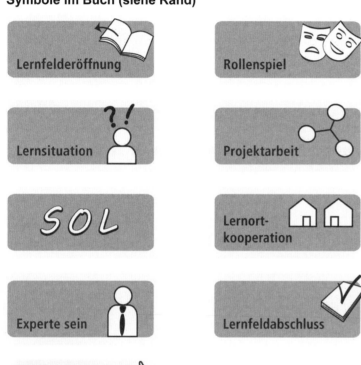

Aus dieser Reihe sind erhältlich:
Band 1 (Bestellnummer 4709) – Band 2 (Bestellnummer 4710) – Band 4 (Bestellnummer 4713)

ISBN 978-3-582-04712-0   Best.-Nr. 4712

Das Werk und seine Teile sind urheberrechtlich geschützt. Jede Nutzung in anderen als den gesetzlich oder durch bundesweite Vereinbarungen zugelassenen Fällen bedarf der vorherigen schriftlichen Einwilligung des Verlages.

Verlag Handwerk und Technik GmbH
Lademannbogen 135, 22339 Hamburg; Postfach 63 05 00, 22331 Hamburg – 2018
Internet: *www.handwerk-technik.de*
E-Mail: *info@handwerk-technik.de*
Layout und Gestaltung: PER Medien & Marketing GmbH, 38102 Braunschweig
Druck: Elbe Druckerei Wittenberg GmbH, 06886 Wittenberg

Vorwort

Mit dem neuen länderübergreifenden Lehrplan etablierte sich 2012 ein handlungs- und kompetenzorientierter Unterricht in der Ausbildung von Erzieherinnen und Erziehern, d. h., es kann notwendigerweise auf der Metaebene erfahrbar werden, was später in der täglichen pädagogischen Arbeit mit Kindern, Jugendlichen und jungen Erwachsenen praktiziert werden soll. Damit wird in der Ausbildung nachvollzogen, was für die erzieherische Praxis mit der Einführung der Erziehungs- und Bildungspläne längst gilt.

> Als „Grundsätze der Ausbildung" werden im Länderübergreifenden Lehrplan Erzieher (2012) u.a. drei Grundlagen beschrieben:
>
> - Die **Kompetenzorientierung** der Ausbildung, wobei Kompetenz folgendermaßen definiert wird:
>   Das kompetente Handeln einer Fachkraft wird beschrieben als Möglichkeit, „Wissen und Fertigkeiten, die das Handeln in einer konkreten Situation erfordern, mit professioneller Haltung und Bereitschaft zum Handeln" zu verbinden: „Situationsbezug, fachliche Expertise, Persönlichkeit und Performanz als tatsächlich erbrachte Leistung sind die spezifischen Merkmale des Kompetenzbegriffs." (Länderübergreifender Lehrplan Erzieher 2012, S. 8)
>
> In Korrespondenz mit der Kompetenzorientierung zeigt der Lehrplan
> - die **Handlungsorientierung** als ein didaktisches und lernorganisatorisches Konzept und als weiteren Grundsatz der Ausbildung auf:
>   Sie „zielt auf eine konstruktive Lehr-/Lernprozessgestaltung, die auf die Interdependenz von Denken und Handeln aufbaut. Ein wesentliches didaktisches Element in der Ausbildung beruflicher Handlungskompetenz bildet die Orientierung des Unterrichts an der Bearbeitung komplexer beruflicher Aufgabenstellungen." (ebd. S. 8)
> - Die **Entwicklungsorientierung** folgt – womit der Erwerb „tragfähiger Berufsvorstellungen und Handlungskonzepte, indem [Studierende] ihre Alltagstheorien, Orientierungs- und Handlungsmuster fachwissenschaftlich reflektieren und in der Praxis an zentralen Aufgaben des Berufs erproben und weiterentwickeln," gemeint ist (ebd. S. 11).

Für Lehrkräfte an Fachschulen und Fachakademien stellt sich die Frage, wie sie die benannten Grundsätze im Unterricht verwirklichen und in konkrete didaktische Maßnahmen umsetzen können. Auch dafür gibt der Lehrplan Anhaltspunkte, indem er ein **konstruktivistisches Verständnis von Lernen** vorgibt und Lernen bezeichnet als einen aktiven, selbst gesteuerten, konstruktiven, emotionalen, situativen und sozialen Prozess.

Dieser Prozess legt folgende Unterrichtsprinzipien nahe:
- Lernen in vollständigen Handlungsvollzügen
- Fachwissenschaften im beruflichen Kontext
- Theorie-Praxis-Verknüpfung
- Entwicklung der professionellen Haltung
- kooperative und selbst gesteuerte Lernformen
- forschendes Lernen und erwachsenengerechte Lehr- und Lernformen
- doppelte Vermittlungspraxis

Es ist tatsächlich eine neue Philosophie spürbar, die von diesem Lehrplan ausgeht – und mit dessen Umsetzung vollzieht sich ein Paradigmenwechsel im didaktischen Verfahren.

Das vorliegende „Lehrerhandbuch Erzieherausbildung" (Band 3 und 4) versucht wie die Bände 1 und 2, die vorgegebenen Unterrichtsprinzipien in konkreten didaktischen Arrangements für die Lernfelder des „Länderübergreifenden Lehrplans für die Erzieherausbildung" (2012) umzusetzen und beachtet dabei das „Kompetenzorientierte Qualifikationsprofil" (KMK 2011) zur gleichen Zielgruppe.

Diese kompetenzorientierten Unterrichtssequenzen richten sich aus an fachdidaktischen Grundlagen für den Unterricht, unter anderem an dem Werk „Didaktik der Sozialpädagogik" (Hrsg. Jaszus/Küls, 2017), in dem zentrale didaktische Modelle grundlegend für den sozialpädagogischen Bereich erörtert werden.

> *Lernfeld 1* Berufliche Identität und professionelle Perspektiven weiterentwickeln
>
> *Lernfeld 2* Pädagogische Beziehungen gestalten und mit Gruppen pädagogisch arbeiten
>
> *Lernfeld 3* Lebenswelten und Diversität wahrnehmen, verstehen und Inklusion fördern
>
> *Lernfeld 4* Sozialpädagogische Bildungsarbeit in den Bildungsbereichen professionell gestalten
>
> *Lernfeld 5* Erziehungs- und Bildungspartnerschaften mit Eltern und Bezugspersonen gestalten sowie Übergänge unterstützen
>
> *Lernfeld 6* Institution und Team entwickeln sowie in Netzwerken kooperieren

Dabei wird die Kompetenzorientierung in der Unterrichtsorganisation mit den Lernfeldern verbindlich, die **Handlungsorientierung** mit den Lernsituationen greifbar.

Doch braucht es darüber hinaus eine zielführende „konstruktive Lehr- und Lernprozessgestaltung" (LP S. 8), welche den Lernenden eine Erprobung und Reflexion von professionellen Handlungsmustern innerhalb des Unterrichtsprozesses ermöglichen. „Personale Bildungsprozesse der Studierenden rücken im Kontext ihrer beruflichen Sozialisation in den Mittelpunkt der Didaktik" (LP S. 11). Die Metaebene Unterricht kann wirksam werden im Sinne der im Bildungsplan geforderten fachlichen und methodischen sowie personalen und sozialen Kompetenzen. Die Lehrkraft wird zum Lernbegleiter/Coach für die zukünftigen Erzieherinnen und Erzieher, also auch zum Vorbild in einem selbst organisierten Lernverfahren: „Lernen in Beziehungen ist ko-konstruktives Lernen, in dem die Studierenden mit den Lehrkräften in einen Austausch über ihre eigenen Konstruktionen von Wirklichkeit kommen" (LP S. 12).

Die Lehrkraft stellt geeignete Lernkonzepte für die Erarbeitung von Fachtexten aus dem Bereich Selbst organisierte Lernformen (SOL) ebenso zur Verfügung wie soziale Lernformen aus dem Bereich **Kooperatives Lernen** und/oder weiterführend auch längerfristige Lernverfahren. In den Bänden 3 und 4 werden darüber hinaus fächer- und lernfeldübergreifende Konzepte wie beispielsweise die Portfolio-Arbeit oder das Klassenmanagement konkretisiert, die letztendlich alle dem gleichen Ziel verpflichtet sind: Der Lernende selbst übernimmt individuell Verantwortung im Rahmen eines kooperativen Geschehens. Ein von den Studierenden eigenverantwortlich geführter Ausbildungsplan dokumentiert diese Verantwortlichkeit und vernetzt wie das Ausbildungsportfolio die Lernorte.

Aus diesem Verständnis heraus sollen die beschriebenen Unterrichtskonzepte als Anregung für die eigene Unterrichtspraxis jeder Lehrkraft dienen, die dann spezifisch ausgerichtet werden können an der jeweiligen Zielgruppe, den Lehrinhalten im Einzelnen, der Lehr- und Lernsituation an der eigenen Schule – also auch auf unterrichtsdidaktischer Ebene vollzieht sich die **zielgruppenspezifische Orientierung** auf der Basis eines konstruktivistischen Bildungsbegriffs. Gleichzeitig wird der Bildungsprozess als lebendiges Entwicklungsgeschehen flexibel gehalten und bewusst gestaltet.

 Zu diesem Zweck befinden sich die im Buch vorgestellten Sequenzen in editierbarer Form (Format Microsoft WORD) auf der beigefügten CD-ROM. Alle Arrangements können somit auch in Auszügen oder modifiziert verwendet werden.

Ferner geht es darum, umfänglich und aktiv über die Metaebene den Lernenden situationsbezogen Erfahrungen zum konstruktivistischen Bildungsansatz zu ermöglichen: In einer bewussten Auseinandersetzung und Gestaltung der Lernsituation werden u.a. im Klassenmanagement soziale Prozesse analysiert, zielgerichtet und planvoll gestaltet. Studierende erweitern ihre sozialen wie auch personalen Kompetenzen und erschließen sich z. B. in inklusiven Erfahrungen den Wert von Heterogenität in didaktischen wie gesellschaftlichen Zusammenhängen.

> Um den Erwerb von Fachkompetenz zu gewährleisten, sei vorangestellt: Alle offenen Unterrichtskonzepte brauchen eine fachdidaktische Absicherung durch **fachliche Grundlagen** wie Lehrwerke und Fachliteratur, Beiträge aus Fachzeitschriften, digitale Materialien zu den Fachgebieten oder ein vom Fachkollegium erarbeitetes Konzept zum jeweiligen Lerninhalt. Sie ergeben die fachtheoretischen Grundlagen, welche es mit den nachfolgenden didaktischen Arrangements zu erarbeiten gilt.

Über Anregungen und Kommentare zur Weiterentwicklung von „Lehrerhandbuch Erzieherausbildung" freut sich die Autorin.

Autorin und Verlag

Inhalt

Vorliegender BAND 3 für die Lernfelder 1, 2, 3 und 5, 6

	Seite
Didaktisches Glossar 2	1
Einleitung	1
Lernfeldarbeit	3
Lernsituationen	6
Lernortkooperation	12
Ausbildungsportfolio	15

🔊 Glossar aus Band 1 auf CD

Situationsanalyse (nach Beer) ... 17
Lernbüro: Arbeitsplan (Formulare) ... 19

Einführung in kompetenzorientierten Unterricht ... 21
🔊 Präsentationsdatei auf CD: Einführung in kompetenzorientierten Unterricht für Studierende (38 Folien)

Lernfeld 1
Berufliche Identität und professionelle Perspektiven weiterentwickeln

Motivationsschreiben zum Start in die Erzieherausbildung ... 22

Fantasiereise: Baumschule ... 27

Die Kleinen kommen: Texte und Aufgaben zur Krippenpädagogik ... 28
🔊 Fachtext auf CD

Glossar: Krippenpädagogik ... 30

Bild vom Erzieher/von der Erzieherin ... 35

Evaluationsposter zu Lernfeld 1 ... 37

Lernfeld 2
Pädagogische Beziehungen gestalten und mit Gruppen pädagogisch arbeiten

Lernsituation zu Bindung, mit Arbeitsaufträgen ... 38
🔊 Fachtext Dr. Gabriele Haug-Schnabel auf CD

Leistungsnachweis: Pädagogische Handlungskonzepte (90 Minuten) ... 51
🔊 Lösungsentwurf auf CD

Lernfeld 3
Lebenswelten und Diversität wahrnehmen, verstehen und Inklusion fördern

Wahrnehmungsrundgang Schule, mit Arbeitsblättern ... 55
🔊 Weitere Vorlagen auf CD, 12 Seiten

Advance Organizer (Lernlandkarte) zu Beobachtung LF 3 ... 59
🔊 Farbige Version auf CD

Fotowettbewerb „Wahrnehmung" ... 60

Lerntheke Beobachtung, mit 26 Arbeitsblättern ... 61

Die Beobachtung: eine Materialsammlung 86
Die „Beobachtungssequenz" (Formular inkl. Korrekturblatt) 87
Übungsexpertisen: Alltagsbeobachtung vs. fachliche Beobachtung 92
Der „Beobachtungsbericht" mit Lerngeschichte (Formular) 95
Das „Beobachtungsbuch" für die sozialpädagogische Praxis (diverse Vorlagen zu Kind, Gruppe, Transition) 100
Hospitationsbogen für das Praktikum 111
ⓈWeitere Hospitationsbögen zur Differenzierung auf CD, 20 Seiten

Lernfeld 5 Erziehungs- und Bildungspartnerschaften mit Eltern und Bezugspersonen gestalten sowie Übergänge unterstützen

Moderation & Präsentation von Themen: Elternpartnerschaft LF5 116

Lernsituationen: Erziehungspartnerschaften 130

Szenario: Helen und Familie 136

Leistungsnachweis: Elternkooperation (90 Minuten) 140
Ⓢ Lösungsentwurf auf CD

Lernfeld 6
Institution und Team entwickeln sowie in Netzwerken kooperieren

Methoden der Kooperation im Team: 145
Kollegiale Beratung: Helen 145
Die Kita als lernende Organisation 152
Ⓢ Fachtext auf CD

Konzeptionsentwicklung: 153
Konzeptionsentwicklung, Arbeitsblätter 153
Konzept für Bauerhofkindergarten 155
Simulationsspiel: Teamsitzung (Konzeptionsentwicklung) 156
Ⓢ Weiteres Material auf CD (Plakate)

METHODE: Ausbildungsportfolio

PORTFOLIO – die Methode 168
PORTFOLIO – der Workshop 174
PORTFOLIO – Methoden innerhalb der Portfolioarbeit 196
PORTFOLIO – Die Inhalte *(Entwicklungsskala Begleitpraktikum - Praktikumsvereinbarung – Institutionsbericht - Sozialraumanalyse -Videogestützte Praxisreflexion - Dokumentation von Praxisgesprächen - Reflexives Praxistagebuch - Reflexiver Wochenrückblick - Reflexives Schreiben - Planung Bildungsangebot - Arbeit mit Dilemma-Situationen - Kooperationsbericht Bildungs-/Erziehungspartnerschaft)* 204
Ⓢ Weiteres Material auf CD (21 Registerblätter für Portfolio)

METHODE: Lernortkooperation

Warum Lernortkooperation? 249
Einführung: Erstellen eines individuellen Ausbildungsplans 253
Mein Ausbildungsplan (Formular Plan A) 256
So erstellen Sie einen Ausbildungsplan (Plan A) 259
Beispiel Ausbildungsplan (Plan B) 262
Ⓢ Weiteres Material auf CD (Beispiel für Ausbildungsplan)
Literaturverzeichnis 264
Bildquellenverzeichnis 266

Inhalt BAND 4 für die Lernfelder 3 und 4 (separat erhältlich)

Didaktisches Glossar 3
Einleitung
Lernsituationen
Reflexives Klassenmanagement
Klassenforum
Heterogenität wahrnehmen & Inklusionskultur schaffen
🕮 Didaktisches Glossar 1 aus Band 1 auf CD

Situationsanalyse (nach Beer)

Lernbüro: Arbeitsplan zum Lernfeld

Einführung in den kompetenzorientierten Unterricht
🕮 Präsentationsdatei auf CD: Einführung in kompetenzorientierten Unterricht für Studierende (38 Folien)

Lernfeld 3
Lebenswelten und Diversität wahrnehmen, verstehen und Inklusion fördern

Lernsituationen Kindertagesstätte, mit 11 Arbeitsblättern
Mit 5 Lernsituationen

Lernsituationen Offene Ganztagschule (OGS), mit 35 Arbeitsblättern
Rahmensituation, mit 6 Lernsituationen
Inkl. **Leistungsnachweis Offene Ganztagschule** (90 Minuten)
🕮 Lösungsentwurf Schulaufgabe auf CD

Leistungsnachweis: Beobachtung – eine professionelle Kompetenz (45 Minuten)
🕮 Lösungsentwurf auf CD

Die Kinderzeichnung – betrachten und interpretieren
Einführung und Bildergalerie
Betrachtung und Interpretationen
Die Methode Bildbetrachtung mit Kindern
Inkl. **Leistungsnachweis Kinderzeichnung analysieren** (mit Lösungsentwurf)

Lernfeld 4 Sozialpädagogische Bildungsarbeit in den Bildungsbereichen professionell gestalten

Methodisches Vorgehen

Freispiel als methodische Organisationsform, mit Arbeitsblättern

Zum Bildungsbegriff – 3 Arten von Bildung, mit Arbeitsblättern
🕮 Fachtext Martin Textor auf CD
🕮 Weiteres Material auf CD

Das kindliche Bauen: Lerntheke und andere Materialien, mit 24 Arbeitsblättern
Inkl. Grundlagentext Das kindliche Bauen (9 Seiten)

Methoden-Workshop zu Bildungsprozessen
Die Organisation
Inhalte: die Grundlagen
Grundlagentext: Methoden und Methodenvielfalt
Inhalte: Handlungssituation
Inhalte: Dokumentation & Reflexion von Bildungsangeboten
Inhalte: Ausblicke (Glossar)
Evaluierung: Entwicklungsspinne
🎧 Zusatzmaterial auf CD

Märchen-Memory: Expertengespräche zum Thema „Märchen erzählen"

METHODE: Reflexives Klassenmanagement

1 Lernen in sozialen Bezügen
2 Lernen durch Partizipation
Schulhaus-Rallye
🎧 Schulhaus-Rallye auf CD (22 Seiten)
Methode Schülerbesprechung / Kollegiale Fallbesprechung
🎧 Methode Schülerbesprechung und kollegiale Fallbesprechung auf CD (5 Seiten)
Klassenforum am Beispiel „Bildungshaus"
🎧 Methode Klassenforum „Bildungshaus" auf CD (5 Seiten)
3 Lernen im Prozess
4 Lernen durch Motivation und Emotion
5 Lernen und Selbstwirksamkeit
6 Lernen durch Engagement
Lernen durch Engagement – die Methode
🎧 Lernen durch Engagement auf CD (24 Seiten)
Engagiertheitsprojekt: Beispiel „Ein Friedenskoffer auf Reisen"
🎧 Beispiel Friedenskoffer (40 Seiten)
7 Lernen durch Metakommunikation
8 Zusammenfassung
🎧 Weiteres Material auf CD

METHODE: Inklusion in der sozialpädagogischen Klasse

Einführung: Inklusionsbegleitung in der sozialpädagogischen Ausbildung
Organigramm: Inklusionsbegleitung einer Schülerin/eines Schülers mit besonderem Förderbedarf
Inklusion – der methodische Prozess [Bezug Inklusionsschüler/-in]
Kompetenzentwicklungsplanung
Inklusion – der methodische Prozess [Bezug Inklusionsklasse]
🎧 Präsentationsdatei auf CD: Inklusion
🎧 Weiteres Material auf CD
Literaturverzeichnis
Bildquellenverzeichnis

GLOSSAR

Didaktisches Glossar 2

Hinweis

 Das „didaktische Glossar 1" aus den Bänden 1 / 2 findet sich zum Nachschlagen auf der vorliegenden CD. Siehe dort Methoden wie Unterrichtsevaluation, Lerntagebuch u.v.m.

GLOSSAR

Didaktisches Glossar 1

Lernbausteine/Lernmodule zur Umsetzung eines handlungs- und kompetenzorientierten Lernens gibt es viele. Sie sind getragen von diesen didaktischen Prinzipien:

- Methodische **Vielfalt**
- Methodische **Interdependenz**
- Methodische **Kompetenzen**

Sie sind so zu setzen, dass sie kompatibel sind:

... kompatibel mit den Vorerfahrungen der Studierenden bzgl. eines eigenständig gestalteten Lernprozesses:
Im Lernfeld 1 [abgekürzt LF 1] muss deshalb die Führung innerhalb eines SOL-Prozesses noch enger sein als in einem LF 5 oder LF 6.

Das gilt auch für die Art der Kompetenzmessung im *Lerntagebuch*: Im LF 1 erfahren die Studierenden beispielsweise den Umgang mit einer stark strukturierten Taxonomie (Ankreuzen im Kompetenzraster lässt wenig Spielraum, führt aber Fachbegriffe ein); im LF 2 erweitern sie die Begrifflichkeiten (Kompetenzdiagnose gibt hintergründige Informationen); während die Studierenden im LF 5 eine Kompetenzmessung anwenden, die eine solche völlig offen lässt. D.h., im LF 5 bleibt die Anwendung dem Studierenden selbst überlassen, da auf Kenntnisse und Erfahrungen aus vorangegangenen Lernfeldern vertraut werden darf. Das LF 6 lässt dann ein Optimum an Selbstorientierung zu: Die/der Studierende wählt jenes Verfahren zur Kompetenzbemessung, welches ihr/ihm individuell am besten zusagte.

... kompatibel mit dem zu erarbeitenden Lerninhalt:
Nicht jeder Lerngegenstand, nicht jedes Thema eignet sich für eine Lerntheke, ein Lernatelier, ein Planspiel, ein Expertenforum o. Ä.: Es gibt in einem Lernfeld evtl. wesentliche Fachbegrifflichkeiten, die es zu sichern gilt, wie in LF 4. Dann bietet sich ein von *Experten* gestaltetes *Glossar* an. Oder es besteht die Möglichkeit, in einem Lernfeld erarbeitete Inhalte sofort praxisnah umzusetzen wie in LF 5 in Präsentationen. Oder es ist eine Fülle von Inhalten zu erarbeiten, die nur in arbeitsteiligen Methoden möglich ist (z. B. in LF 2/Pädagogische Handlungskonzepte), dann bietet sich eine *Tisch-Tafel-Präsentation* im Sinne von *Experte sein* oder offener *Lernwerkstatt* an.

... kompatibel mit anderen Lernbausteinen, d. h., sie sind kombinierbar. So können z. B. *Lernsituationen* mit dem *Lernen an Stationen* (vgl. LF 1) erarbeitet werden.

... kompatibel mit dem Vorwissen der Studierenden:
Entsprechend einer heterogenen Schülerschaft ist ein breit gefächertes Lernarrangement wichtig, um eine Binnendifferenzierung innerhalb der Lerngruppe zu ermöglichen: Jeder Studierende wählt den Lernbaustein, welcher seiner individuellen Kompetenzerweiterung (z. B. persönliches Ziel: Fachkompetenz zum Thema stärken), seiner momentanen Lernsituation (z. B. Befindlichkeiten), der allgemeinen Lernsituation (z. B. Nachmittagsunterricht), seinem momentanen Interesse, seinem Vertiefungsgebiet, seinem aktuellen Praktikum o. a. dienlich ist.

GLOSSAR

... kompatibel mit den gewählten „Vertiefungsgebieten" (bayern-spezifisch):

Den Studierenden sollte innerhalb der Lernbausteine immer die Wahl von Aufgaben innerhalb eines Arbeitsfelds entsprechend des Entwicklungsalters im gewählten „Vertiefungsgebiet" angeboten werden (z. B. Lernsituationen wie in LF 5 zu unterschiedlichen Arbeitsfeldern des Erziehers).

... kompatibel mit den an der Schule üblichen Zeitstrukturen:

Nicht jede Schule arbeitet ausschließlich lernfeldbezogen, d. h., es gibt fächerorientierten Unterricht.
Eine zeitliche Grundorganisation sollte dann möglichst auf geblockte Unterrichtseinheiten abstellen; schon bei 90-minütigen Unterrichtseinheiten lassen sich Freiarbeitszeiten gut realisieren.

... kompatibel mit den an der Schule verfügbaren Räumen und Materialien:

Nicht jede Schule kann sofort und vollständig die wünschenswerten Rahmenbedingungen für *Lernlandschaften* zur Verfügung stellen. Aber schon mit wenigen materiellen Mitteln und einem klaren Bewusstsein einer offen gestalteten Lernumgebung kann einiges bewirkt werden:
Es können einfache Regale als Raumteiler wirken und einem Klassenzimmer eine lernförderliche Struktur geben. Dort sollte jeder Studierende Platz finden für ein *eigenes Ablagefach*, um zeitnah an begonnen Arbeiten fortzufahren. Mit Magnettafeln, magnetischen Wandfarben, einfachen Leisten o. ä. entstehen unproblematisch sprechende Wände und Metaplan-Wände. Materialtische/-schränke ermöglichen den Studierenden innerhalb der Lernräume unkomplizierten Zugang zu verschiedenen Arbeitsmitteln wie verschiedene Plakate, Marker, Buntstifte.
Unterschiedlich gestaltete Sitzgruppen- oder Tischarrangements erleichtern die Umsetzung von Aufgaben: Es sollte immer die räumliche Möglichkeit zur Einzel- sowie Gruppenarbeit, immer ein ruhegeschützter Raum gegeben sein. Aufgabenbezogene Türschilder machen Arbeitsgruppen und deren Raumwahl in der Schule transparent.
Eine *variable Sitzordnung* ist allerdings ein Muss: Z. B. ermöglicht die „Winkel-Sitzordnung" nach Klippert eine unkomplizierte Anpassung von Sitzordnung an Kooperationsformen.

UND alle Lernbausteine brauchen eine methodisch gelungene Darbietung, d. h.:

- **Regularien** des jeweiligen Lernverfahrens müssen eingeführt und klar vereinbart werden.
- Die Einhaltung dieser wird im/nach dem Lernprozess bewusst **reflektiert**.
- **Rahmenbedingungen** sind geklärt, bevor eine inhaltliche Arbeit startet.
- **Freie Wahl** von Lernthema, Lerngruppe, Lernort sowie Dauer sind grundlegend.
- Jede Freiarbeitszeit sollte bewusst **ritualisiert** beginnen und enden, z. B. mit einem Blitzlicht („heute möchte ich") oder einer Reflexionsrunde (z. B. Aufstellen am Kompetenzquadrat und begründen „heute habe ich meine Kompetenz erweitert, weil")

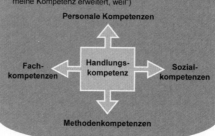

Die nachstehenden Seiten des Glossars zu didaktischen Modellen folgen der Einteilung:

FB = Fachbegriff

Was? = Didaktisch erklären

Warum? = Didaktische Ziele formulieren

Wie? = Unterrichtsbezogene didaktische Hinweise geben

GLOSSAR

Lernfeldarbeit

Lernfelder entwickeln sich aus der systematischen Identifikation wesentlicher Handlungsfelder des Berufs der Erzieherin: Sie geben Aufschluss darüber, was in der Ausbildung in den entsprechenden Lernfeldern erarbeitet werden soll und strukturieren den Unterricht.

„Handlungsfelder bezeichnen die den Beruf kennzeichnenden Aufgabenkomplexe, die durch die Mehrdimensionalität von Bildungs-, Erziehungs- und Betreuungsprozessen im Berufsalltag gekennzeichnet sind. Lernfelder sind didaktisch begründete, schulisch aufbereitete Handlungsfelder. Sie fassen komplexe Aufgabenstellungen zusammen, deren unterrichtliche Bearbeitung in handlungsorientierten Lernsituationen erfolgt." (Länderübergreifender Erzieher-LP S. 9)

Wie kommt Handlungsfeld in den Unterricht?

Die im Lernfeld identifizierten beruflichen Handlungszusammenhänge werden in den Handlungssituationen, also Lernsituationen, konkretisiert durch denkbare beruflich-praktische Problemstellungen in Form

- eines Handlungsrahmens (Fallbeispiel, Planspiel...),
- beteiligter Personen,
- eines Handlungsablaufs,
- möglicher Handlungsergebnisse.

Grundgedanke des Lernfeld-Konzepts:

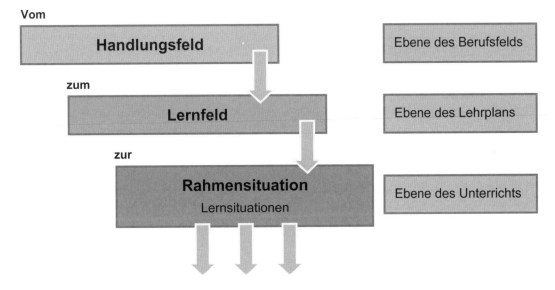

Merkmale eines handlungszentrierten Vorgehens bezogen auf das Berufsfeld des Erziehers

- Situationsbezug
- Orientierung an den Interessen der Lernenden
- Selbst organisiertes und selbstverantwortliches Lernen
- Praxisrelevanz und Praxisbezug
- Erstellen eines Handlungsprodukts
- Lernen mit allen Sinnen
- Kooperation in Lerngruppen
- Berücksichtigung unterschiedlicher Lernwege

(Gudjons 2008, S. 76 ff.)

GLOSSAR

Den *Lernfeldern* zugeordnet werden „Zielformulierungen als berufliche Handlungskompetenzen", diesen dann die Lerninhalte. Die Differenzierung nach Zielen und Kompetenzen erfolgt in den *Lernsituationen*.

Das berufliche Handlungsfeld von Erzieherinnen ist weitläufig. Sie stehen in einem vielseitigen Handlungszusammenhang:

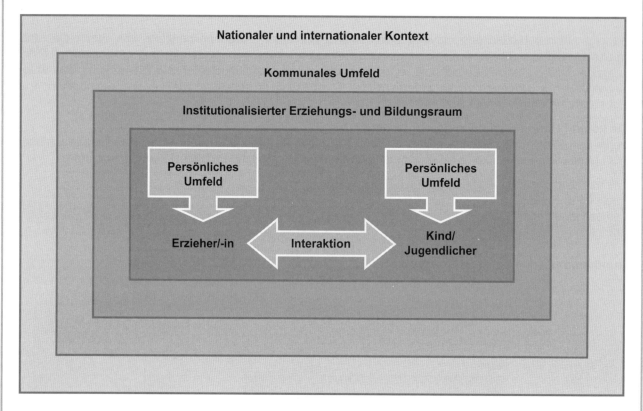

(In Anlehnung an Beer u. a. 2003, S. 46) → siehe auch Formular zur „Situationsanalyse nach Beer" für alle Lernfelder auf S. 14 f.

Komplexe Handlungszusammenhänge des Handlungsfeldes geraten in den Fokus und ermöglichen das Erwirken von Handlungskompetenz:

Handlungskompetenz wird „verstanden als Bereitschaft und Fähigkeit des einzelnen, sich in beruflichen, gesellschaftlichen und privaten Situationen sachgerecht durchdacht, sowie individuell und sozial verantwortlich zu verhalten. Sie entfaltet sich in den Dimensionen Fachkompetenz, Personalkompetenz und Sozialkompetenz" (KMK 2007).

Ziele für einen lernfeldorientierten Unterricht sind:
- fächerübergreifendes Lernen mit dem Ziel der Vernetzung von Fachwissen
- Berufs- und Praxisbezug, um berufliche Kompetenzen zu entwickeln
- problemlösendes Lernen, um vielseitige Methoden individuell anwenden zu können
- Lernen in Kleingruppen bzw. Teams, um Kooperation zu üben
- selbstgesteuertes Lernen mit dem Ziel, Eigenverantwortlichkeit zu üben

GLOSSAR

Handlungszentrierter Unterricht

Diese breite Veranlagung im Handlungsfeld macht ein vielseitiges Lernen durch Handeln im handlungszentrierten Unterricht notwendig:

Darunter versteht Berkefeld (2010, S. 3) ein „Lehr-Lern-Arrangement, in dem der Lehrer den äußeren organisatorischen Rahmen (Lernumgebung) herstellt und mit den Lernenden eine Vereinbarung über ein zu erarbeitendes Handlungsprodukt als Ziel" des Unterrichts trifft.

Wie?

Jedes Lernfeld beginnt mit einer **Lernfelderöffnung**, d. h., fächerübergreifend wird zum Thema des Lernfelds hingeführt. Dafür können unterschiedliche Fachperspektiven und ebenso unterschiedliche Lernarrangements genutzt werden (vgl. LF 1/*Motivationsschreiben*; LF 2/*Experte sein: Institutionsbesuch*; LF 3/*Expertenrunde* zum Wahrnehmung usw., alle Bd. 1). Ziel ist es, den Studierenden einen ersten Einblick, einen Impuls bei gleichzeitiger Motivation für das Thema des Lernfelds zu ermöglichen.

Sinnvollerweise steht am Ende der Lernfelderöffnung eine konkrete **Rahmensituation**, welche fächerübergreifend alle Fachperspektiven vernetzt. Deshalb wird sie komplexere Zusammenhänge aufgreifen, die dann den einzelnen Fachkollegen erlauben, aus dieser Rahmensituation **Lernsituationen** zu entwickeln, die den zu vermittelnden Fachinhalten zuträglich sind. So differenziert sich die Rahmensituation unter den unterschiedlichen Fachperspektiven aus, ohne den Gesamtzusammenhang zu verlieren.

Mit dem **Lernfeldabschluss** wird das Lernfeld beendet. Dieser Abschluss hat wieder einen fächerübergreifenden Duktus: Es kann eine Art Zusammenfassung von Lerninhalten, eine Zusammenschau verschiedener Perspektiven erfolgen oder eine Differenzierung eines zentralen Aspekts zum Thema des Lernfelds, es kann auch einer Fragestellung nachgegangen werden, die die Studierenden beschäftigt. Die unterrichtlichen Methoden können dabei künstlerische Ausdrucksformen einnehmen (im LF 1 zum Bild des Erziehers, Bd. 1) oder Präsentationsformen wie im LF 2 eine *Tisch-Tafel-Präsentation* zu den Handlungskonzepten (Bd. 1), *Plan-, Rollen-* oder *Simulationsspiele* wie im LF 3 (Bd. 1) oder eine schriftliche Form wie das Erstellen eines Glossars im LF 4 (Bd. 2).

Struktur

Die Umsetzung eines handlungs- und kompetenzorientierten Unterrichtens erfolgt über eine wiederkehrende Strukturierung:

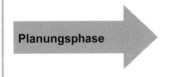
- Die Studierenden verschaffen sich einen Überblick über die Aufgaben.
- Gemeinsam legen Studierende und Lehrkraft klare und überprüfbare Ziele der unterrichtlichen Arbeit fest.
- Es wird ein Zeitplan vereinbart.
- Räume und Material werden gesichtet, geordert, verteilt.

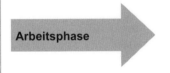
- Die Studierenden binden sich aktiv, selbst bestimmt, in freier Wahl (Inhalt, Raum, Ort, Kooperationspartner) in den Arbeitsprozess ein.
- In Einzelarbeit, Zweiergruppe oder im Team werden die Aufgaben bearbeitet.
- Der Arbeitsprozess wird neben der inhaltlichen Aufgabenstellung bewusst gestaltet.
- Der Arbeitsverlauf wird von den Studierenden eigenständig strukturiert: Teilergebnisse austauschen, Wechsel von Lernort, Medien u. a.
- Die Lehrkraft ist Lernbegleiter und berät einzelne Studierende/Gruppen.
- Aufgabenverteilungen, Rollen, Verantwortlichkeiten u. a. wechseln flexibel nach Bedarf.

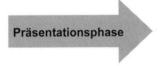
- Die einzelnen Arbeitsergebnisse werden im Plenum präsentiert,
- z. B. in Form eines Vortrags, eines Rollenspiels, einer medialen Darbietung oder als Dokumentation im Portfolio.
- Die Ergebnisse vernetzen sich zu einem Ganzen, z. B. durch Moderationen.

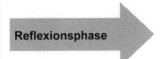
- Mittels Feedback, Blitzlicht, Fragebögen erfolgt eine Auswertung.
- Ziele des Arbeitsauftrags werden reflektiert.
- Das Lerntagebuch ermöglicht den Studierenden, ihren eigenen Lernzuwachs in den verschiedenen Kompetenzbereichen zu erforschen und zu dokumentieren.
- Neben dem Handlungsziel (Produkt) wird vor allem auch der Arbeitsprozess reflektiert.
- Die Reflexionsphase leitet den nächsten Lernprozess ein (vgl. Regelkreis selbst organisierten Lernens).

GLOSSAR

Lernsituationen

In den Lernsituationen werden die Inhalte des Lernfelds greifbar: In realistischen, praxisnahen, situativen Sinnzusammenhängen aus dem beruflichen Kontext sind diese geeignet, um erworbene Kenntnisse und Fähigkeiten fachbezogen anzuwenden.

„In der kompetenzorientierten Ausbildung wie auch später in der Berufspraxis müssen einzelne Handlungssituationen immer wieder erfasst, analysiert, das pädagogische Handeln geplant und praktisch bewältigt, reflektiert sowie evaluiert werden, um Kompetenz und Expertise weiterzuentwickeln." (LP S. 8)

„Durch Lernsituationen werden Lernfelder in der didaktischen Planung der Ausbildung für die Unterrichtsarbeit erschlossen. Lernsituationen stellen die in Lernfeldern beschriebenen beruflichen Aufgaben in den situativen Kontext der Berufsarbeit von Erziehern in Arbeitsfeldern der Kinder- und Jugendhilfe. Für den Unterricht werden sie in komplexen Lehr-/Lernarrangements und Unterrichtseinheiten didaktisch gestaltet." (LP S. 10)

Dabei soll zunächst im Lernfeld mit einer komplexen Handlungssituation gearbeitet werden, die fächerübergreifend Inhalte des Lernfelds ergreift. Diese Handlungs- oder *Rahmensituation* wird von den einzelnen Fachbereichen in einer oder mehreren *Lernsituationen* ausdifferenziert, um fachbezogene Kompetenzen sowie Lerninhalte zur Bearbeitung zu ermöglichen.

Ziel der Lernfeldorientierung ist laut länderübergreifenden Lehrplan (S. 9):
- „den Erwerb von Kompetenzen in berufsbezogenen und berufsübergreifenden Zusammenhängen zu fördern,
- den Entwicklungsprozess zu einer reflektierenden Haltung als Erzieherin/Erzieher zu begleiten,
- den handlungsorientierten Unterricht sowie die Verzahnung von Theorie und Praxis zu unterstützen und
- die verantwortliche Gestaltung von pädagogischen Prozessen zu ermöglichen."

Operationalisiert könnten das sein:

- Fachliche Kenntnisse und Erfahrungen anwenden
- Perspektivenwechsel innerhalb einer komplexen Handlungssituation
- Erkennen von Wechselwirkungen in komplexen Handlungszusammenhängen (z. B. Wirkung auf Kooperationspartner)
- Vorbereitung auf ein typisches, spezifisches Problem im beruflichen Kontext
- Entwicklung von beruflichen Grundkompetenzen wie Empathie, Wertschätzung
- Erarbeitung eines bestimmten Ergebnisses z. B. Elterngespräch, Festvorbereitung – dann ist die Lernsituation aber meist nur Ausgangspunkt für ein Planspiel

GLOSSAR

Im Lehrplan wird als Merkmal handlungsorientierten Unterrichts u. a. **Ganzheitlichkeit** benannt: „Lernen in vollständigen Handlungsvollzügen (Analyse, Planung, Ausführung und Bewertung); enger Theorie-Praxis-Bezug; fächerübergreifende Auseinandersetzung mit dem Lerngegenstand" (S. 9). Unter anderem gibt der Lehrplan als **Unterrichtsprinzip** vor: „Der Erwerb beruflicher Handlungskompetenz erfordert einen handlungsorientierten Unterricht, der Lernen in vollständigen Handlungsvollzügen (Lernsituationen) ermöglicht. Kooperatives Lernen im Team, zunehmende Steuerung des Lernprozesses durch die Studierenden und selbstreferenzielles Lernen sind dabei wichtige Elemente." (S. 13)

Weiter gibt der länderübergreifende Erzieherlehrplan gezielte didaktische Anweisungen zur **Ausgestaltung komplexer Lehr-/Lernarrangements**:

- „Lernsituationen beziehen sich exemplarisch auf berufliche Handlungsaufgaben, die in Lernfeldern zentrales Thema sind. In der didaktischen Planung muss analysiert werden, in welcher Weise mit welchen Schwerpunkten berufliche Handlungskompetenz durch die Unterrichtseinheit entwickelt werden kann.

- Lernsituationen stellen Fachinhalte und Fachtheorien in einen Anwendungszusammenhang von Fallsituationen und/oder konkreten beruflichen Handlungssituationen. Dabei kann die Fall- bzw. Handlungssituation einerseits als Illustration wissenschaftlicher Aussagen genommen werden, zum anderen Ausgangspunkt sein, um wissenschaftliche Aussagen in einem forschenden Lernen zu entdecken. Auch fachsystematisch orientierte Lernsituationen sind denkbar, wenn sie zum Erwerb der beruflichen Kernkompetenzen wie Beobachtungs- und Analysefähigkeit, Fähigkeit der pädagogischen Beziehungsgestaltung, Fähigkeit zur Planung, Durchführung und Evaluation pädagogischer Prozesse beitragen.

- Lernsituationen sollen den Erwerb transferfähigen Wissens fördern, welches das fachliche Handeln auch in anderen Arbeitsfeldern der Kinder- und Jugendhilfe ermöglicht. Der Zugewinn an Kenntnissen, Fertigkeiten und professioneller Haltung soll zu einem kontinuierlichen Aufbau beruflicher Handlungskompetenz beitragen. Aus diesem Blickwinkel ist es auch erforderlich, Übungsphasen in den Unterricht zu integrieren und für eine enge Vernetzung von praktischer Ausbildung und berufsbezogenem Unterricht zu sorgen.

- Lernende werden in Lernsituationen als aktiv Mitgestaltende ihres individuellen Lernprozesses gesehen. Von daher soll die berufliche Problemstellung der Lernsituation subjektiv bedeutsam für die Studierenden sein und Identifikationsmöglichkeiten eröffnen. Sie werden – je nach Ausbildungsstand – in den Planungsprozess einbezogen und sollen zunehmend selbstständig ihren eigenen Lernprozess steuern." (LP S. 10)

Die Arbeit mit Rahmensituation und entsprechenden Lernsituationen ermöglicht einerseits eine Vernetzung von Fachperspektiven sowie andererseits eine Differenzierung selbiger (vgl. auch Lernfeld/Lernfelderöffnung).

Verschiedene Arbeitsfelder
Um die Nähe zur beruflichen Praxis zu optimieren und eine qualifizierte Breitbandausbildung zu generieren, sollen sowohl bei der jeweiligen Rahmensituation wie auch den Lernsituationen entsprechend der Breitbandausbildung möglichst verschiedene Arbeitsfelder von Erziehern berücksichtigt werden. Dabei ist die Abstimmung mit den Lerninhalten der jeweiligen Lernfelder sinnvoll (z. B. passt das Thema Bindung gut in eine vorschulische Lernsituation in LF 2).
So lässt sich auch eine Binnendifferenzierung nach Vertiefungsfächern oder Zielgruppen erreichen, wenn die Lernsituationen Bezüge dazu haben. Dann können die Studierenden entsprechende Situationen zu verschiedenen Arbeitsfeldern auswählen. Bei diesem Vorgehen kann die Vielfalt eines Handlungszusammenhangs verdeutlicht werden (vgl. LF 5/verschiedene Formen der Elternkooperation in diversen Lernsituationen), wenn die Ergebnisse im Plenum präsentiert werden.

> Wie?

GLOSSAR

Lernsystematiken

Es gibt unterschiedliche Arten von Lernsituationen, die sich ausrichten an folgenden Lernsystematiken:
- **Fachsystematische** Lernsituationen stellen die Fachsystematik, fachliche Strukturen in den Vordergrund.
- **Handlungssystematische** Lernsituationen bilden explizit berufliche Komplexe ab.
- **Lernsubjektsystematische** Lernsituationen orientieren sich schwerpunktmäßig an einer spezifischen Zielgruppe mit der die Studierenden arbeiten, sie sind individuell und entwickeln eine eigene Systematik,
- **Kommunikationssystematische** Lernsituationen provozieren durch Reflexion erlebter Handlungssituationen, mögliche Lösungen zu diskutieren und zu erarbeiten.

Die Wahl der Lernsystematik orientiert sich an den Studierenden, den angestrebten Kompetenzen, den didaktischen Konzepten zur Erarbeitung einer Lernsituation u. a.

Beispiel einer in verschiedenen Lernsystematiken ausdifferenzierten Rahmensituation

Rahmensituation

Sie arbeiten als Berufspraktikant/-in in einem dreizügigen Kindergarten in einer Großstadt.

Insgesamt besuchen 25 Kinder die Gruppe, davon 3 türkische Kinder: 2 Jungen, Mustafa (4;11 Jahre) und Mehmet (4;6 Jahre), ein Mädchen Melek (6;0 Jahre). Es gibt noch 12 andere Kinder aus ganz unterschiedlichen Nationen in der Gruppe. Seit 4 Wochen betreuen Sie auch 2 Flüchtlingskinder aus Syrien.

Die beiden Jungen **Mustafa (4;11 Jahre) und Mehmet (4;6 Jahre)** sprechen kaum Deutsch und unterhalten sich untereinander und zu Hause türkisch. Dabei sind sie besonders lebendig, erzählen sich schon aus Mimik und Gestik erschließend voller Begeisterung, was sie erlebten und womit sie spielen wollen. Vor allem ihre Freude am Bauen und Konstruieren in der Bauecke ist besonders. Sie erfinden zu ihren Bauwerken lange Geschichten, holen sich aus allen möglichen Ecken des Gruppenzimmers Gegenstände und Belebungsmaterialien, um die Szenen komplex darstellen zu können. Wenn Sie nachfragen, erklären Ihnen die Jungen begeistert und in türkischer Sprache, wie die einzelnen Baufahrzeuge in Türkisch heißen, sie erklären Ihnen mit Händen und Füßen, was sie gerade bauen.

Dabei hat vor allem Mustafa ein für sein Alter bemerkenswertes Wissen um technische Zusammenhänge. Dann erzählt er voll Stolz und in gebrochenem Deutsch, dass sein Vater auf dem Gelände neben dem Kindergarten als Kranführer den großen Bagger steuert. Mit den anderen Jungen in der Gruppe haben Mehmet und Mustafa wenig Kontakt – was sie nur stört, wenn z. B. einer der beiden Jungen nicht im Kindergarten ist und der Spielpartner fehlt. Dann stellt sich Traurigkeit ein, zumal andere Jungen dann schon mal äußern, dass sie Mehmet und Mustafa ja nicht verstehen, weil sie „kein Deutsch können" – und sie aus ihrem Spiel ausgrenzen.

Die Eltern von Mehmet sind strenggläubige Muslime, z. B. achten sie sehr auf die Zeit des Ramadan, haben sich Ihnen auch besorgt mitgeteilt, dass ihr Sohn kein Schweinefleisch essen darf im Kindergarten. Beide Eltern sind engagiert in der türkischen Gemeinde und der nahegelegenen Moschee.

Das Mädchen Melek (6;0 Jahre) besucht seit 2 Jahren den Kindergarten und spricht bereits sehr gut deutsch. Ihr Wortschatz ist sehr differenziert. Außerdem zeigt sie ein außerordentliches Interesse für Zahlen. Sie verbindet schnell Zusammenhänge, fragt viel nach und will alle Aufgaben perfekt lösen. Melek erinnert sich auffallend lange und detailliert an Ereignisse, sowohl im häuslichen Bereich als auch im Kindergarten. Sie sucht die Herausforderung und möchte Dinge entdecken. Ihre Eltern arbeiten schon viele Jahre in Deutschland, haben deutsche Freunde, so auch Melek. Oft kommen Freundinnen aus dem Kindergarten zu Melek und sie wird auch gern zu Kindergeburtstagen anderer Kinder eingeladen.

Meleks Mutter arbeitet an einem Vormittag im Elterncafé der Einrichtung mit und bringt auch türkische Spezialitäten zum Sommerfest mit.

GLOSSAR

Fachsystematischer Aufbau einer Lernsituation

Sie arbeiten als Berufspraktikant/-in in einem dreizügigen Kindergarten in einer Großstadt.

Auch **Helen (4;6 Jahre)** gehört zur Gruppe.
Schon morgens kommt Helen lächelnd im Kindergarten an, spielt auch gleich mit den jüngsten Mädchen der Gruppe in der Puppenecke. Weil sie regelmäßig auf Anregungen Ihrerseits oder Ansprache von anderen Kindern nicht reagiert, vermuten Sie, dass sie manche Begriffe nicht versteht; deshalb legen Sie den Fokus Ihrer Beobachtungen auf Helens Sprachverhalten.
Dabei stellen Sie fest, dass Helen Probleme in der Lautbildung und Aussprache hat. Sie lispelt das „s" und spricht ein „d", anstelle eines „g". Laute werden nicht korrekt gebildet.

Der Wortschatz umfasst ca. 300 Wörter und entspricht demnach nicht ihrem Alter. Deshalb ist ihre Sprache wenig variantenreich und sehr einfach. Sie verwendet überwiegend noch 2- bis 3-Wort-Sätze.
Hinzu kommt, dass Helen die Artikel nicht richtig verwendet und Schwierigkeiten hat, die richtige Vergangenheitsform zu bilden, z. B. „is bin dedand zu Mama." Sie entwickelt bereits eine Kritzelschrift.

Aufgaben
- Erläutern Sie Beobachtungsverfahren, die Sie für angemessen erachten, um Helen wahrzunehmen und ihr Verhalten zu interpretieren.
- Zeigen Sie auf, wie Sie das Verhalten von Helen dokumentieren und bewerten. Wenden Sie dabei die Lerndispositionen aus dem Leuvener Engagiertheitsmodell an.
- Erarbeiten Sie einen Entwicklungsplan für Helen mit einem Schwerpunkt im Bildungsbereich Sprache und Literacy.
- Konkretisieren Sie Ihre Planungen in mindestens 2 Spielbegleitungsmaßnahmen und 2 Bildungsangeboten für Helen, bei denen Sie vor allem auf den Ressourcen des Kindes aufbauen.
- Arbeiten Sie mit der Methode des Placemats.

> **Die Lernsituation ist so ausgerichtet, dass Fach- und Methodenkompetenz im Fokus stehen: fachtheoretische Inhalte werden erarbeitet (Beobachtungsverfahren, Umgang mit Lerndispositionen, Entwicklungsplanung u. a.), methodische Vorgehensweisen erprobt (Placemat).**

GLOSSAR

Handlungssystematischer Aufbau einer Lernsituation

Das **Mädchen Melek** (6;0 Jahre) hat Geburtstag.

Schon mehrere Male haben Sie in der Einrichtung, in der Sie seit einem halben Jahr als Berufs-praktikant/-in arbeiten, eine Geburtstagsfeier erlebt. Sie hat immer den gleichen Ablauf:
Im Morgenkreis wird das Geburtstagskind mit einem besonderen Geburtstagslied begrüßt. Dann ist wie immer Freispielzeit. An Tagen, an denen Geburtstag gefeiert wird, findet ein gemeinsames Frühstück statt. Dabei darf sich das Geburtstagskind seinen Tischnachbarn aussuchen und sitzt an der Stirnseite der großen Tafel auf einem besonders geschmückten Thron.

Das Geburtstagskind bringt von zuhause einen Kuchen o.Ä. mit. Heute bringt Melek eine noch gefrorene Sahnetorte mit. Nach dem gemeinsamen Essen wird im Stuhlkreis gefeiert. In der Mitte steht ein kleiner Tisch mit der „Geburtstagsschachtel": An Bänder sind kleine Geschenke von unterschiedlichen regionalen Sponsoren geknüpft – für alle Kinder unsichtbar. Melek darf an einem Bändchen ziehen und dann das entsprechende Geschenk aus der Schachtel holen. Indem sie im Stuhlkreis eine Runde dreht, zeigt sie allen Kindern ihr Geschenk.
Anschließend werden Kreisspiele gewünscht. Melek darf sich mindestens 3 wünschen. Nach zirka 45 Minuten endet die Feier und sie gehen in den Garten.

Aufgaben
- Die Gruppenleiterin bittet Sie, neue Impulse für die Geburtstagsfeier zu gestalten, weil die Rituale schon seit vielen Jahren bestehen und ihr und den Kindern langweilig werden.
- Außerdem sollen Sie sich am überarbeiteten Konzept der Einrichtung orientieren: Dort wird eine gesunde Ernährung als wichtiges Element der Arbeit dokumentiert.

Die Lernsituation ist so ausgerichtet, dass eine ganz spezifische berufliche Handlungssituation analysiert und danach zielorientiert und auf der Basis von Fachwissen geplant werden kann: Neugestaltung der Geburtstagsfeier, konzeptionelle Ausrichtung o.a.

Reflexions- und kommunikationssystematischer Aufbau einer Lernsituation

Als ich gestern in den Kindergarten kam, standen mehrere Mütter und eine Kollegin im Flur. Sie unterhielten sich angeregt über den Elternabend vom Vortag.

Ich war unsicher, ob ich mich dazustellen oder doch eher im Gruppenraum die ersten an-kommenden Kinder begleiten sollte. Der Elternabend bewegte auch mich und ich hätte mich gerne an der Diskussion beteiligt.
Die 4 Kinder, die sich schon im Gruppenraum aufhielten, spielten Memory®, die 4-jährige Helen kam gerade mit ihrer Mutter in den Flur; dort wechselten auch 2 andere Kinder die Schuhe.

Aufgaben
- Diskutieren Sie im Team, welche Möglichkeiten zur Lösung der Situation möglich sind.
- Finden Sie für sich einen begründeten Weg des Vorgehens unter Berücksichtigung verschiedener Bedürfnisse der Beteiligten.

Die Lernsituation zielt ab auf Reflexions- und Kommunikationskompetenz der Studierenden (persönlichkeitsorientiert).

GLOSSAR

Lernsubjektsystematischer Aufbau einer Lernsituation

Sie arbeiten als Berufspraktikant/-in in einem dreizügigen Kindergarten in einer Großstadt. Insgesamt besuchen 25 Kinder die Gruppe, davon 3 türkische Kinder: 2 Jungen, Mustafa (4;11) und Mehmet (4;6), ein Mädchen Melek (6;0). Es gibt noch 12 andere Kinder aus ganz unterschiedlichen Nationen in der Gruppe. Seit 4 Wochen betreuen Sie auch 2 Flüchtlingskinder aus Syrien.

Immer wieder erleben Sie, dass sich Kinder entsprechend ihrer Herkunft in Kleingruppen zusammenfinden (z. B. in der Bauecke) und sich dann in ihrer Muttersprache unterhalten. Sie und die anderen Pädagoginnen verstehen in diesem Fall nicht, worum es geht, und tun sich auch schwer, hilfreich einen Konflikt u. Ä. zu begleiten.
Die neu hinzugekommen Flüchtlingskinder haben kaum Anschluss an die Gruppe.
Sie beobachten oft Spielgruppen, ohne selbst zu spielen.
Vergangene Woche waren Sie verantwortlich für das Elterncafé: Dabei konnten Sie beobachten, dass auch die Eltern sich in ihren Kulturgruppen austauschen, dass aber der Kontakt zu Eltern anderer Nationen eher selten gesucht wird. Die deutschen Eltern besuchen das Elterncafé wenig, weil viele von ihnen zügig gehen, um zur Arbeit zu kommen.

Aufgaben
- Entwickeln Sie in Kooperation mit Ihren Kolleginnen/Kollegen und eventuellen weiteren Kooperationspartnern eine Maßnahme, z. B. in Form eines Projekts, die die Integration ausländischer Kinder begünstigt.
- Vergessen Sie die Elternschaft dabei nicht.

Die Lernsituation ist ausgerichtet an einer spezifischen Zielgruppe mit ihren Bedürfnissen und Problemen. Problemlösungskompetenz ist von Nöten, um der Situation gerecht zu werden. Unterschiedliche Methoden sind einzubringen: Integrationsproblematik, Projektarbeit u. a.

TIPP: Vgl. auch die konkret ausgearbeiteten Beispiele „Bearbeiten einer beruflichen Handlungssituation [Teil 1 und Teil 2]" in Band 1, S. 166–173

GLOSSAR

Lernortkooperation

Außerschulische Lernorte sind verschiedene sozialpädagogische Einrichtungen, die mit unterschiedlichen Handlungskonzepten arbeiten und im Rahmen der Ausbildung besucht werden bzw. deren Mitarbeiter ihre Erfahrungen in den Unterricht einbringen. Außerdem sind die Praxisstellen ständige Kooperationspartner der Fachschule/Fachakademie in der Ausbildung der Erzieher. Dies geschieht innerhalb der Ausbildung im Bereich Sozialpädagogische Praxis, muss aber auch die Didaktik des Unterrichts in allen Fächern/Lernfeldern erreichen.

Zielsetzungen im Bezug zu außerschulischen Lernorten sind so vielfältig wie die Lernorte selbst: Da werden spezielle Lernorte angebahnt (vgl. LF 2/Exkursionen Arbeitsfelder Bd. 1), pädagogische Handlungskonzepte vermittelt, Leitbilder studiert und diskutiert, Vernetzungen erlebt – diese beziehen sich im Wesentlichen wieder auf die unterschiedlichen Kompetenzbereiche der Handlungskompetenz des Erziehers:
- Fachkompetenz: Fachwissen wird mit den praktischen Erfahrungen vernetzt, situationsgerecht eingesetzt, reflektiert, erweitert, Faktenwissen verifiziert/falsifiziert.
- Methodenkompetenz: Welche Möglichkeiten der Informationsgewinnung stehen offen und wie können solche genutzt werden?
- Sozialkompetenz: Welche Einstellungen, Gedanken, sozialen Prozesse erlebe ich an mir, an anderen? Wie sehe ich meine Rolle?
- Personale Kompetenz: Wo sehe ich meine Stärken und Schwächen? Welche persönlichen Erfahrungen stellen sich ein? Welche psychische Belastung kann ich aushalten?

Praxiseinrichtungen
Eine besondere Bedeutung kommt sicher den sozialpädagogischen Praxiseinrichtungen zu: Jaszus/Küls (2017, S. 425 f.) unterscheiden pädagogische Zielsetzungen wie Entwicklung umfassender beruflicher Handlungskompetenz der Schülerinnen und Schüler, institutionelle Zielsetzungen wie Qualitätsentwicklung, Öffentlichkeitsarbeit, Nutzung personeller Ressourcen sowie berufspolitische Zielsetzungen, hier „Gestaltung der Ausbildung als gemeinsame Aufgabe, Professionalisierung durch engere Verzahnung von Theorie und Praxis".

Austausch und Perspektivenwechsel
„Auf der didaktischen Handlungsebene geht es um die Konstruktion von Wissen im Austausch mit anderen vor dem Hintergrund eines klaren Praxisbezugs der Themen und Inhalte. Dabei wird deutlich, welchen Sinn der Lerngegenstand für das individuelle pädagogische Handeln der Lernenden hat und welche Einstellungen und Haltungen damit verbunden sind. Die Erfahrungen aller Beteiligten sind der Ausgangspunkt des sozialpädagogischen Unterrichts, Neugier und Wertschätzung, Konzepte der Partizipation, der Kommunikation und des Feedbacks sind hierfür unerlässlich. Der Wechsel zwischen unterschiedlichen Perspektiven ist sowohl Gegenstand als auch Methode von Unterricht." (Länderübergreifender Lehrplan Erzieher, S. 12)
„Der Unterricht stellt eine enge Theorie-Praxis-Verknüpfung sicher. Strukturierte Lernprozesse am Lernort Praxis werden mit dem Unterricht am Lernort Schule didaktisch verknüpft." (ebd. S. 13)

GLOSSAR

Geleitete Exkursionen

Das kann z. B. geschehen mittels Lernarrangements wie geleiteten Exkursionen (vgl. LF 2/Pädagogische Handlungskonzepte Bd.1): Dabei ist es wichtig, dass die Studierenden schon in der Vorbereitung der Exkursion partizipieren, z. B. indem sie Wünsche äußern, welche Einrichtungen besucht werden und soweit möglich, den Besuch auch mitorganisieren.

Die fachliche Vorbereitung gibt Impulse für die Auseinandersetzung mit den zu besuchenden Einrichtungen, z. B. über die gezielte Einsichtnahme der Webseite, eine genauere Betrachtung des Leitbildes. Auch sollten die Studierenden rechtzeitig informiert werden über die organisatorischen Gegebenheiten und Rahmenbedingungen wie Zeitfenster, Pausen, Fahrtkosten, Anreise, am besten mittels eines Informationsblatts.

Die Exkursion selbst ist geführt im Sinne bestimmter Aufgabenstellungen wie Beobachtung räumlicher Umgebung, zeitlicher Organisation, Materialien, besondere Aufgabenschwerpunkte der Einrichtung z. B. Inklusion von Kindern mit Behinderung. Vorbereitete Fragestellungen sind hilfreich, insbesondere dann, wenn komplexe Konzepte ein spontanes Nachfragen nicht erwarten lassen.

Eine exklusive Nachbereitung und Auswertung der Exkursion rundet das Bild von der Einrichtung ab, gibt Gelegenheit für Verständnisfragen, Kritik und Änderungswünsche. Diese Phase schafft Verarbeitung und Vertiefung gewonnener Erkenntnisse.

Lernsituationen aus unterschiedlichen Arbeitsfeldern

Der Länderübergreifende Erzieher-Lehrplan fokussiert die Vernetzung der Lernorte Schule und Praxis unter Punkt 1.5 explizit und bezieht sich dort u. a. auf „die Vernetzung von Unterrichtsinhalten in den Lernfeldern mit der sozialpädagogischen Praxis". Lernsituationen können gemachte Erfahrungen an unterschiedlichen Lernorten einbinden und zum konstruktiven Vorgehen beitragen bzw. unterschiedliche Lösungszugänge thematisieren.

In der Auswahl der *Rahmensituationen* zu den unterschiedlichen Lernfeldern sollen diese möglichst verschiedene berufliche Arbeitsfelder integrieren, um eine der Breitbandausbildung angemessene Handlungsorientierung zu gewährleisten.

Unter dem Aspekt der Entwicklungsorientierung steht im Lehrplan: „Bildung im Medium des Berufs erfordert eine enge **Theorie-Praxis-Verknüpfung** des Lernens. Der Situationsbezug des Lernens wird durch die didaktische Konstruktion beruflicher Problemstellungen, in denen sich die Studierenden mit realen beruflichen Aufgabensituationen auseinandersetzen, unterstützt." (S. 11)

Expertengespräche (vgl. *Experte sein*) im Rahmen des Unterrichts oder an Praxisorten sind ebenfalls eine konstruktive Möglichkeit, die Lernorte zu verknüpfen.

Individuelle Ausbildungspläne

Im Lehrplan verankerte allgemeine Kompetenzen und Lerninhalte werden in individuellen Ausbildungsplänen für die einzelnen Lernfelder, das zeitnahe Praktikum und vor allem für den/die einzelne Studierende angepasst, nachvollziehbar, transparent - also individualisiert. Es stellen sich operational die Fragen nach individuellen Kompetenzen, Lerninhalten und Themen und konkreten Aufgabenstellungen, um diese innerhalb eines bestimmten Zeitrahmens zu erreichen.

Was der Lehrplan für alle Studierenden formuliert, vernetzt der Ausbildungsplan: Praktikant/-in, Praxisstelle, Schule, Lehrplan.

Vorbereitet und begleitet wird die Dokumentation von individuellen Ausbildungsplänen günstigerweise von Praxisvereinbarungen bzw. -revisionen: Sie sind sehr operational, zeitnah zu erstellen und erlauben einen schnellen und konkreten Transfer zum Ausbildungsplan. Vgl. Seite 252.

Bei den üblichen Praxisbesuchen der Praxislehrkraft werden in Kooperation mit der Ausbilderin/dem Ausbilder und der Praktikantin/dem Praktikanten die Planungen besprochen und reflektiert.

In Ausbildergesprächen wird der Ausbildungsplan ebenfalls thematisiert und bezogen auf die Kompetenzbereiche reflektiert werden.

Wie?

GLOSSAR

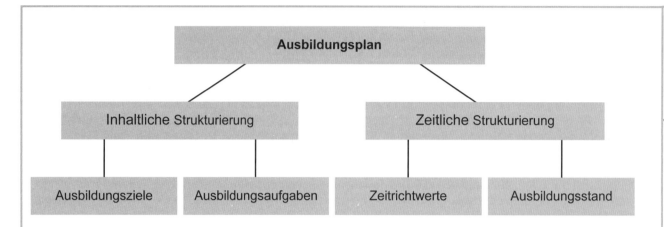

Möglichkeiten der Kooperation

Auch können selbst organisierte Unterrichtseinheiten der Praxis zugewandte Methoden bieten wie Hospitationen (vgl. LF 4/*Lernatelier Bd. 2*), praxisnahe Arbeitsaufträge, angelehnt an die Bildungspläne (vgl. LF 4/*Lernatelier Bd. 2*) oder Aufgabenstellungen, welche bewusst in die Praxis reichen (vgl. LF 3/*Stationenarbeit Bd. 2*, hier: Praxisaufgaben).

Von Studierenden wie Ausbildern gern wahrgenommen werden gemeinsame Planspiele: Sie erlauben eine gegenseitige Wahrnehmung und einen am Lerngegenstand ausgerichteten fachlichen Austausch. Im besten Falle ergibt sich eine Win-Win-Situation: Die Studierenden profitieren von den weitreichenden beruflichen Erfahrungen der Ausbilder; durch die Anwendung von Fachtheorie in einem Fallszenario erfahren die Ausbilder eine Rekonstruktion bereits erworbener bzw. neuer Fachkenntnisse. Bei der Ausrichtung der Planspiele können spezifische Problemstellungen und Themen aus ganz unterschiedlichen Arbeitsfeldern fokussiert werden und grundlegend sein, für fachlichen Austausch.

Methodische Aufbereitung und Lehrerhaltung

Wie in jeder pädagogischen Situation sollte auch für den **Unterricht** gelten, dass die Lehr-/ Lernarrangement methodisch so aufbereitet sind, dass sie vorbildhaft fungieren im Hinblick auf die spätere Berufspraxis der Studierenden:

- Dazu gehören ein sinnvoller didaktischer Aufbau auf der Basis soliden Fachwissens ebenso wie
- die konstruktivistische Grundhaltung der Lehrkraft im Sinne einer ko-konstruktiven Lernbegleitung der Studierenden.

Eine gute Vorbereitung bedarf einer umfassenden Bereitstellung einer motivierenden Lernumgebung. Den Studierenden ist vertrauensvoll und mit Zutrauen zu begegnen. Das erfordert zunächst unter Umständen eine herausfordernde Umstellung für die Rolle der Lehrkraft, die eine hohe Präsenz bezüglich Beobachtung und Wahrnehmung der Studierenden, eine große Bewusstheit hinsichtlich des eigenen Wirkens („didaktische Zurückhaltung") und einen flexiblen Zugang zur eigenen Fachkompetenz fordert – aber letztlich auch zu einer mittelfristigen Entlastung der Lehrkraft während des Unterrichts beitragen kann.

GLOSSAR

Ausbildungsportfolio

Das Portfolio leitet sich von dem Lateinischen „folium" (Blatt) und „portare" (tragen) ab: Portfolios sind Mappen, in denen Arbeitsergebnisse, Dokumente, Visualisierungen und alle Arten von Präsentationen bis hin zu audiovisuellen Dokumentationen oder Kunstwerken eigenständig von Studierenden gesammelt und reflektiert werden.

Was?

Das Portfolio dokumentiert also den Lernprozess und kann über diese Auseinandersetzung mit den prozessualen Abläufen, Lernwegen und Kooperationen die Selbstbildungsprozesse der Studierenden stärken: „Die Kompetenzorientierung der Ausbildung an Fachschulen folgt einer gedanklichen Linie von Grundlegung, Erweiterung, Vertiefung und Profilbildung im Hinblick auf die Entwicklung von Wissen, Fertigkeiten, Sozialkompetenzen und Selbstständigkeit" (LP S. 8), die sich im Portfolio abbilden und wozu das Portfolio seinen Beitrag leisten kann. Im Gespräch mit der Lehrkraft als Lernbegleiter, den Mitstudierenden, den außerschulischen Kooperationspartnern soll die Entwicklung dialogisch bzw. aus verschiedenen Perspektiven betrachtet und ein **individueller Lernweg** gestaltet werden:

Warum?

„Das Portfolio soll während der Ausbildungs- oder Lernphase dazu anhalten, wichtige Inhalte, Methoden und Ergebnisse (pieces of evidence) gezielt zu beobachten und schriftlich oder in anderer Form dokumentiert festzuhalten. Gleichzeitig soll dieser Vorgang gezielt reflektiert werden, um vor schematischen Übernahmen zu schützen und eigenständige Urteile zu fördern. Portfolios sind in der Regel dabei immer **sowohl produkt- als auch prozessorientiert**. Es werden Produkte und Prozesse dokumentiert und reflektiert, die Bemühungen, Ergebnisse und möglichst Fortschritte von Lernern darstellen helfen. So kann eine Analyse des Lernprozesses einsetzen, die das Lernen selbst zum Gegenstand einer Reflexion nimmt, um eine methodische Lernkompetenz auszubilden und kontinuierlich zu verbessern." (*http://methodenpool.uni-koeln.de*)

Wesentliche Ziele der Portfolio-Arbeit sind hierbei:
- Eine Dokumentation erbrachter Leistungen, um den Sinn von Lernproduktionen durch Präsentation zu veranschaulichen.
- Die Ermöglichung der Auswahl eigener Lernresultate und deren systematische Reflexion, um die Lern- und Methodenkompetenz zu erhöhen.
- Eine Veränderung der Leistungsbeurteilung, um die Gültigkeit der Bewertung zu verobjektiven, indem der Lerner aktiv in die Auswahl und Interpretation seiner Lernfortschritte eingreifen und diese dokumentieren kann.
- Eine Verbesserung des Unterrichts, indem nicht nur sporadisch und gezielt für Klassenarbeiten gelernt wird, sondern kontinuierlich Lernfortschritte ausgewiesen und reflektiert werden.
- Eine Vernetzung von Lerninhalten aus verschiedenen Fachperspektiven sowie die Vernetzung von Lernorten (Theorie-Praxis-Kontext)
- Eine Verbesserung der Möglichkeiten, Bewertungen auch beim Einsatz von handlungsorientierten Methoden sinnvoll vornehmen zu können.
- Eine Erhöhung der Chancen, Bewertungen auf besondere Formen individueller oder kollektiver Leistungsbeurteilung abstimmen zu können, diese mit Ziel- und Fördergesprächen zu verbinden und dabei insgesamt eine gute Feedbackkultur zu entfalten. (*http://methodenpool.uni-koeln.de*)

GLOSSAR

Voraussetzungen

Das Portfolio bildet die gesamte Ausbildung linear ab, d.h., die angebotenen Portfolio-Inhalte sowie die didaktischen Formen sind dem Ausbildungsstand der Studierenden wie den Ausbildungssituationen (z. B. Praktikumsformen, Praktika in div. Arbeitsfeldern, mit unterschiedlichen Zielgruppen) angemessen. Bei der didaktischen Ausrichtung des Portfolios hilft dem Kollegium die didaktische Planung (siehe Glossarbegriff didaktische Planung im Glossar von Band 1, auf CD).

Portfolios brauchen einen klaren Rahmen: Ziele, Verbindlichkeit, Umfang und Erwartungen, Bewertungen und ihre Konsequenzen. Außerdem sollten die Studierenden eine gute Einführung in die Portfolio-Arbeit erhalten, vor allem dann, wenn sie noch unerfahren sind in dieser Arbeitsstruktur. Ferner braucht der Umgang mit dem Portfolio eine regelmäßige Begleitung durch die Lehrkraft, wenigstens aber eine vereinbarte Erreichbarkeit bei Rückfragen, z. B. im Rahmen von allgemeinen Sprechzeiten.

Das Portfolio wird für die Studierenden zugänglich aufbewahrt, z. B. in einem Regal im Klassenzimmer.

Die Mappe hat ein Inhaltsverzeichnis und eine innere Ordnung, welche die Inhalte strukturiert und übersichtlich macht. Es soll eine chronologische Einordnung erfolgen, die die Prozessorientiertheit verdeutlicht – eine Zeitleiste ist hierbei hilfreich.

Didaktische Formen

Die Methoden innerhalb der Portfolio-Arbeit sind sehr vielfältig und spezifisch für die Zielgruppe auszurichten: Die Studierenden erarbeiten sich einen individuellen Portfolio-Plan: Schon hier wird der deutlich, dass die Portfolio-Arbeit sich ausrichtet an den spezifischen Bedürfnissen des Lernenden und seiner Praxisstelle. Im *Portfolio-Workshop* (vgl. Methode Portfolio, S. 167 ff.) an der Schule vernetzen sich durch vielfältige Methoden die Arbeitsergebnisse der einzelnen Studierenden in einem aktiven und lebendigen Austausch:

- **Portfolio-Konferenzen** erlauben einen reflektorischen Austausch über Praxisaufgaben; dafür sind eine rotierende Leitung einzurichten, die die Tagesordnung festlegt, Gespräche moderiert, die Anwendung von Feedbackregeln gewährleistet u.a. Ein regelmäßiges Protokoll macht den Ablauf nachvollziehbar.
- **Schreibkonferenzen** sind eine geeignete Abwechslung zu mündlichen Konferenzen. Auch sie folgen klaren Regeln, um die fachliche Präzision zu gewährleisten.
- **Standarisierte Reflexionsbögen** erlauben einen persönlichen, durchaus strukturierten Rückblick für sich selbst und schaffen Abwechslung zu kollegialer Arbeit zu zweit und Teamarbeiten.
- **Fachgespräche mit dem Lernbegleiter** sind ein hilfreiches Instrument der persönlichen Reflexion, auch im Team: Sie verbinden die unterrichtlichen Ergebnisse mit dem Ausbildungsportfolio, z. B. über das Lerntagebuch. Hier wird wieder der komplexe Charakter eines offenen Unterrichtsgeschehens deutlich.
- Kompetenzorientierung dokumentiert sich auch in der Portfolio-Arbeit, z. B. im **Kompetenzdiagramm**: Hier werden die bekannten Kompetenzbereiche reflektiert und visualisiert.
- Das Portfolio bedarf schlussendlich einer **Bewertung**: Grundsätzlich sind den Studierenden bereits in der Anfangsphase der Portfolio-Arbeit die Kriterien der Bewertung transparent zu machen. Im Sinne eines erwachsenengerechten Lernens beurteilen die Studierenden selbst ihre Portfolio-Arbeit und tauschen sich dann mit dem Lernbegleiter aus. Auf der Basis dieser Gespräche erfolgt die Referenz der Lehrkraft/des Lernbegleiters. Dabei findet die Reflexionskompetenz des Studierenden maßgeblich Eingang in die Beurteilung.
- Einen wertschätzenden Abschluss findet die Portfolio-Arbeit in einer Präsentation aller Ausbildungsportfolios: **die Portfolio-Galerie**. Über mehrere Tage können die Portfolios der Schulgemeinschaft zugänglich gemacht werden. Ein vielfältiges Feedback lässt einerseits die Studierenden erneut an ihrer fächer- und zeitübergreifenden Arbeit wachsen und gibt andererseits der Schülerschaft vielseitige Anregungen und Einblicke in zukünftige Aufgaben. Gespräche führen zu einem intensiven fachlichen Austausch über unterrichtliche Prozesse und Praxiserfahrungen. Lernbegleiter und Fachkollegen erleben die Kompetenzen der Studierenden in einem komplexeren Zusammenhang.

Aktive Beteiligung

Der Lehrplan (S. 9) benennt als Merkmale handlungsorientierten Unterrichts die **Orientierung an den Lernenden**: „Zunehmende Steuerung des Lernprozesses durch die Lernenden, Beteiligung an der Planung und Gestaltung des Unterrichts, Selbststeuerung und Zurücknahme der Fremdsteuerung" sowie **Metakommunikation und -kognition**: „Lernen, das eigene Handeln zu thematisieren, kognitiv nachzuvollziehen und das Lernen in Gruppen zum Gegenstand der Reflexion und Beurteilung im Team zu machen".

Im Methodenpool der Universität Köln heißt es dazu: „Dies kann nur hinreichend gelingen, wenn die Lernenden an der Auswahl der Inhalte und der Art der Darstellungsmöglichkeiten, der Festlegung der Beurteilungskriterien und dem Beurteilungsprozess aktiv beteiligt werden. Eine aktive Beteiligung setzt immer voraus, dass eingehende Gespräche von Lernenden und Lehrenden über das Portfolio in kooperativer Form geführt werden. Dabei müssen Lehrende insbesondere auch auf eine angemessene Beziehungsseite ihrer Kommunikation achten."

Literatur

Bergo, Cristina/Pro Skills: „TRAININGSKONZEPT zur Förderung von sozialen und personalen Kompetenzen bei sozial benachteiligten jungen Erwachsenen als Voraussetzung für Lebenslanges Lernen" 2006, S. 13. URL http://www.pro-skills.eu/manual/ProSkills_Manual_German.pdf (Abruf 24.04.2014)

Berkefeld, Thorsten u. a.: Lehrerhandbuch Altenpflege. Hamburg 2010

Cohn, Ruth; Terfurth, Christina (Hrsg.): Lebendiges Lehren und Lernen - TZI macht Schule Klett-Cotta, Stuttgart 1993, S. 174

Europäische Kommission für Allgemeine und berufliche Bildung: Einen europäischen Raum des lebenslangen Lernens schaffen. Mitteilung der Kommission. 2007

Gudjons, Herbert: Pädagogisches Grundwissen. Heilbrunn 2008, S. 76 ff.

Jaszus, Rainer; Küls, Holger: Didaktik der Sozialpädagogik. Stuttgart 2016, S. 425 f.

Kultusministerkonferenz: Deutscher Qualifikationsrahmen für lebenslanges Lernen. Beschluss der KMK vom 10. März 2011, S. 16

Länderübergreifender Lehrplan Erzieher/Erzieherin. Ausarbeitung Arbeitsgruppe, empfohlen vom Unterausschuss für Berufliche Bildung des KMK, Stand 01.07.2012

Ophardt, Diemut; Thiel, Felicitas: Klassenmanagement: Ein Handbuch für Studium und Praxis. Kohlhammer, Stuttgart, 2013, S. 7

Raben, Barbara von: Portfolios in der Ausbildung pädagogischer Fachkräfte. Verlag an der Ruhr, Mülheim 2010

Scholz, Ingvelde: Das heterogene Klassenzimmer – differenziert unterrichten. Vandenhoeck & Ruprecht, Göttingen 2016, S. 9, 10, 12

Universität Köln/Reich, K. (Hrsg.): Methodenpool. Unterrichtsmethoden im konstruktiven und systemischen Methodenpool. URL: http://methodenpool.uni-koeln.de

Weizsäcker, Richard von: Ansprache bei der Eröffnungsveranstaltung der Tagung der BAG Hilfe für Behinderte am 1. Juli 1993 in Bonn, URL: http://www.bundespraesident.de/SharedDocs/Reden/DE/Richard-von-Weizsaecker/Reden/1993/07/19930701_Rede.html (Abruf 10.10.2017)

Woolfolk, Anita: Educational Psychology, Allyn 2001

Situationsanalyse (nach Beer)

Entsprechend der Überlegungen zur Analyse einer Rahmensituation (vgl. Glossar zur *Lernfeldarbeit*), kann zunächst und in jedem Lernfeld mithilfe des folgenden Schemas nachgedacht werden:

Die Studierenden werden aufgefordert, entsprechend der verschiedenen Fachperspektiven *und* in den unterschiedlichen Handlungsebenen ihre Fragen, Inhalte, Gedanken zur Rahmensituation in der Art eines **Brainstormings** zu formulieren. Diese werden in die offenen Felder des Formulars auf der nächsten Seite (S. 18) eingetragen und bleiben während des gesamten Lernfelds im Klassenraum präsent.

Damit ist ein prozessualer Abgleich während der Lernfeldarbeit immer möglich: Welche Inhalte wurden bereits thematisiert, welche Fragen haben wir erörtert, welche Problemstellungen gelöst und welche sind vielleicht dazugekommen?

Aufgabe
Formulieren Sie Fragen zu einer Rahmensituation auf den verschiedenen Handlungsebenen und aus unterschiedlichen Fachperspektiven.

Selbst organisierte Lernformen im Lernbüro

Selbst organisierte Lernformen wie Lerntheke/Lernpfad, Stationenarbeit/Lerninseln oder Lernatelier bieten den Studierenden fachbezogene Arbeitsaufträge an. Diese werden in unterschiedlichen Modi, d.h. unterschiedlich klein- oder großteilig, zur Verfügung gestellt. Die entstehenden Arbeitsgruppen werden auch unter dem Begriff „Lernbüro" zusammengefasst. Die Kopiervorlagen auf S. 19 und 20 können den Lernenden beim Strukturieren und Dokumentieren behilflich sein.
- Lernbüro: Arbeitsplan zum Lernfeld
- Lernbüro: Arbeitsplan zu einer Lerneinheit

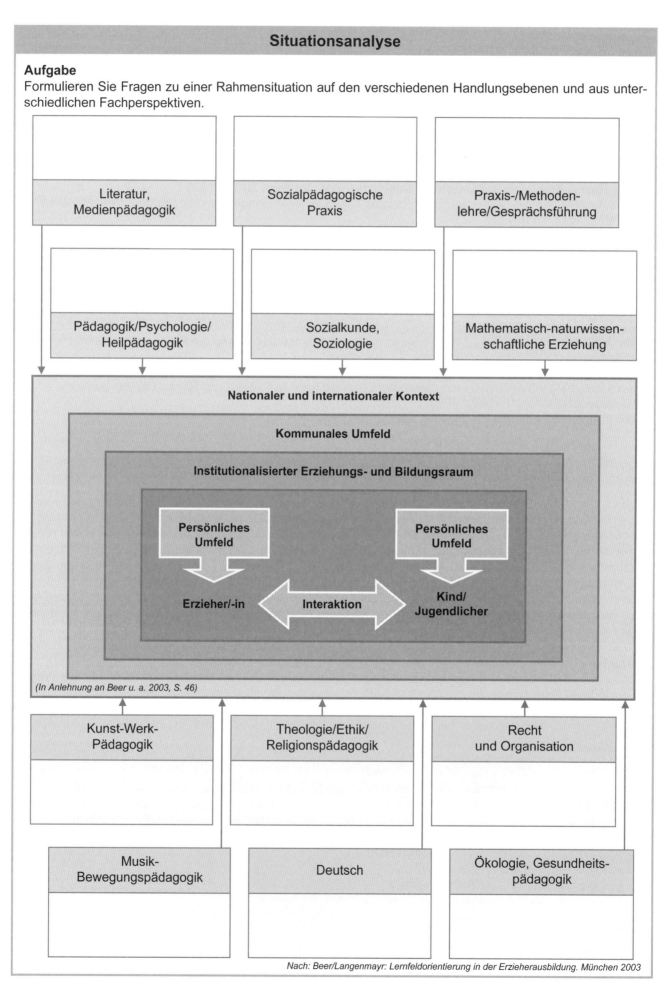

LERNBÜRO

Lernbüro: Arbeitsplan zum Lernfeld

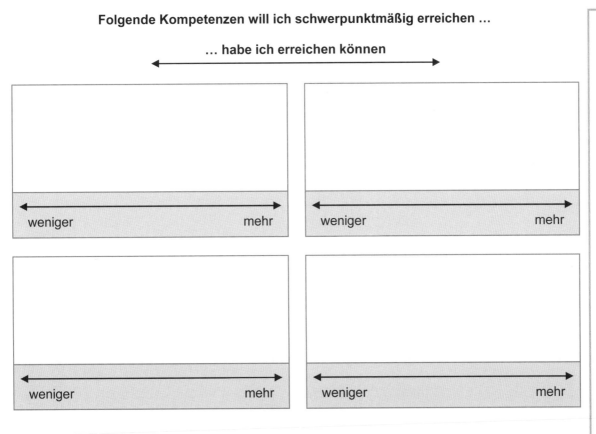

Folgende Kompetenzen will ich schwerpunktmäßig erreichen ...

... habe ich erreichen können

Zeit: Woche	Inhalte	Methode & Sozialform

Deine Ziele sind SMART

Spezifisch – **M**essbar – **A**kzeptabel – **R**ealistisch – **T**erminiert

LERNBÜRO

Lernbüro: Arbeitsplan zu einer Lerneinheit

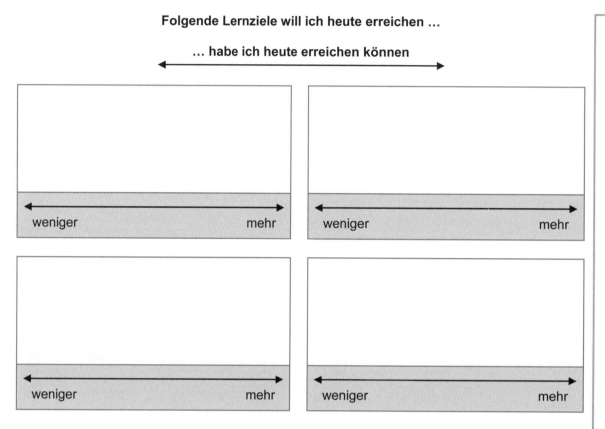

Folgende Lernziele will ich heute erreichen …

… habe ich heute erreichen können

weniger — mehr   weniger — mehr

weniger — mehr   weniger — mehr

Deine Ziele sind operational

individuell – konkret – nachvollziehbar – adäquat – valide

Zeit: von – bis	Inhalte	Methode & Sozialform

Einführung in den kompetenzorientierten Unterricht
Präsentationsdatei

Kompetenzorientiert unterrichten ist ebenso neu, wie kompetenzorientiert unterrichtet zu werden.

Es ist deshalb im Sinne aller am Lernprozess Beteiligten, sich auf die Grundprinzipien einer neuen Unterrichtsdidaktik zu vereinbaren: Das geschieht zu Beginn der Ausbildung mit einer Einführung, die Transparenz herstellt über einen kompetenz- und handlungsorientierten Unterricht und Einblick gibt in offene Unterrichtsverfahren und deren Ausrichtung.

Es erweist sich im Weiteren als hilfreich, Studierende mit ihren schulischen Vorerfahrungen, ihren Erwartungen, ihren Bedenken u. a. in den Lernprozess einzubinden (z. B. mit Portfolio-Arbeit), ihnen eigene Verantwortung zuzumuten (z. B. im Klassenforum) und Lernen auch auf der Metaebene zugänglich zu machen, d. h. die Entwicklungsorientierung: professionelle Haltung entwickeln und Lernen in Beziehungen (z. B. in der Lernortkooperation).

 Anlage auf CD-ROM

Präsentationsdatei „Kompetenzorientiert lernen an der Fachschule für Sozialpädagogik – eine Einführung"

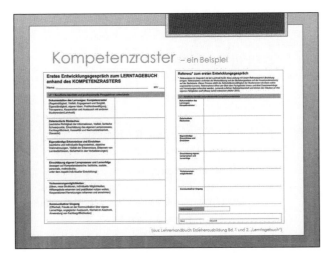

usw. (38 Folien)

LERNFELD 1 Berufliche Identität [Lernfelderöffnung]

Motivationsschreiben

Erzieherin/Erzieher gesucht
Unser Kindergarten mit 6 Gruppen liegt in der Innenstadtlage von München. Es erwartet Sie eine bunte Vielfalt an Kindern und ein überaus motiviertes Team. Individuelle Betreuung und intensive Förderung ist gewährleistet durch niedrige Gruppenstärken.
Wir wünschen uns jemanden mit hoher sozialer und interkultureller Kompetenz, großem Einfühlungsvermögen und Kreativität.

In unserer Montessori-Kindertagesstätte werden 68 Kinder zwischen 0 und 6 Jahren betreut. Wir suchen
eine pädagogische Fachkraft, Schwerpunkt Montessori

Was wir wünschen:
Staatlich anerkannte Ausbildung als Erzieher/-in
Erfahrung mit dem Montessori-Konzept
Teamfähigkeit, interkulturelle Kompetenz

Was wir bieten:
Vollzeitstelle – Aufgeschlossenes Team – Vergütung nach TvöD – Supervision – Aufgeschlossene Elternschaft – Bei Bedarf: Betreuungsplatz in unserer Kita

Unsere im vergangenen Jahr eröffnete **Kinderkrippe** liegt westlich von Köln in der **Gemeinde Lauten**.

Viele Eltern unserer Krippenkinder sind berufstätig und erwarten von uns umfassende Betreuung, integrative Erziehung und zielgerichtete Bildung für ihre Kinder.
Die Einrichtung hat 3 Gruppen mit jeweils 12 Kindern, die von einer Fachkraft und einer Ergänzungskraft besetzt sind.
Besonderen Wert legen wir auf eine innovative Mitwirkung an der konzeptionellen Arbeit innerhalb unseres Teams.
Sie wollen als Berufspraktikant/-in Ihre Ausbildung zur/zum Erzieher/-in abschließen?

Sie sind
- engagiert und offen,
- belastbar und flexibel
- und haben eine besondere Begabung im musischen Bereich?

Dann bewerben Sie sich bei uns! Legen Sie der Bewerbung bitte **ein persönliches Motivationsschreiben** bei. Wir freuen uns auf Sie!

Wir, eine großstädtische Elterninitiative, suchen
Erzieherinnen (m/w)
für die Eröffnung einer neuen Kita. Altersgemischte Gruppen (Gruppe A zwischen 0,3 und 6 Jahren, Gruppe B zwischen 3 und 6 Jahren) erwarten Sie! Falls Sie der Neuaufbau einer Einrichtung reizt, sind Sie hier richtig!
Wünschenswert ist, dass Sie Erfahrung in Elternpartnerschaften und Arbeit in altersgemischten Gruppen sowie mit Kindern unter 3 Jahren mitbringen.

**Bilinguale Erzieherin
(m/w, Deutsch/Englisch) gesucht!**
In unserem bilingualen Kindergarten (Alter zwischen 3 und 6 Jahren) wird auf Sprachkompetenz nach der Methode der Immersion Wert gelegt.
Unsere kleinen Forscher können besonders auch ihre mathematisch-naturwissenschaftlichen Talente entdecken.

LERNFELD 1   Berufliche Identität [Lernfelderöffnung]

Anlage 1: Motivationsschreiben

Über mich als Erzieher/-in

Warum habe ich den Beruf der Erzieherin/des Erziehers gewählt?
Kinder benötigen starke Wurzeln und Flügel, um später selbstbewusst in die Welt hinausgehen zu können. Als Erzieher/-in kann ich

_____
_____
_____
_____
_____
_____

Was macht mir besonders an diesem Beruf Freude und Spaß?

_____
_____
_____
_____
_____
_____

Was bezeichne ich als „Erfolg" in meinem Berufsalltag?
Erfolg ist gegeben, wenn

_____
_____
_____
_____
_____
_____

Was ist mir persönlich wichtig im Beruf der Erzieherin/des Erziehers?

_____
_____
_____
_____
_____
_____

LERNFELD 1

Berufliche Identität [Lernfelderöffnung]

Meine Offenheit in der Erziehungsarbeit zeigt sich, wenn ich
_____
_____
_____

Persönlich engagiere ich mich in meiner Freizeit für
_____
_____
_____

und erwarte daraus auch einen Gewinn für mein berufliches Tun, weil
_____
_____
_____
_____

Belastbarkeit in der erzieherischen Arbeit ist wichtig, weil
_____
_____
_____
_____

Eine besondere Begabung / Neigung habe ich im Bereich
_____
_____
_____
_____

Für diese Stelle bin ich besonders geeignet, weil ich
_____
_____
_____
_____

LERNFELD 1

Berufliche Identität [Lernfelderöffnung]

Arbeitsauftrag zur Lernfelderöffnung

Situation:
Nach Ihrer 4-jährigen theoretischen wie praktischen Ausbildung zur/zum Erzieher/-in suchen Sie nach einer passenden Stelle für Ihr Berufspraktikum.
Deshalb blättern Sie in einer Fachzeitschrift. Auf den letzten Seiten finden sich vielfältige Stellenangebote mit zum Teil recht großen Erwartungen an Sie als zukünftige/r Erzieher/-in.

1. **Lesen Sie** für sich die Stellenausschreibung der Kinderkrippe Lauten von Seite 19. Da Sie gerne als Krippenpädagoge/-pädagogin tätig sein und auch einmal gern im Umfeld einer Großstadt leben würden, entschließen Sie sich, die Bewerbung zu verfassen.

2. **Schreiben Sie** als Anlage Ihrer Bewerbung um die Stelle als Berufspraktikant/-in bei der Kinderkrippe Lauten das gewünschte Motivationsschreiben (Anlage 1).

Unsere im vergangenen Jahr eröffnete **Kinderkrippe** liegt westli
Gemeinde Lauten.
Viele Eltern unserer Krippenkinder sind berufstätig und erwarten
Betreuung, integrative Erziehung und zielgerichtete Bildung für ih
Die Einrichtung hat 3 Gruppen mit jeweils 12 Kindern, die von ei
und einer Ergänzungskraft besetzt sind.
Besonderen Wert legen wir auf eine innovative Mitwirkung an der

3. **Orientieren Sie sich,** wo möglich, am Kompetenzquadranten (Anlage 2).

4. **Tragen Sie** anschließend Ihrer Kollegin/Ihrem Kollegen in der Klasse Ihr Motivationsschreiben als Vorbereitung auf ein mögliches Bewerbungsgespräch vor.

5. **Als Zuhörer** machen Sie sich Notizen. Wechseln Sie dann die Rollen.

6. **Erläutern Sie dem Team** anschließend die von Ihrer Kollegin/Ihrem Kollegen gemachten Aussagen bezüglich Motivation und Eignung.

Hinweis:
Eine Weiterarbeit ist möglich mit der Sequenz „*Lernsituationen: Arbeiten in der Krippe*" aus Band 1 (Rahmensituation, Lernsituationen, Arbeitsblätter)

LERNFELD 1 — Berufliche Identität [Lernfelderöffnung]

Anlage 2: Kompetenzquadrant

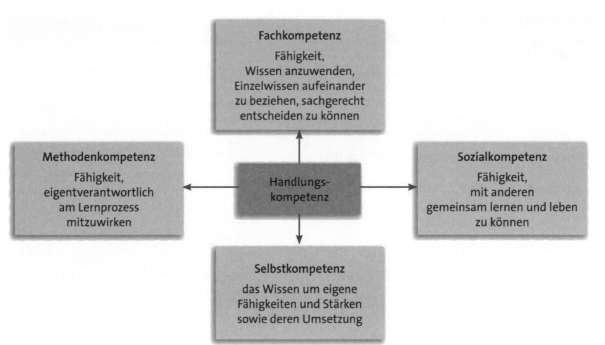

LERNFELD 1   Berufliche Identität, professionelle Perspektiven

Fantasiereise: Baumschule
Wer bin ich jetzt? Wie will ich mich entwickeln?

Diese Reise führt zu den positiven und negativen Erwartungen der Studierenden, die sie mit der Berufswahl und dem Start in die Ausbildung verbinden.

1. Vorbereitung zur Entspannung: Jede/r Teilnehmer/-in legt die Arme auf den Tisch, Kopf darauf. Einige Worte zur Ruhe und Entspannung folgen, dann die Fantasiereise.

Dein Kopf liegt auf deinen Armen,
du sitzt bequem,
deine Füße ruhen auf dem Boden.
Dein Atem kommt und geht,
deine Augen sind geschlossen,
alles ist warm und schwer an dir,
du bist ruhig und ganz bei dir.
Du spürst, wie sich ein Zauberteppich
unter deinen Körper schiebt,
dich langsam hochhebt und mit dir davonschwebt.
Unter dir verschwindet das Schulgebäude,
dann die Stadt – du fliegst über einen See,
Schilf und Wasservögel sind unter dir;
dann ein riesiger Wald.
Da vorn ist eine Lichtung,
ein freier Platz.
Im Näherkommen siehst du dort kleine Bäume:
„Baumschule" steht auf dem Schild,
„Baumschule, 4. Klasse".

Und auf einmal siehst du dich, ja, wirklich dich,
mitten in dieser Baumschule stehen,
als Baum – als jungen kleinen Baum.
Was für einen festen Stamm du hast!
Du bestaunst deine Zweige.
Sie wiegen sich im Wind.
Haben deine Zweige Nadeln oder Blätter?
Gibt es Blüten an dir oder gar Früchte?
Wie mögen deine Wurzeln aussehen?
Du spürst sie, wie sie in die Erde hineinreichen.
Ein Gärtner kommt auf dich zu,
unter dem Arm Gartengeräte.

Ob der dich umhauen will?
Davor fürchtest du dich.
Aber der Gärtner fragt nur:
„Welche Zweige willst du in diesem Jahr entfalten?
Welche Blüten und Früchte willst du tragen?
Was alles soll an dir wachsen?
Gibt es Zweige, die ich beschneiden sollte,
damit du gute Früchte bringen kannst?"
Er lockert die Erde um dich herum auf, damit du besser atmen kannst,
gibt dir Dünger und Wasser.
Und du spürst,
wie die Kraft in deinen Wurzeln hochsteigt,
wie sich neue Zweige bilden, du wächst!
Auch Blüten kommen und Früchte.
„So viel steckt in dir, es muss nur wachsen.
Das ist Arbeit. Aber du kannst ein großer Baum werden,
der andere nährt und schützt ..."

Dein Zauberteppich hat dich wieder hochgehoben
und schwebt
zurück, zurück über den Wald, den See, die Wiesen,
dort sind schon die Türme der Stadt,
nun kommt auch das Schulgebäude.
Ganz sanft landet der Zauberteppich im Klassenzimmer
der Klasse 4.
Aber das Bild von dir als wachsendem Baum hast du mitgebracht.
Langsam öffnest du die Augen.

-----

2. Nach der Fantasiereise malen die Studierenden ihren Baum.

3. Im nachfolgenden Gespräch erörtern Arbeitsgruppen, welche Fähigkeiten, Interessen, Gewohnheiten in der beruflichen Ausbildung wachsen und welche eher beschnitten werden sollen. Dabei bedient man sich des Bildes vom Gärtner: Was sind seine Aufgaben, Möglichkeiten? Wer erfüllt welche Rolle? Ein Transfer zum Berufsbild des Erziehers/der Erzieherin ist anzustreben.

LERNFELD 1 Krippenpädagogik

Die Kleinen kommen
Texte und Aufgaben zur Krippenpädagogik

Arbeitsauftrag

Im Folgenden finden Sie 2 Texte zur Einführung in die Krippenpädagogik (Anlage).

1. Bilden Sie 2 Teams: *Team B* (Bedürfnisse) und *Team M* (Methodik).

2. Lesen Sie in den Teams die beiden Texte im Hinblick auf 2 grundlegende Fragestellungen:
   - Was **b**rauchen Klein(st)kinder? Welche **B**edürfnisse haben Sie? (*Team B*)
   - Welche **M**öglichkeiten/**M**ethoden/**M**aterialien benötigen wir als Krippenerzieher/-erzieherinnen, um diesen Bedürfnissen gerecht zu werden? (*Team M*)

3. Markieren Sie die Textbaustellen entsprechend der Fragestellungen in 2 unterschiedlichen Farben: Bedürfnisse gelb; Methodik orange

4. Fertigen Sie mithilfe von Kärtchen eine Mindmap an der Wand/auf dem Plakat im Klassenzimmer, in welcher beide Fragestellungen zusammengefasst und übersichtlich abgebildet werden.

5. Ergänzen Sie die **Mindmap** mit eigenen Erkenntnissen aus Ihrer praktischen Erfahrung.

6. Dokumentieren Sie für Ihre Unterlagen die Textarbeit mithilfe eines Fotos oder durch Abschreiben.

Benötigtes Material: (Moderatoren-)Kärtchen, Wandtafel oder Plakatpapier

LERNFELD 1 — Krippenpädagogik

Anlage auf CD-ROM

Text 1 (8 Seiten) von Ingeborg Becker-Textor (2009): Braucht die Kinderkrippe eine eigene Pädagogik?

LERNFELD 1 — Krippenpädagogik

Text 1: Krippenpädagogik

Braucht die Kinderkrippe eine eigene Pädagogik?

Ingeborg Becker-Textor (2009)

Zum Einstieg ein Zitat von Wiebke Wüstenberg aus der Praxis der Arbeit mit Krippenkindern:

„Benny und Kai sind in Krabbelposition jeweils an einem Ende des Stofftunnels. Sie schauen sich durch den Tunnel an. Benny ruft: Aaaha-aaaha! Kai lacht und Mira – sichtlich animiert – kommt herbeigelaufen. Sie positioniert sich von außen in der Mitte des Stofftunnels und wartet. Währenddessen macht Kai die Öffnung seiner Tunnelseite frei, und Benny krabbelt von der anderen Seite aus durch den Tunnel. Mira betastet das von außen, indem sie mit ihren beiden Händen die Stoffwand eindrückt. Sie ruft: Da, da! Benny schaut aus dem Tunnel heraus und guckt, wer da am Tunnel steht. Er lacht Mira an, krabbelt wieder etwas in den Tunnel hinein und streckt seine Hand von innen gegen die Wand, und dem Tunnel erprobt. Vermutlich haben sie die Entdeckung gemacht, dass die nicht sichtbaren Kinder im Tunnel durch die Stoffwand fühlbar, also noch vorhanden waren. Ihr Rufen hat sie darin bestärkt. Das Bedeutungsvolle liegt darin, dass gleichaltrige Kinder Verfahrensweisen beginnen zu entwickeln, mit deren Hilfe sie 'als Partner kooperieren, um gemeinsam Wirklichkeit zu interpretieren' (...). Dabei liegt es auf der Hand, dass die Explorationsmethoden, die Interpretationsprozesse und auch die Inhalte andere sind als die, die mit älteren Kindern und Erwachsenen zustande kommen.

Kleinkinder haben eigene Themen

Wenn man diese Beobachtung liest und mit Aktivitäten im Kindergarten vergleicht, dann fallen sofort

---

Text 2 (8 Seiten) von Wiebke Wüstenberg (2001): Gleichaltrige im Krippenalter entwickeln Humor, eigene Themen und Freundschaften untereinander: Nützt das ihrer Entwicklung?

LERNFELD 1 — Krippenpädagogik

Text 2: Krippenpädagogik

Gleichaltrige im Krippenalter entwickeln Humor, eigene Themen und Freundschaften untereinander: Nützt das ihrer Entwicklung?

Wiebke Wüstenberg (2001)

Die Vorteile qualitativ guter Tagesbetreuung in den ersten Lebensjahren sind in den letzten Jahren durch Studien, die die familiären und institutionellen Einflussfaktoren differenziert überprüft haben, eindeutig bestätigt worden. Demnach ist eine hohe Qualität der Betreuung das entscheidende Element für die kognitive und soziale Entwicklung von Kindern. (1)

Für die institutionelle Gruppenbetreuung von Kindern unter 3 heißt das: Es müssen gute Rahmenbedingungen bezüglich Gruppengröße, Erzieherschlüssel und Qualifikation der Fachkräfte vorhanden sein sowie eine anregungsreiche Umgebung. Das Konzept sollte Bildung, Erziehung und fürsorgliche Be- schungsergebnis, dass sich gut entwickelte soziale Kompetenzen auf alle Bereiche des Lernens positiv auswirken. Außerdem ist diesbezüglich bedeutsam, dass Erwachsene-Kind-Interaktionen eine andere Grundstruktur als Kind-Kind-Interaktionen aufweisen. Deshalb gehe ich in diesem Artikel zuerst darauf ein, was Neugeborene und Säuglinge bereits können bzw. in Interaktionen mit vertrauten Bezugspersonen lernen. Anschließend zeige ich, dass Kinder sich bereits als Babys für Gleichaltrige interessieren und welche Erfahrungen – abweichend zu denen mit Erwachsenen – sie in den ersten 3 Lebensjahren mit Peers machen. Dabei werden überwiegend Interakti-

LERNFELD 1 Lebenswelten KU3 [Glossar erstellen]

GLOSSAR:
Grundlagen der Krippenpädagogik

Ein Glossar ist eine Liste von Fachbegriffen mit Erklärungen oder Übersetzungen. Die Aufgabe Ihrer Lerngemeinschaft ist es, ein solches Glossar für den Bereich „Krippenpädagogik" zu erstellen.
Es geht um diese Begriffe:

Grundlagen der Krippenpädagogik

- Zone der nächsten Entwicklung
- Ko-Konstruktion als Bildungsverständnis
- Selbst, Selbstkonzept
- Sprachkompetenzen entwickeln
- Feinfühligkeit
- Körperbezogene Kompetenzen
- Partizipation
- Das Bild vom Kind
- Ganzheitlichkeit als Bildungsansatz
- BASIS-Kompetenzen
- Kognitive Kompetenzen (Theory of mind – intuitive Theorien)
- Kindliche Grundbedürfnisse
- Kompetente Eltern

- Interaktion (joint attention)
- Soziale Beziehung & Bindung
- Alltagssituationen gestalten
- Übergänge moderieren – Die Eingewöhnung –
- Diversität
- Bindung vs. Exploration?
- Meta-Emotion
- Sinneswahrnehmungen
- Scaffolding
- Bildungs- und Erziehungspartnerschaft
- Meilensteine der Entwicklung
- Spielformen – Lernformen
- Beobachten & Dokumentieren
- Fragen, Zuhören, Dialogisieren

Arbeitsauftrag

Arbeitsmittel: ein Grundlagenwerk zur Arbeit mit Kindern unter 3 Jahren (z. B. ländereigener Bildungsplan für KU3, evtl. „Bildung, Erziehung und Betreuung von Kindern in den ersten 3 Lebensjahren")
Sozialform: Einzelarbeit

1. Auswahl des Themas: Tragen Sie Ihren Namen in eines der leeren Kästchen auf dem „Organizer" (*Anlage 1*) ein. Stellen Sie anschließend fest, welchen Inhalt zu den Grundlagen der Krippenpädagogik Sie zu bearbeiten haben, die „Folie zur Zuordnung" (*Anlage 3*) gibt Auskunft über die Belegung der einzelnen Kästchen.

2. Recherchieren Sie im Grundlagenwerk/Schulbuch/Bildungsplan den Begriff Ihrer Wahl.

3. Verfassen Sie nun den fachlichen Erläuterungstext zu Ihrem Fachterminus. Dies wird der Glossar-Eintrag. Damit alle Beiträge einer gemeinsamen Struktur folgen, benutzen Sie die „Einlageblätter" für das Glossar (*Anlage 2*) als Leitfaden. So sollen neben der Definition und fachlichen Überlegungen auch Bezugspunkte zum Grundlagenwerk hergestellt und 4 Beispiele aus dem Arbeitsfeld gegeben werden.

4. Teilen Sie Ihren Glossar-Eintrag mit Ihrer Lehrkraft, zwecks Korrektur/Benotung (ausgedruckt oder digital auf dem Schulserver).

5. Präsentieren Sie dann Ihre Arbeit im Klassenplenum zu Beginn einer Unterrichtsstunde möglichst interaktiv, indem Sie die Studierenden aktiv partizipieren lassen.
(Dauer: max. 10 Min.).

6. Nach Fertigstellung des korrigierten Glossars erhält jeder Studierende ein komplettes Exemplar der Sammlung.

Hinweis: Dieses Glossar kann eine Ergänzung zum „Methodisch-didaktischen Glossar" mit allgemeinen methodischen Grundprinzipien aus Band 2, Lernfeld 4 darstellen.

LERNFELD 1

Lebenswelten KU3 [Glossar erstellen]

Anlage 1: Organizer

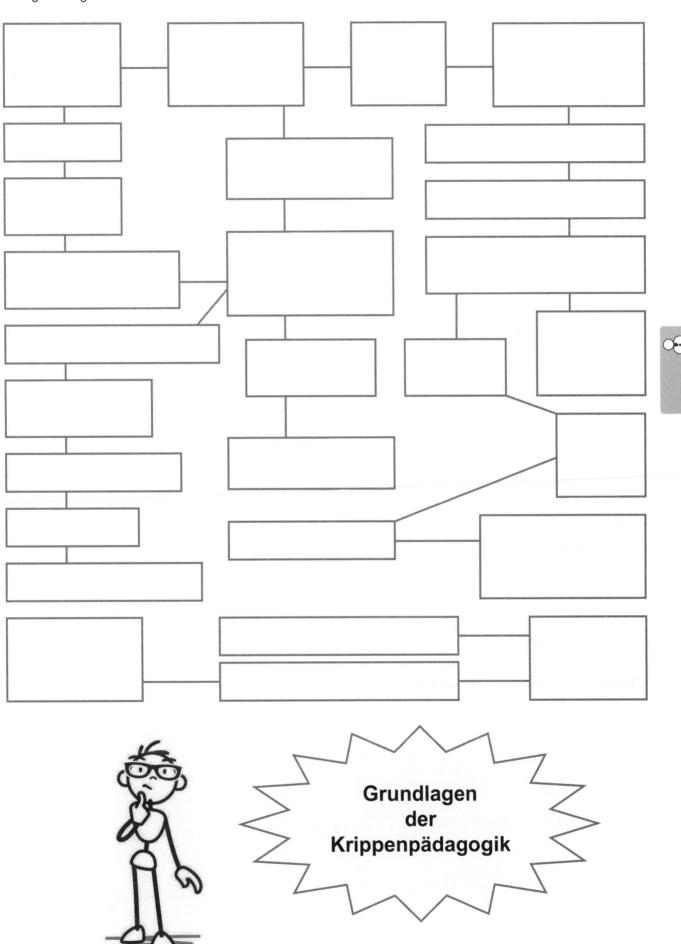

LERNFELD 1 Lebenswelten KU3 [Glossar erstellen]

Anlage 2: Einlageblätter für Glossar

Grundlagen der Krippenpädagogik

Fachliche Kurzdefinition

Fachbezogene Beschreibung

Bezug zum Grundlagenwerk (mit Seitenangabe)

LERNFELD 1

Lebenswelten KU3 [Glossar erstellen]

Bedeutung dieses methodischen Prinzips für die pädagogisch-didaktische Arbeit in der Krippe

Vier praktische Anwendungsbeispiele

LERNFELD 1

Lebenswelten KU3 [Glossar erstellen]

Anlage 3: Folie zur Zuordnung

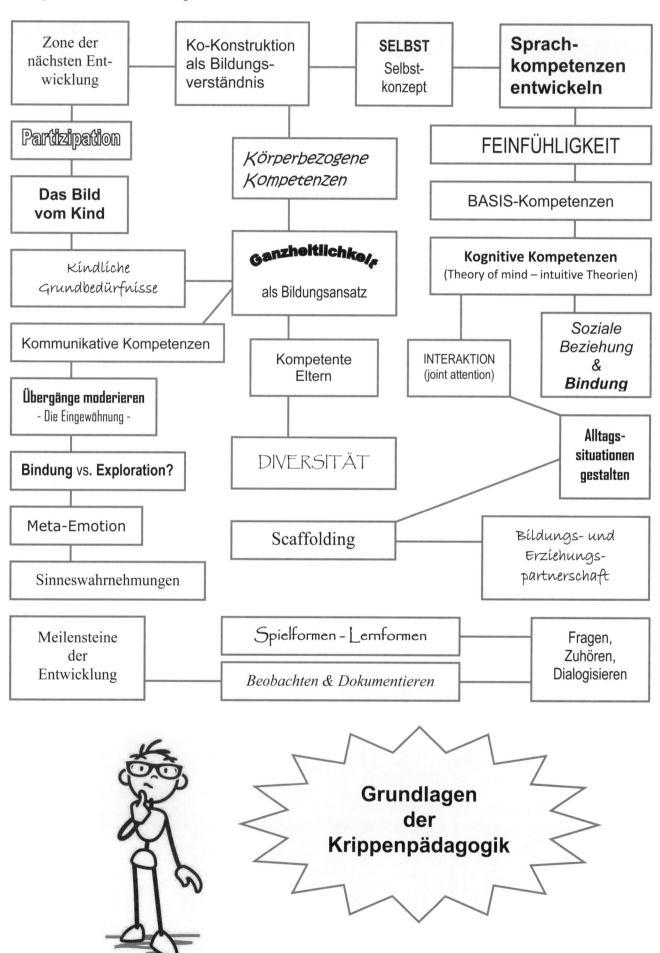

LERNFELD 1 — Berufliche Identität, professionelle Perspektiven [Kreatives]

Bild vom Erzieher / von der Erzieherin

Die Aufgaben und Kompetenzen einer Erzieherin, eines Erziehers sind vielfältig und anspruchsvoll – damit beschäftigt sich unter anderem das Lernfeld 1 Berufliche Identität und professionelle Perspektiven weiterentwickeln.

Arbeitsauftrag

1. Lesen Sie folgende „Legende" (*Anlage*).

2. Gestalten Sie anschließend „Ihr" Bild der Erzieherin/des Erziehers künstlerisch:
Bilden Sie dazu 4 Gruppen in Ihrer Klasse und wählen Sie aus folgend unterschiedlichen künstlerischen Mitteln aus (inkl. einer guten Portion Humor!).

Gruppe M(onument)
Gestalten Sie ein „Monument" (Standbild) und halten Sie es in einer Fotografie fest. Geben Sie ihm einen Titel. Drucken Sie das Foto in Schwarz-Weiß aus.

Gruppe C(ollage)
Gestalten Sie eine Collage aus bewusst gewählten Zeitungs-/Zeitschriftenausschnitten. Was ist alles dran an der Erzieherin, dem Erzieher?

Gruppe S(tatue)
Plastizieren Sie aus Ton eine Statue der „SUPER-Erzieherin"! Statten Sie diese mit vielen Vorzügen aus.

Gruppe G(emälde)
Erschaffen Sie mit Ölkreide ein Gemälde von einer richtig guten erzieherischen Fachkraft. Der Rahmen des Gemäldes macht die Vorteile dieser deutlich.

Gruppe T(heater)
Inszenieren Sie eine kleine Szene, in welcher der SUPER-Erzieher agiert. Vielleicht plagen ihn ja auch Selbstzweifel?

Präsentieren Sie der Schulgemeinschaft Ihre künstlerischen Arbeiten. Lebendige und wichtige Diskussionen werden sich ergeben!

3. Und jetzt ganz im Ernst: Machen Sie ein „Brainstorming im Doppelkreis": Sie stehen sich paarweise gegenüber. Bei einem akustischen Signal wandert der Innenkreis, bei der 2. Runde wandert der Außenkreis zum nächsten Teilnehmer. Beginnen Sie immer mit dem Wortbaustein „Eine gute Erzieherin/ein guter Erzieher kann ..." (und in einer 2. Runde "Eine gute Erzieherin/ein guter Erzieher ist..."); vervollständigen Sie jeweils mit einer Eigenschaft. Gibt es einen Unterschied?

4. Sie haben jetzt viele Anregungen vernommen. Halten Sie die für Sie wichtigen Eigenschaften in einem „Akrostichon" fest. Bei einem Akrostichon werden die Buchstaben eines Themas/Begriffes untereinander geschrieben und markieren den Anfangsbuchstaben oder einen mittigen Buchstaben eines neuen Begriffes.

5. Die Kompetenzhierarchie: Schreiben Sie wichtige Kompetenzen des Erziehers auf Kärtchen. Ein langes Seil auf dem Boden dient jetzt als Messlatte: Oben die wichtigsten, unten die weniger wichtigen Kompetenzen. Alle Teilnehmer/-innen der Lerngruppe ordnen stillschweigend die Kärtchen entlang der Messlatte; diese dürfen auch umgelegt werden, so lange, bis alle in der Lerngruppe zu stillschweigendem Einvernehmen gelangt sind.

6. Nehmen Sie die Kärtchen wieder auf und ordnen Sie diese dem Kompetenzquadranten (s. S. 26) zu. Können Sie unstritig zuordnen? Wo gibt es Überschneidungen?

Legende von der Erschaffung der Erzieherin

Von Hans Wenke

(frei nach Erna Bombeck, Als der liebe Gott die Mutter schuf)

Als der liebe Gott die Erzieherin schuf, machte er bereits den sechsten Tag Überstunden. Da erschien der Engel und sagte: „Herr, Ihr bastelt aber lange an dieser Figur!"

Der liebe Gott sprach: „Hast du die speziellen Wünsche auf der Bestellung gesehen? Sie soll pflegeleicht aber nicht aus Plastik sein, sie soll 160 bewegliche Teile haben und sie soll Nerven wie Drahtseile haben und einen Schoß, auf dem 10 Kinder gleichzeitig sitzen können, und trotzdem muss sie auf einem Kinderstuhl Platz haben. Sie soll einen Rücken haben, auf dem sich alles abladen lässt, und sie soll in einer überwiegend gebückten Haltung leben können. Ihr Zuspruch soll alles heilen, von der Beule bis zum Seelenschmerz, und sie soll 6 Paar Hände haben."

Da schüttelte der Engel den Kopf und sagte: „Sechs Paar Hände - das wird kaum gehen!" „Die Hände machen mir keine Kopfschmerzen", sagte der liebe Gott, „aber die 3 Paar Augen, die eine Erzieherin haben muss." „Gehören die denn zum Standardmodell?" fragte der Engel.

Der liebe Gott nickte: „Ein Paar, das durch geschlossene Türen blickt, während sie fragt 'Was macht ihr denn da drüben?' – obwohl sie es längst weiß. Ein zweites Paar im Hinterkopf, mit dem sie sieht, was sie nicht sehen soll, aber wissen muss. Und natürlich noch die 2 Augen hier vorn, aus denen sie ein Kind ansehen kann, das sich unmöglich benimmt, und die trotzdem sagen ‚Ich versteht dich und habe dich sehr lieb' – ohne dass sie ein einziges Wort spricht."

„O Herr!", sagte der Engel und zupfte ihn leise am Ärmel, „geht schlafen und macht morgen weiter!"

„Ich kann nicht", sagte der liebe Gott, „denn ich bin nahe daran, etwas zu schaffen, was mir einigermaßen ähnelt. Ich habe bereits geschaffen, dass sie sich selbst heilt, wenn sie krank ist; dass sie 30 Kinder mit einem winzigen Geburtstagskuchen zufrieden stellt; dass sie einen Sechsjährigen dazu bringen kann, sich vor dem Essen die Hände zu waschen; einen Dreijährigen davon überzeugt, dass Knete nicht essbar ist und übermitteln kann, dass Füße überwiegend zum Laufen und nicht zum Treten von mir gedacht waren." Der Engel ging langsam um das Modell der Erzieherin herum. „Zu weich", seufzte er. „Aber zäh", sagt der liebe Gott energisch. „Du glaubst gar nicht, was diese Erzieherin alles leisten und aushalten kann!"

„Kann sie denken?" „Nicht nur denken, sondern sogar urteilen und Kompromisse schließen", sagte der liebe Gott, „und vergessen!"

Schließlich beugte sich der Engel vor und fuhr mit dem Finger über die Wange des Modells. „Da ist ein Leck", sagte er. „Ich habe euch ja gesagt, Ihr versucht zu viel in das Modell hineinzupacken."

„Das ist kein Leck", sagte der liebe Gott, „das ist eine Träne." „Wofür ist die?"

„Sie fließt bei Freude, Trauer, Enttäuschung, Schmerz und Verlassenheit." „Ihr seid ein Genie!" sagte der Engel.

Da blickte der Liebe Gott versonnen: „Die Träne", sagte er, „ist das Überlaufventil."

LERNFELD 1

Evaluationsposter LF 1

Berufliche Identität und professionelle Perspektiven weiterentwickeln

Es hat mir gefallen, dass …

Gut war, dass …

Schwierig für mich war …

Verbessern werde ich/ werden wir …

Lernfeldabschluss

handwerk-technik.de • aus 4712 • Hanna Heinz

LERNFELD 2
Pädagogische Beziehungen gestalten und mit Gruppen pädagogisch arbeiten

LERNSITUATION „BINDUNG" mit Arbeitsaufträgen

Arbeitsauftrag

Lesen Sie die Rahmensituation zum Lernfeld 2 „Pädagogische Beziehungen gestalten und mit Gruppen pädagogisch arbeiten" aufmerksam durch. Dazu folgt eine differenzierte Lernsituation mit Arbeitsblättern.

- **Rahmensituation: Arbeiten in der Krippe**

- **Lernsituation:**
  Bearbeiten Sie die Arbeitsblätter. Führen Sie alle Aufgaben schriftlich aus und dokumentieren Sie diese in Ihrem Portfolio/Ordner.

- Vorgegeben sind die **Sozialformen** zur Erarbeitung (s. Kopfzeile des Arbeitsblatts), entweder:
  - in Einzelarbeit,
  - in Zweiergruppen/kollegial, d. h. mit Ihrem Mitstudierenden am Tisch,
  - im Team, d. h. mit mehreren Mitstudierenden.

- Benötigte **Literatur** und andere Materialien sind gelistet unter „Arbeitsmittel".

 Anlage auf CD-ROM

Gabriele Haug-Schnabel (2013): „Professionelle Beziehungsgestaltung. So verändert sich das Nähe- und Distanzerleben in den ersten drei Lebensjahren."
In: Kleinstkinder in Kita und Tagespflege Heft 6/2013, S. 6–9.

LERNFELD 2 — Pädagogische Beziehungen, Gruppen [Lernsituation Bindung]

RAHMENSITUATION

Arbeiten in Krippe und Kita

Die Einrichtung, in der Sie als Erzieher/-in arbeiten, besteht aus einer **Kinderkrippe mit 2 Gruppen und einem Kindergarten** mit 3 Ganztagsgruppen. Im Krippenbereich besuchen insgesamt 21 Kinder zwischen 0;6 und 2;8 Jahren die Einrichtung.

Die Öffnungszeiten der Einrichtung liegen zwischen 6:00 bis 19:00 Uhr. Diese Zeiten werden über 2 Schichten personell abgedeckt. Die Eltern können die Betreuungszeit in beiden Bereichen flexibel buchen. **Personell** ist die Krippengruppe mit einer weiteren Erzieherin, einer Zweitkraft und einer Berufspraktikantin besetzt. Die Möglichkeit für eine Supervision wird vom Träger unterstützt.

Die räumliche Ausstattung der Einrichtung berücksichtigt im Krippenbereich die individuellen und sozialen Bedürfnisse der Säuglinge und Kleinkinder. So gibt es u.a. einen Schlafraum mit kleinen Kojen, einen Bewegungsraum und ein Außengelände mit altersgerechten Spielgeräten.

Die Eltern sind an der pädagogischen Arbeit der Einrichtung sehr interessiert und nehmen ihre Erziehungspartnerschaft deutlich wahr. Ihre Ideen und Einstellungen zur Gestaltung der Institution werden vom pädagogischen Personal aufgegriffen und bei Elternabenden besprochen.

Die Konzeption der Einrichtung orientiert sich an einem Menschenbild, welches Wertvorstellungen und Ziele des Erziehungs- und Bildungsplan für die frühe Kindheit aufgreift.

(Quelle: FAKS Lindau, U. Bischofberger)

LERNSITUATION

Bindung und Eingewöhnung

Sie arbeiten als Erzieherin in einer zweigruppigen Kinderkrippe, der auch ein Kindergarten mit 3 Ganztagsgruppen angegliedert ist.
Sie sind am Vormittag in der Kinderkrippe und an 3 Nachmittagen in der Woche in einer Kindergartengruppe tätig.
In beiden Einrichtungen können die Eltern die Betreuungszeiten flexibel buchen. Da von 6:00 bis 19:00 Uhr geöffnet ist, arbeiten Sie im Schichtdienst.

In der Kinderkrippe versucht das Team, den besonderen Bedürfnissen der Kleinkinder durch Bezugserzieher und -erzieherinnen entgegenzukommen.

Wichtig ist den Mitarbeitern der Kinderkrippe vor allem auch eine intensive Elternkooperation, um den Kindern **Bindungssicherheit** zu geben. Die Eingewöhnung erfolgt in der Krippe mit dem sogenannten „Berliner Eingewöhnungsmodell".

Im Kindergarten erleben Sie zurzeit mit **Regina** (3;7 Jahre) eine recht schwierige Eingewöhnung: Regina kommt bereits seit 4 Wochen mehr oder weniger regelmäßig an den Nachmittagen in die Elementargruppe. Die Trennung falle Mutter und Kind schwer, da sie eine enge Bindung haben, so die Mutter. Die Sorgeberechtigte möchte sich intensiv um ihre Tochter kümmern, um ihr einen guten Start zu ermöglichen. Regina klammert sich in Trennungssituationen weinend an die Mutter, der auch die Tränen in die Augen treten. Manche Tage, so sagt die Mutter, lasse sie Regina lieber zuhause, weil sie nicht jedes Mal solch dramatische Szenen aushalten mag.

Im Übrigen freuen Sie sich schon auf Ihre Freizeit: Mehrmals wöchentlich helfen Sie im örtlichen **Jugendtreff**, um dort Jugendliche zu begleiten.

LERNFELD 2

Pädagogische Beziehungen, Gruppen [Lernsituation Bindung]

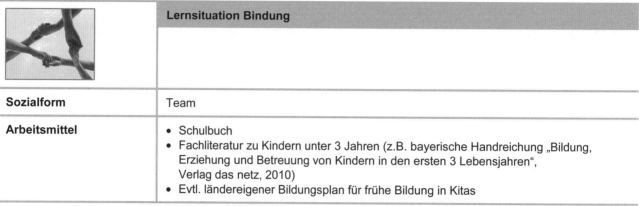	**Lernsituation Bindung**
Sozialform	Team
Arbeitsmittel	• Schulbuch • Fachliteratur zu Kindern unter 3 Jahren (z.B. bayerische Handreichung „Bildung, Erziehung und Betreuung von Kindern in den ersten 3 Lebensjahren", Verlag das netz, 2010) • Evtl. ländereigener Bildungsplan für frühe Bildung in Kitas

1. Nutzen Sie eine Handreichung/einen Fachtext über die pädagogische Arbeit mit der Zielgruppe „Kinder unter 3 Jahren". Welche Aussagen finden Sie zum Thema **„Bedeutung von Bindung und Beziehung"**? Fassen Sie schriftlich zusammen.

2. Welche konzeptionellen Grundlagen können grundsätzlich der Beziehungsgestaltung in Kindertagestätten einen Rahmen geben?

3. Wie verhält es sich mit dem Verhältnis von **Bindung und Exploration**? Wenden Sie Ihre Erkenntnisse auf die Situation mit dem Kindergartenkind Regina (3;7 Jahre) an.

4. Zeigen Sie konkrete Möglichkeiten der **Raumgestaltung** auf, um den Kindern Distanz und Nähe zu ermöglichen und so einen Beitrag zur Beziehungsgestaltung zu leisten.

5. Beschreiben Sie elementare Gestaltungselemente zur **Tagesstruktur**, die Regina die Eingewöhnung erleichtern.

LERNFELD 2

Pädagogische Beziehungen, Gruppen [Lernsituation Bindung]

6. Bindung und Beziehung gelten als Voraussetzung für Bildung: Erklären Sie der Mutter von Regina in einem Dialog den Zusammenhang von Bindung und Bildung:

7. Geben Sie den Eltern von Regina Anregungen zum Verhältnis von Vater und Tochter. Welche Vorteile ergeben sich für die Mutter von Regina?

8. Erläutern Sie Methoden zur **Kooperation** mit den Eltern, die Regina und ihrer Familie zugutekommen.

9. Beschreiben Sie eine gute Beziehung zwischen **Fachkraft** und Kind bezogen auf das Bindungsverhalten. Schreiben Sie eine Lerngeschichte für Regina.

10. Beschreiben Sie hilfreiche Möglichkeiten/Methoden professionell gestalteter **Teamarbeit** im Hinblick auf eine gelungene Beziehungsgestaltung in der Kita

LERNFELD 2

Pädagogische Beziehungen, Gruppen [Lernsituation Bindung]

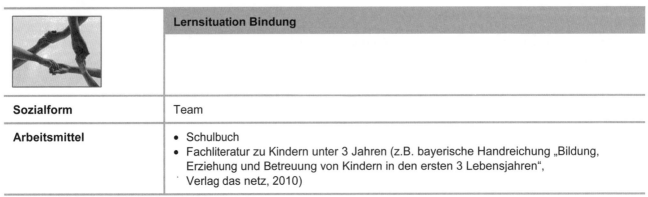	**Lernsituation Bindung**
Sozialform	Team
Arbeitsmittel	• Schulbuch • Fachliteratur zu Kindern unter 3 Jahren (z.B. bayerische Handreichung „Bildung, Erziehung und Betreuung von Kindern in den ersten 3 Lebensjahren", Verlag das netz, 2010)

1. **Feinfühliges Verhalten** in der Fachkraft-Kind-Beziehung: Was bedeutet das und wie können Sie dieses auf Regina (3;7 Jahre) anwenden?

2. Es gibt deutliche Unterschiede in den Fachkraft-Kind-Beziehungen zwischen **Mädchen und Jungen**. Welche Erfahrungen machen Sie in der Praxis und was ist zu tun?

LERNFELD 2

Pädagogische Beziehungen, Gruppen [Lernsituation Bindung]

	Lernsituation Bindung
Sozialform	Team
Arbeitsmittel	• Schulbuch & Fachliteratur • Ländereigener Bildungsplan für die frühe Bildung in Kitas. (für Bayern z.B. Handreichung „Bildung, Erziehung und Betreuung von Kindern in den ersten 3 Lebensjahren", 2010)

1. Im Fokus: **Kinder ohne sichere Bindung**! Was tun Sie als pädagogische Fachkraft?

2. Beschreiben Sie einen möglichen Zusammenhang zwischen der Trennung von Regina und ihrer Mutter aus beiden Perspektiven.

LERNFELD 2 — Pädagogische Beziehungen, Gruppen [Lernsituation Bindung]

	Lernsituation Bindung
Sozialform	Team
Arbeitsmittel	Schulbuch & Fachliteratur

Beziehung korreliert mit dem Alter des Kindes/der Kinder.
Welche unterschiedlichen Aspekte von Beziehung begegnen Ihnen bezogen auf Ihre beiden (Lernsituations-)Arbeitsbereiche …

→ in der Kinderkrippe am Vormittag?

→ im Kindergarten am Nachmittag?

→ im Jugendtreff am Abend?

LERNFELD 2

Pädagogische Beziehungen, Gruppen [Lernsituation Bindung]

	Lernsituation Bindung
Sozialform	Team
Arbeitsmittel	Schulbuch & Fachliteratur

1. Warum ist Ihnen eine **sichere Bindung** bei den Kleinstkindern in der Kinderkrippe ein so zentrales Anliegen? Welche konkreten Maßnahmen sind hilfreich beim Aufbau von Bindungsqualität?

2. Was leiten Sie daraus ab für Ihre **Kooperation mit den Eltern** sowie die **Trennung** von Kind und Eltern bei der Aufnahme in die Kinderkrippe?

LERNFELD 2

Pädagogische Beziehungen, Gruppen [Lernsituation Bindung]

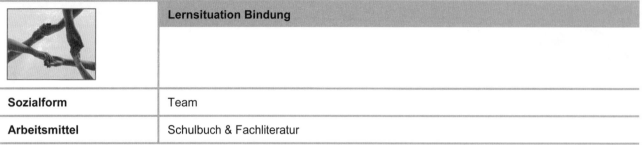	**Lernsituation Bindung**
Sozialform	Team
Arbeitsmittel	Schulbuch & Fachliteratur

Kinder kommen nicht als „unbeschriebene Blätter" zu Ihnen in die Krippe.

1. R. Largo sagt, dass Kinder für ihr Gedeihen und ihre Entwicklung die körperliche Nähe und gefühlvolle Zuwendung der Eltern und anderer Bezugspersonen brauchen. Was also wünschen Sie sich von den Eltern der Kleinkinder idealerweise?

2. Beschreiben Sie die vielfältigen Beziehungen, denen sich Kleinkinder in Ihrer Einrichtung ausgesetzt sehen.

3. Wie können Sie die Kleinkinder direkt oder indirekt bei der Bewältigung der Beziehungsleistung unterstützen?

LERNFELD 2

Pädagogische Beziehungen, Gruppen [Lernsituation Bindung]

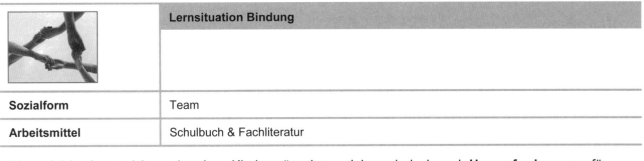	**Lernsituation Bindung**
Sozialform	Team
Arbeitsmittel	Schulbuch & Fachliteratur

Wenngleich wir uns sicher gebundene Kinder wünschen, erleben wir doch auch **Herausforderungen** für Kinder wie Regina.

1. Die Eingewöhnung in der Kinderkrippe – eine besonders wichtige Phase für die Kinder, Eltern und Erzieherinnen. Beschreiben Sie einen günstigen Verlauf der Eingewöhnung.

2. An welchen Verhaltensmerkmalen erkennen Sie, dass sich Regina in Ihrer Einrichtung eingewöhnt hat?

3. Was können Sie beitragen, um Reginas Entwicklung hin zu einem **resilienten Kind** zu fördern?

LERNFELD 2

Pädagogische Beziehungen, Gruppen [Lernsituation Bindung]

	Lernsituation Bindung
Sozialform	Team
Arbeitsmittel	Fachtext „Professionelle Beziehungsgestaltung" (KU3)", *siehe Anlage*

Reflexion: Dr. Gabriele Haug-Schnabel erläutert in ihrem Text „Professionelle Beziehungsgestaltung" zu Kindern unter 3 Jahren, wie Sie sich als Erzieher/-in in der professionellen Krippenarbeit reflektieren können:

-

-

-

-

LERNFELD 2

Pädagogische Beziehungen, Gruppen [Lernsituation Bindung]

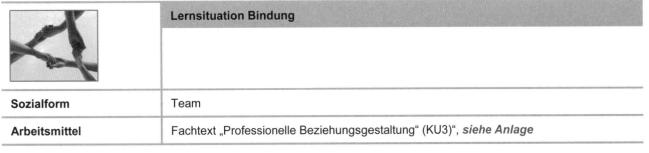	**Lernsituation Bindung**
Sozialform	Team
Arbeitsmittel	Fachtext „Professionelle Beziehungsgestaltung" (KU3)", *siehe Anlage*

„Eingewöhnung ganz nah am Kind" - was meint Dr. Gabriele Haug-Schnabel in ihrem Fachtext damit? Fassen Sie zusammen in einer Mindmap, die ausgeht von den Begriffen Distanz und Nähe bzw. Exploration und Bindung.

Distanz ⟷ Nähe
Exploration ⟷ Bindung

LERNFELD 2 — Pädagogische Beziehungen, Gruppen [Lernsituation Bindung]

Anlage auf CD-ROM: Fachtext „Professionelle Beziehungsgestaltung" (KU3) von Gabriele Haug-Schnabel, 3 Seiten, 2013

LERNFELD 2 — Pädagogische Beziehungen, Gruppen [Lernsituation Bindung]

Professionelle Beziehungsgestaltung

So verändert sich das Nähe- und Distanzerleben in den ersten drei Lebensjahren

von Gabriele Haug-Schnabel

Der Aufbau sozial-emotionaler Beziehungen ist für ein Kind absolut notwendig, um seinen Entwicklungsverlauf zu sichern. Gleichzeitig braucht es Freiraum, um Selbstwirksamkeit erfahren zu können. Die Aufgabe einer pädagogischen Fachkraft ist es deshalb, immer wieder zu prüfen, ob sie die Bedürfnisse eines Kindes nach Nähe und Distanz wahrnimmt und beantwortet.

Für ein Kind ist es (über-)lebensnotwendig, in der Nähe seiner um Körper- und Blickkontakt bemühten Bezugspersonen zu sein, um hier Zuwendung, Sicherheit, Aufmerksamkeit, Ansprache, Emotionsregulation und Unterstützung bei allen Aktivitäten zu erhalten und gemeinsames Handeln zu erleben.

Die Grundlage für eine gelingende Entwicklungsbegleitung ist der Aufbau einer warmen, feinfühligen Beziehung zum Kind. Eine feinfühlige Kommunikation signalisiert dem Kind, dass die Bezugsperson Freude am gemeinsamen Kontakt hat, dass sie verstehen möchte, was das Kind momentan beschäftigt und was es gerade interessiert. Aber erst in einer Umgebung, in der gleichermaßen Schutz und Freiraum gebende Anregung gewährleistet ist, entsteht ein gesundes Selbstwertgefühl, das nicht primär auf erbrachter Leistung beruht, sondern auf erlebter Wertschätzung. So entwickelt sich nach Meinung des Freiburger Präventions- und Resilienzspezialisten Fröhlich-Gildhoff die Lust, sich selbst besser kennenzulernen und sich dessen bewusst zu werden, was man schon alles kann.

Es muss einem Kind möglich sein, die Wege zu gehen, die es zu seinem Ziel führen, die Antwort zu bekommen, die es erfragt hat, die Nähe zu finden und die Freiräume zu nutzen, die es gemäß seines Entwicklungsstandes, seiner Tagesform und seiner aktuellen Bedürfnisse braucht.

Formen der Interaktionsbegleitung

In den Interaktionen des alltäglichen Miteinanders erfahren Kinder viel über die Beziehungen zwischen ihnen und den für sie wichtigsten Menschen: Werden sie zu früh in die Selbstständigkeit gedrängt und sind in kritischen Situationen auf sich allein gestellt oder erleben sie Zuwendung und viel Körperkontakt?

Befriedigen die Erfahrungen, die sie mit ihren Bezugspersonen machen, ihre individuellen und gerade aktuellen Entwicklungsbedürfnisse?

Ermöglichen die erlebten Bindungsbeziehungen die Entwicklung eines stabilen Selbstwertgefühls und lassen zunehmend Selbstwirksamkeit erfahren (Ahnert 2010a+b)?

Jedes Kind erwartet Feinfühligkeit, Sensitivität und Responsivität, d.h., dass seine Signale bemerkt und richtig interpretiert werden und dass angemessen und prompt darauf reagiert wird. Die Verfügbarkeit und zugewandte Begleitung der Hauptbezugspersonen machen einen Beziehungsaufbau zu weiteren Menschen möglich. Vertraute und tragfähige Beziehungen machen neugierig auf andere Menschen und weitere Kontakte.

Für die Entwicklungsbegleiter in der Familie und in den Einrichtungen geht es nicht nur um das Verstehen des momentanen kindlichen Verhaltens in Anforderungssituationen, sondern – wie der Analytiker Allan Schare es nennt – um das Gewahrwerden des inneren Zustandes des Kindes, der durch zugewandte altersgemäße Unterstützung stabilisiert werden muss. Erste Lebenskompetenzen müssen behutsam und dennoch eindeutig unterstützt werden.

Zugewandte Beantwortung, altersgemäße Begleitung, individuelle Ermunterungen – „er oder sie meint mich" – und bedingungslose Akzeptanz unterstützen junge Welterkunder bei ihren Entdeckungen, beim Sammeln von Erkenntnissen und immer komplexer werdenden Fähigkeiten.

Michael Tomasello, einer der Direktoren des Max-Planck-Instituts für Evolutionäre Anthropologie in Leipzig (Forschungsstätte für die Entstehungsgeschichte der Menschheit), spricht von der kulturellen Entwicklung menschlichen Denkens, wenn er den „Deutefinger" (von deuten = zeigen) eines Kindes als spontane Geste des Zeigens definiert, mit der ein Kind jemanden in seine Nähe lockt und auf seine Aktivität aufmerksam machen möchte. Schon im frühen Alter ist jedem Kind der soziale Austausch wichtig: Es möchte, dass jemand, den es auserwählt hat, sich ihm zuwendet und sich für es und seine Aktionen interessiert. Schaut derjenige, macht es die Erfahrung, eines Blickes wert, also wichtig zu sein. Es geht hier bereits am Lebensanfang darum, Emotionen wahrzunehmen und zuzulassen. Das Kind erfährt etwas über sich und vor allem über die Wirkung seines Handelns auf andere Menschen.

Eingewöhnung: ganz nah am Kind

Eine gelingende Eingewöhnung basiert unter anderem auf der feinfühligen Berücksichtigung der kindlichen

LERNFELD 2

Leistungsnachweis: Pädagogische Handlungskonzepte

LEISTUNGSNACHWEIS: Pädagogische Handlungskonzepte

Name		Datum	
Klasse		Arbeitszeit	90 Minuten
Schwerpunkte	• Pädagogische Handlungskonzepte (Montessori, Waldorf-/Reggio-Pädagogik) • Methodisch-didaktische Grundlagen der Gruppenpädagogik)		

Hilfsmittel	• „Bayerischer Bildungs- und Erziehungsplan für Kinder in Tageseinrichtungen"
	  (BEP, 2012; Download Link: www.ifp.bayern.de/projekte/curricula/BayBEP.php)
	• Handreichung „Bildung, Erziehung und Betreuung von Kindern in den ersten 3 Lebensjahren"
	  (Verlag Das Netz, 2010)		

Situation in der Reggio-Krippe

Die Bezugserzieherin Birte ist heute erst ab 11 Uhr im Dienst, deshalb kommen Sie als Praktikantin zu **Anna (2;3 Jahre)**. Sie wurden von der Erzieherin geschickt, um auf der Piazza nach Anna zu sehen, weil sie dort von ihrer berufstätigen Mutter schnell abgegeben wurde. Sie sprechen das Mädchen schon von Ferne an, werden gleichzeitig noch von 2 anderen Kindern gebeten, ihnen beim Ausziehen der Schuhe zu helfen, was Sie auch tun. Nebenbei erkundigen Sie sich bei Anna, warum sie weine. Anna wendet sich mit dem ganzen Körper von Ihnen ab, versteckt ihr Gesicht im Mantel. Zur gleichen Zeit kommt die **Erzieherin Elly** aus dem Atelier und spricht Anna an, kitzelt sie vorsichtig und nimmt den Mantel, um ihn aufzuhängen. Sie zieht dem Mädchen die Hausschuhe an und nimmt sie – noch immer weinend und gegen ihren aktiven Widerstand – mit ins Gruppenzimmer. Erst zeigt die Erzieherin im Vorbeigehen Anna die Bilder an der „Sprechenden Wand" vom Vortag, sucht mit Anna deren gemaltes Bild. Dann führt sie die Zweijährige zum Spielteppich und gibt ihr ein Holzpuzzle zum Spielen.
Auf dem großen Spielteppich in der Raummitte sitzen bereits mehrere Kinder unterschiedlichen Alters mit verschiedenen Spielmaterialien wie DUPLO-Steinen, einer Kugelbahn, Spielzeugfahrzeugen und einem Softball.
Die Berufspraktikantin betreut an diesem Morgen das jüngste Kind: Es sitzt auf ihrem Schoß und wird gefüttert. Die Kinder kommen regelmäßig, aber zu unterschiedlichen Zeiten in die Krippe „Haus der eifrigen Forscher" und verlassen sie auch wieder zu ungleichen Zeiten.

1. Reggio-Pädagoge Loris Malaguzzi sieht den Raum als den „dritten Erzieher": Er möchte mit einer bewussten Raumgestaltung den kindlichen Bedürfnissen entgegenkommen. Inwiefern ist das für das Mädchen Anna in der geschilderten Situation bereits mehr oder weniger gelungen?

10 Pkt.

LERNFELD 2 Leistungsnachweis: Pädagogische Handlungskonzepte

2. Analysieren Sie die vorliegende Handlungssituation auf verschiedenen Analyseebenen und ergänzen Sie diese mit Fragestellungen, die Ihnen bedeutsam erscheinen für Ihr weiteres Vorgehen.

30 + 5 Pkt.

→
→
→
→

LERNFELD 2 Leistungsnachweis: Pädagogische Handlungskonzepte

3. Ein tragfähiges Handlungskonzept beruht auf einem tragfähigen Menschenbild. *20 Pkt.*

3.1 Welche Voraussetzungen bzgl. Menschenbild leiten Ihre Arbeit und welche Leitziele verfolgen Sie in der Erziehung/Bildung/Betreuung der Kinder in dieser speziellen Krippe? *10 Pkt.*

3.2 Welche altersentsprechenden Bindungs- und Beziehungserfahrungen möchten Sie Anna ermöglichen? *10 Pkt.*

LERNFELD 2

Leistungsnachweis: Pädagogische Handlungskonzepte

3.3 Bindungsqualität wird in hohem Maße bestimmt durch Ihre ... (3 Begriffe einfügen) *10 Pkt.*

➡ _____.

Das heißt für Anna z. B. _____

_____

➡ _____.

Das heißt für Anna z. B. _____

_____

➡ _____.

Das heißt für Anna z. B. _____

_____

3.4 Was sollte Anna im Sinne der Resilienzförderung lernen?
Geben Sie konkrete situationsbezogene Beispiele. *10 Pkt.*

_____
_____
_____
_____
_____
_____
_____
_____
_____
_____
_____
_____
_____
_____

Viel Erfolg!

--✂

 Anlage auf CD-ROM

Arbeitsmittel für Lehrkraft: Lösungsentwurf zur Schulaufgabe

LERNFELD 3 Wahrnehmen, beobachten, erklären [Rundgang]

Wahrnehmungsrundgang Schule

Wahrnehmung ist Voraussetzung von Beobachtung. Wahrnehmen heißt, Eindrücke von der Welt in sich aufnehmen und als wahr erleben. Was wir wahrnehmen, ist jedoch selektiv, d.h. teilinhaltlich und subjektiv.
→ Machen Sie einen **„Wahrnehmungsrundgang"** durch Ihre Schule:

1. Jede/jeder Studierende wählt eine Beobachterrolle:
   - Neuer Studierende/r (siehe Arbeitsblatt folgende Seite),
   - Lehrkraft*,
   - Reinigungskraft,
   - potenzielle Diebesgruppe,
   - Architekten,
   - Eltern

2. Notieren Sie Ihre Wahrnehmungen aus dem Blickwinkel des jeweiligen Betrachters und nehmen Sie differenziert wahr:
   - Wie sieht die Schule (verschiedene Räume) aus?
   - Was habe/n ich/wir gesehen/nicht gesehen?
   - Was ist mir/uns besonders aufgefallen? Worauf war mein/unser Augenmerk besonders gerichtet?

3. Finden Sie sich als Beobachterteam erneut zusammen und reflektieren Sie Ihren Wahrnehmungsrundgang:
   - Wer hat wie wahrgenommen und beobachtet? Gab es Unterschiede? Welche?
   - Bei welchen Wahrnehmungen hat sich Ihre Beobachterrolle gezeigt?
   - Wo waren Ihre Wahrnehmungen selektiv oder subjektiv gefärbt? Weshalb?

4. Schreiben Sie 3 Aspekte Ihrer Reflexion auf die Fotokamera-Karten (Anlage 1), präsentieren Sie diese im Plenum und dokumentieren Sie diese auf einem Plakat.

 Anlage auf CD-ROM

Die Arbeitsblätter der Personengruppen „Lehrkraft", „Reinigungskraft", „potenzielle Diebesgruppe", „Architekten", „Eltern" sowie 1 Blanko-Arbeitsblatt befinden sich auf der beiliegenden CD.

LERNFELD 3 Wahrnehmen, beobachten, erklären [Rundgang]

Arbeitsauftrag „Studierende"

Wir kommen als neue **Studierende** an die Schule mit dem Ziel, die Ausbildung als Erzieher/-in zu absolvieren. Wir wollen auch eine gute Gemeinschaft in der Klasse erfahren, uns in den Pausen austauschen können, eine Arbeitsatmosphäre mit guten Lernbedingungen vorfinden, freie Zeiten in der Schule erholsam überbrücken können u.a.

a) Welche Bedürfnisse haben wir als **Studierende** an der Schule und welche Erwartungen ergeben sich daraus an die Rahmenbedingungen der Schule?

b) Durch die Gruppe wird die **selektive** Wahr-nehm-ung relativiert: Viele Augen sehen mehr. Machen Sie sich nun auf den Weg durch das Schulhaus und machen Sie Ihre **subjektiven** Wahr-nehm-ungen als Studierende der Schule in diesen Bereichen:

Garten/ Außenbereich	Eingangsbereich/ Foyer	Aula	Aufenthaltsraum	Treppenhaus

LERNFELD 3			Wahrnehmen, beobachten, erklären [Rundgang]	

Lehrerzimmer	Magazin	Kopieren	Hausmeisterei	Garderoben

Flure	Klassenzimmer	Ausweichräume	Fachräume (Werken, Musik, Bewegung, Medienraum)	Küche

c) Fassen Sie Ihre Wahrnehmungen in 3 Aussagen zusammen, die Sie anschließend im Plenum vorstellen:
- Was haben Sie gesehen, gehört, wahrgenommen? Bleiben Sie im Bereich Sinnes-wahr-nehm-ungen und formulieren Sie diese wertneutral:
- Vermeiden Sie Bewertungen, Interpretationen, Einschätzungen, Wünsche.
- Fokussieren Sie diese auf dem Blatt mit den 3 Fotokameras (*Anlage 1*).

LERNFELD 3 Wahrnehmen, beobachten, erklären [Rundgang]

Anlage 1: Fotokamera-Karten zum Notieren von 3 Wahrnehmungsaspekten

handwerk-technik.de • aus 4712 • Hanna Heinz

LERNFELD 3

Advance Organizer (Lernlandkarte) zu Lernfeld 3

BEOBACHTUNG
EINE PROFESSIONELLE KOMPETENZ

Beobachtungs-VERFAHREN

ARTEN von Beobachtung — alltägliche & professionelle

Beobachtungs-FEHLER

ZIELE von Beobachtung

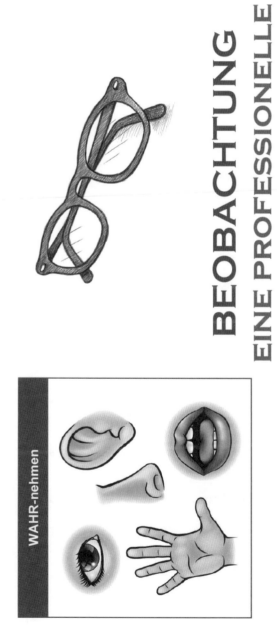

WAHR-nehmen

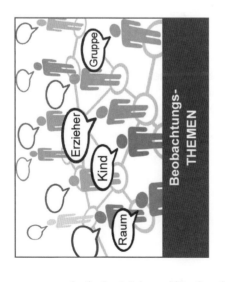
Beobachtungs-THEMEN (Gruppe, Erzieher, Kind, Raum)

handwerk-technik.de • aus 4712 • Hanna Heinz

Fotowettbewerb Wahrnehmung

NATURBEOBACHTUNGEN im Fokus der Fotografie

Um die Wahrnehmungsfähigkeit zu schulen, wenden Sie bitte in den kommenden Wochen Ihren Blick in die Natur, um genau hinzuschauen, um folgendes Thema möglichst treffend in einem Foto zu präsentieren:

„Ich sehe was, was du nicht siehst, und es ist grün!"

→ Fotografieren Sie Ihr Bild, um dieses Thema möglichst gut abzubilden.
  (Bilder aus dem Internet sind ein Verstoß gegen Ihre und unsere „Ehre".).

→ Schärfen Sie bei der Suche nach geeigneten Naturmotiven Ihren Blick.

→ Lassen Sie von Ihrem Foto einen Abzug in der Mindestgröße von 10 x 15 cm machen.

→ Beschriften Sie das Bild auf der Rückseite mit Ihrem Namen.

→ Pinnen Sie Ihr Bild an die bereitgestellte Stellwand im Klassenraum.

→ Am (Datum) _____ endet der Wettbewerb.

→ Die Klasse _____ wird die Fotos bewerten und prämieren.

→ Es gibt einen schönen Hauptgewinn – freuen Sie sich darauf!

Was können Sie gewinnen?

☐ Einen Preis für das beste prämierte Foto! (Überraschung … ☺)

☐ Und jeder für sich:
Durch die gezielte Umsetzung eines Themas schärfen wir unseren Blick auf für alle Menschen beobachtbare Gegebenheiten; dabei bemerken wir, dass ganz individuelle Sichtweisen auch ganz individuelle Bilder entstehen lassen, obwohl wir alle die grundsätzlich gleichen Wahrnehmungen haben können.
Wir lernen zusätzlich, genauer hinzuschauen, auf Details zu achten und auch den Blick aufs Ganze nicht zu verlieren.

Und es kann viel Freude bereiten …

LERNFELD 3 — Wahrnehmen und Beobachten [Lerntheke Beobachtung]

LERNTHEKE: Beobachtung

Die Lerntheke als Variante des selbst organisierten Lernens (SOL) bietet verschiedene Arbeitsaufträge, die in der Klasse übersichtlich präsentiert werden (z. B. laminiert an einer Pinnwand aufgehängt). Eine Auswahl ist erwünscht.

Arbeitsauftrag

1. Sehen Sie sich an der Lerntheke mit ihren Arbeitsblättern um:
   Welche Arbeitsaufgaben sind gegeben?
   Welche Aufgaben interessieren mich zum Thema Beobachtung?
   Was kann/kenne ich so noch nicht und sollte es doch erfahren?
   Mit wem möchte ich heute arbeiten? Mit welcher Fragestellung befasse ich mich besser allein bzw. häuslich?

2. Wählen Sie für sich einen Arbeitsauftrag aus:
   Nehmen Sie eine vorbereitete Kopie des Arbeitsblatts aus der Lerntheke zu sich.
   Lesen Sie die Kopfzeile: Welche Sozialform ist anzustreben? (Welche Kollegin/welches Team wähle ich?)
   Wo kann ich/können wir ungestört arbeiten? Mit welcher Fragestellung befasse ich mich besser allein bzw. häuslich?

3. Gehen Sie in die Arbeitsphase:
   Gehen Sie allein, zu zweit/kollegial oder im Team an Ihren Arbeitsplatz (Klassenzimmer, Bibliothek o. a. mögliche Räume).
   Lesen Sie noch einmal genau durch, was zu tun ist. Holen Sie sich ggf. notwendige Materialien vom Materialtisch.
   Fachliche Inhalte finden Sie im Schulbuch oder der Fachliteratur (siehe evtl. Kopfzeile).

4. Schließen Sie den Arbeitsauftrag ab:
   Die erarbeiteten Arbeitsblätter sammeln Sie in Ihren persönlichen Unterlagen.
   Reflektieren Sie für sich: Welche fachlichen Inhalte habe ich neu erfahren? Was muss ich ggf. lernen?
   Welche sozialen/personalen Kompetenzen konnte ich heute entwickeln?

5. Die Klasse trifft sich am Ende der Unterrichtseinheit im Plenum:
   Was habe ich heute für mich gelernt? Was kann ich noch nicht? Was werde ich häuslich erarbeiten?
   Was plane ich für die nächste Stunde?

Benötigtes Material: ein Apfel (AB 3); Papier, Stifte (AB 14); rosa/blaue Papiere, Zeitschriften (AB 22)

LERNFELD 3

Wahrnehmen und Beobachten [Lerntheke Beobachtung]

	Lerntheke 1
Sozialform	• Einzelarbeit • Zweiergruppe
Arbeitsmittel	

Wahrnehmung

Besuch auf dem Bauernhof

1. Was sehen Sie auf dem Bild?
   Notieren Sie sich 3 für Sie wesentliche Aspekte Ihrer Beobachtung schriftlich.

2. Decken Sie das Foto ab und erzählen Sie einer Kollegin/einem Kollegen, was Sie sahen.

3. Vergleichen und diskutieren Sie das mündliche wie das schriftliche Ergebnis.

LERNFELD 3

Wahrnehmen und Beobachten [Lerntheke Beobachtung]

	Lerntheke 2
Sozialform	Team
Arbeitsmittel	Schulbuch & Fachliteratur

Wahrnehmung

1. Betrachten Sie die Zeichnung und beschreiben Sie, was Sie sehen.

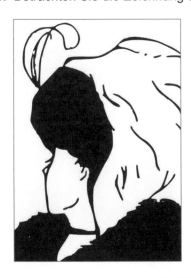 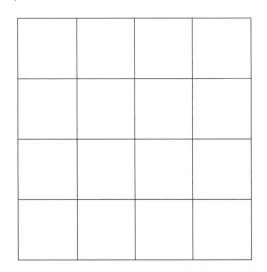

2. Wie viele Quadrate sehen Sie auf dem zweiten Bild?
3. Welche Zeichnung könnte „Takete", welche „Maluma" heißen?

Fixieren Sie Ihre Wahrnehmungen zu **1. – 3.** schriftlich:

_____
_____
_____
_____
_____
_____

Können Sie das Ergebnis erklären?

	Lerntheke 3
Sozialform	• Einzelarbeit • Zweiergruppe
Arbeitsmittel	Apfel

Wahrnehmung

1. Nehmen Sie einen Apfel in beide Hände und versuchen Sie, diesen mit möglichst vielen Sinnen wahrzunehmen.

2. Schreiben Sie die 3 wichtigsten Wahrnehmungen auf und vergleichen Sie das Ergebnis mit anderen Kollegen/Kolleginnen.

_____

_____

_____

LERNFELD 3 Wahrnehmen und Beobachten [Lerntheke Beobachtung]

	Lerntheke 4
	–
Sozialform	Zweierarbeit
Arbeitsmittel	

Wahrnehmung

1. Setzen Sie sich in einen Kreis in der Klasse mit Blickrichtung zu den Wänden, sodass Sie niemanden in der Klasse sehen können. Beschreiben Sie jetzt eine Person in der Klasse, die Sie gut kennen, möglichst vollständig.

2. Beschreiben Sie anschließend eine Person, die Sie weniger gut kennen.

3. Suchen Sie anschließend Gründe für verschiedene und auch unterschiedlich genaue Wahrnehmungen.

	Lerntheke 5
Sozialform	Einzelarbeit
Arbeitsmittel	Schulbuch & Fachliteratur

Beobachtung

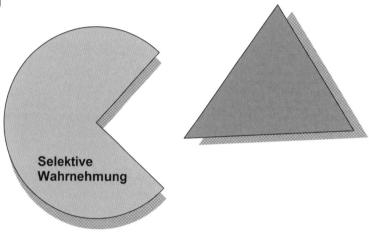

1. Selektive Wahrnehmung bedeutet ...

2. Geben Sie ein praktisches Beispiel dafür.

LERNFELD 3

Wahrnehmen und Beobachten [Lerntheke Beobachtung]

	Lerntheke 6
Sozialform	Team
Arbeitsmittel	Schulbuch & Fachliteratur

Arten von Beobachtung: Äußerungen

Zwei Mütter unterhalten sich.

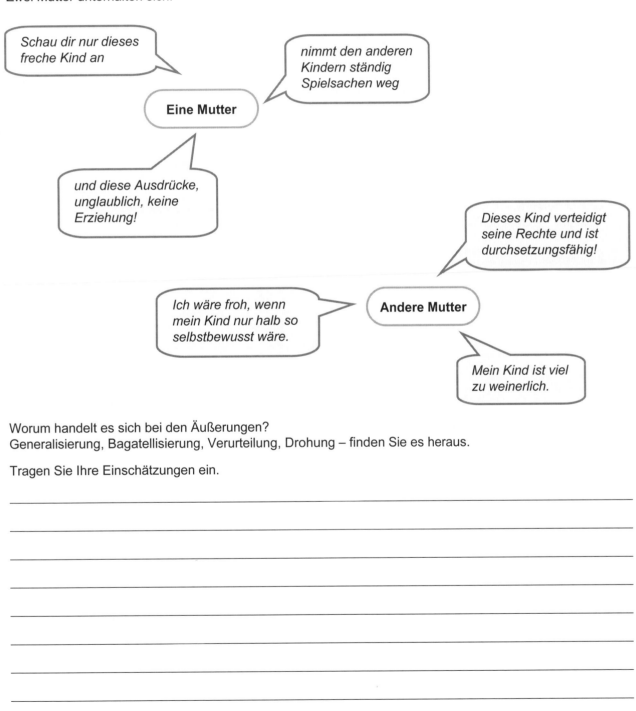

Worum handelt es sich bei den Äußerungen?
Generalisierung, Bagatellisierung, Verurteilung, Drohung – finden Sie es heraus.

Tragen Sie Ihre Einschätzungen ein.

_____
_____
_____
_____
_____
_____
_____
_____

LERNFELD 3

Wahrnehmen und Beobachten [Lerntheke Beobachtung]

	Lerntheke 7
Sozialform	Team
Arbeitsmittel	Schulbuch & Fachliteratur

Arten von Beobachtung

Fallbeispiel A: Pädagogin Sabine sieht zufällig, wie die 5-jährige Martina die anderen Kinder beim Freispiel stört und ab und zu sogar mit dem Fuß tritt. Bei der Teambesprechung am nächsten Tag erwähnt Sabine den Vorfall und bezeichnet Martina als aggressives Kind.

Fallbeispiel B: Pädagogin Sabine sagt zur Kollegin: „Mir ist aufgefallen, dass Emil heute morgen zum ersten Mal ganz ohne Tränen in die Gruppe kam. Nach der Verabschiedung von seiner Mutter begrüßte er mich und fragte, ob ich mit ihm ein Puzzle spielen wolle."

1. Vergleichen Sie die erzieherische Haltung der Pädagogin im einen und anderen Fallbeispiel. Notieren Sie Ihr Ergebnis schriftlich.

2. Generalisieren Sie in einem Vergleich die Merkmale von alltäglicher und fachlicher Beobachtung: Wo liegen die Unterschiede?

Alltägliche Beobachtung	Fachliche Beobachtung
→	→

LERNFELD 3

Wahrnehmen und Beobachten [Lerntheke Beobachtung]

	Lerntheke 8
Sozialform	Zweierarbeit
Arbeitsmittel	Schulbuch & Fachliteratur

Fachliche Beobachtung

Welche Arten von Beobachtung sind Ihnen geläufig? Was sind die Merkmale?

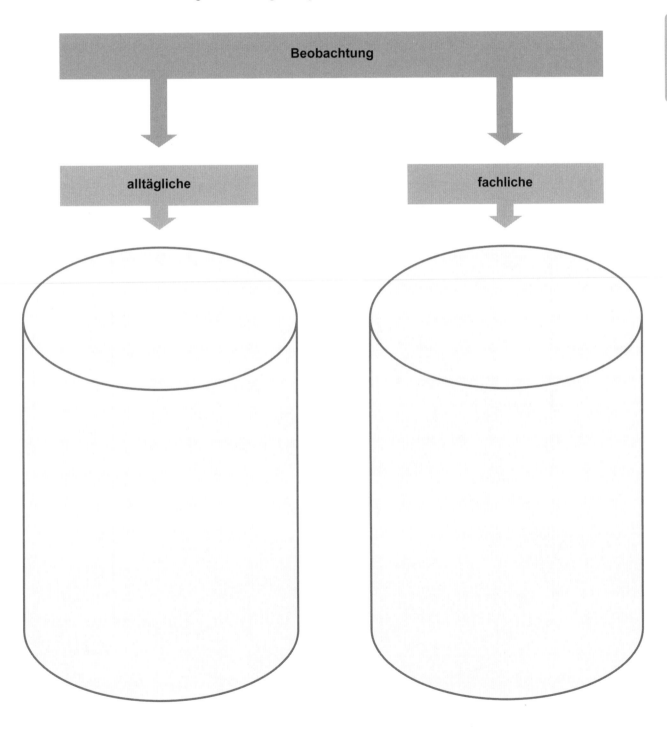

LERNFELD 3

Wahrnehmen und Beobachten [Lerntheke Beobachtung]

	Lerntheke 9
Sozialform	Einzelarbeit
Arbeitsmittel	Schulbuch & Fachliteratur

Fachliche Beobachtung

Was sind methodische Überlegungen zur professionellen Beobachtung?

| LERNFELD 3 | Wahrnehmen und Beobachten [Lerntheke Beobachtung] |

	Lerntheke 10
Sozialform	Zweierarbeit
Arbeitsmittel	Schulbuch & Fachliteratur

Fachliche Beobachtung

Finden Sie in folgendem Beobachtungsprotokoll die wichtigen Merkmale einer fachlichen Beobachtung heraus, indem Sie die entsprechenden Textstellen markieren.

Alter zum Zeitpunkt der Beobachtung: 5;8 Jahre
Situation: Christiane hat die Aufgabe, in der Gruppe nach Anleitung der Erzieherin ein Fangspiel (Faltarbeit) herzustellen.
Dauer der Beobachtung: 25 Minuten

Uhrzeit	Beobachtung	Deutung
10:00 Uhr	Christiane legt das Blatt vor sich Ecke auf Ecke und streicht durch. Sie sagt: „Ganz schief ist das geworden" und stützt den Kopf auf. Den nächsten Faltvorgang macht sie in der Luft, bevor sie das Blatt auf den Tisch legt. Sie spricht mit ihrem Nachbarn. Bei der nächsten Erklärung nimmt sie sofort die …	Sie scheint sich nicht ganz sicher zu sein. Gibt sich Mühe; behilft sich selbst; planvolles Vorgehen. Sofortiges Auffassen der Aufgabe; richtige Ausführung.
10:05 Uhr	Christiane nimmt ihr Blatt in die Hand, schaut es an, klappt die Ecken richtig um. Sie nimmt die Faltarbeit der Erzieherin, vergleicht sie mit ihrer, klappt eine Ecke nach vorn, eine nach hinten. Sie sagt: „Christopher, bei mir ist was ganz Komisches. Da guckt eine Ecke raus." Sie steht auf, geht zur Erzieherin, zeigt es ihr, geht zurück und setzt sich.	C. ist eher fertig als andere Kinder; Langeweile; sucht sich andere Beschäftigung. Selbstständig, setzt sich mit ihrer Arbeit auseinander; sachliche Einstellung, selbstkritisch. Gibt sich Mühe, alles richtig zu machen.
10:10 Uhr	C. sagt zu Christopher: „Du hast das so breit gemacht. Ich krieg das auf." Sie nimmt Christophers Arbeit, sieht sich um, sagt: „Hier hab ich so Dinge." Sie hält einen Faden hoch und steht auf; sie nimmt sich eine Nadel, teilt die anderen aus, geht auf ihren Platz zurück, hat dabei Kinder vergessen. Sie steckt die Nadel in das Hütchen, nimmt sie wieder heraus, steckt sie wieder in das Hütchen. Sagt: „Bei mir ist ja ein Loch da."	Aufgeschlossen, kümmert sich um die Arbeit der anderen; hilfsbereit; weiß, wie man eine Nadel anfasst; noch keinen Überblick über die Gruppe.

LERNFELD 3

Wahrnehmen und Beobachten [Lerntheke Beobachtung]

	Lerntheke 11
	– 72 –
Sozialform	• Zweierarbeit • Team
Arbeitsmittel	Schulbuch & Fachliteratur

Beobachtungsinhalte

Benennen Sie in der Tabelle Beobachtungsinhalte, die Sie mit Beispielen konkretisieren.

Mögliche Beobachtungsbereiche	Konkrete Beobachtungsinhalte

LERNFELD 3

Wahrnehmen und Beobachten [Lerntheke Beobachtung]

	Lerntheke 12
Sozialform	Zweierarbeit
Arbeitsmittel	Schulbuch & Fachliteratur

Beobachtungsinhalte

1. Jede Beobachtung braucht Beobachtungsinhalte. Zeigen Sie solche auf. Ergänzen Sie gern weitere Beobachtungsthemen. Denken Sie auch an den Raum.

Mögliches Beobachtungsthema	Mögliche Beobachtungsinhalte
Das Kind und ich	
Selbstbeobachtung	

2. Führen Sie an Ihrem nächsten Praxistag eine Beobachtung zu einem der bereits vorgegebenen Beobachtungsthemen durch. Legen Sie diese im Ordner/Portfolio ab.

	Lerntheke 13
Sozialform	Einzelarbeit
Arbeitsmittel	Vorlagen zu Beobachtungsaufgabe
Ort:	Praxiseinrichtung

Beobachtungsinhalte

Erstellen Sie eine Beobachtungsaufgabe an einem Kind aus Ihrer Praktikumsgruppe.

Fertigen Sie entsprechend eine Beobachtungsniederschrift über ein von Ihnen gewähltes Kind aus Ihrer Gruppe an der Praxisstelle. Gehen Sie in 4 Schritten vor:

→ WAHRNEHMEN: Nützen Sie als Beobachtungsverfahren eine Verhaltensbeobachtung, mit einem **Verhaltensprotokoll** (z.B. in Form eines Beobachtungsbuches, s. S. 101 ff.), in dem Sie laufend Ihre Beobachtungen eintragen können.
Nehmen Sie sich auch bewusst Zeit für eine nicht-teilnehmende Beobachtung im Freispiel, bezogen auf eine bestimmte Verhaltenskategorie des Kindes. Fertigen Sie Raumskizzen mit den Spielorten an.

→ BESCHREIBEN: Achten Sie bei Ihren Aufzeichnungen streng darauf, dass Sie
- **die notwendigen Angaben** im Hinblick auf eine fachliche Beobachtung machen bzgl. der Rahmenbedingungen (Zeitpunkt, Dauer u. a.) und
- **wertneutral dokumentieren**, d. h., das kindliche Verhalten anekdotenhaft beschreiben und klar von einer Deutung trennen.

→ INTERPRETIEREN: Führen Sie anschließend anhand dieses Protokolls ein **Gespräch mit Ihrer Ausbilderin** über Ihre Aufzeichnungen. Nehmen Sie ggf. Einblick in ein strukturiertes Beobachtungsverfahren zu Ihrem Beobachtungskind, das in der Praxisstelle praktiziert wird (z.B. Beobachtungsbogen).

→ BEWERTEN: Machen Sie jetzt verbindliche Aussagen zur pädagogischen Bewertung gemachter Beobachtungen:
- Nutzen Sie Ihr Fachwissen aus der Entwicklungspsychologie. Formulieren Sie individuelle Zielsetzungen auf den unterschiedlichen Zielebenen sowie konkreter pädagogisch-didaktischer Maßnahmen für das Kind/den Jugendlichen.
- Bedenken Sie auch Methoden und Maßnahmen, die einhergehen mit der Kooperation unterschiedlicher Partner und die die Beobachtungsbereiche wieder zusammenführen.
- Anhang: Legen Sie, wenn möglich, Kinderbeiträge zur Veranschaulichung sowie das angefertigte Verhaltensprotokoll bei.
- Halten Sie datenschutzrechtliche Vereinbarungen ein.
- Nützen Sie für die inhaltliche Erarbeitung Ihr Schulbuch oder Fachliteratur.

Hinweis: vgl. Vorlagen zum „Beobachtungsbuch" auf S. 101 ff.

LERNFELD 3

Wahrnehmen und Beobachten [Lerntheke Beobachtung]

	Lerntheke 14
Sozialform	Team
Arbeitsmittel	• Papier • Stifte • vorgefertigter Beobachtungsbogen

Beobachtungsverfahren

Es werden Gruppen mit je 3 Teilnehmern gebildet:

Gruppe A:
Sie haben 10 Minuten zur Verfügung. Malen Sie gemeinsam ein Bild mit den vorbereiteten Materialien (Papier, Stifte). Sie sind völlig frei in Ihrem Vorgehen, Ihrer Themenwahl u.a.

Gruppe B:
Beobachten Sie Gruppe A und machen Sie sich begleitend einige (freie) Notizen zu Ihren Wahrnehmungen.

Gruppe C:
Beobachten Sie ebenfalls Gruppe A, aber mithilfe der Ihnen zur Verfügung gestellten Vorlage (Gruppe C erhält einen vorgefertigten Beobachtungsbogen).

Vergleichen Sie anschließend Ihre Beobachtungen und werten Sie die Unterschiede.
Was war hilfreich, was nicht? Wie fühlte sich Gruppe A beobachtet?

LERNFELD 3 — Wahrnehmen und Beobachten [Lerntheke Beobachtung]

	Lerntheke 15
Sozialform	Zweierarbeit
Arbeitsmittel	Schulbuch & Fachliteratur

Beobachtungsverfahren

Vergleichen Sie anhand der Tabelle die Vor- und Nachteile unstrukturierter und strukturierter Beobachtung.

Unstrukturierte Beobachtung		Strukturierte Beobachtung	
Vorteile	Nachteile	Vorteile	Nachteile

LERNFELD 3

Wahrnehmen und Beobachten [Lerntheke Beobachtung]

	Lerntheke 16
Sozialform	Zweierarbeit
Arbeitsmittel	

Beobachtungsverfahren

Ein Stichwortprotokoll:

Uhrzeit	Pelle	Petra	Sabrina
9:30 Uhr	spielt in der Bauecke	malt mit Tusche	frühstückt
10:15 Uhr	frühstückt mit Petra	frühstückt mit Pelle	versucht, mit Bällen zu jonglieren
10:50 Uhr	fährt mit Sandy Tretroller	baut mit Sabrina einen Turm aus LEGO	baut mit Petra einen Turm aus LEGO
11:15 Uhr (Außengelände)	spielt mit 3 Kindern im Sand-/Wasserbereich	spielt Hüpfspiele mit Chloe und Steffi	fährt Dreirad
11:45 Uhr (Außengelände)	beschäftigt sich allein in Sandkiste	spielt mit Chloe und Sabrina Fangen	spielt mit Petra und Chloe Fangen
12:30 Uhr	Die Eltern kommen an und holen ihre Kinder ab.		

Versuchen Sie aus den wenigen Aufzeichnungen vorsichtige Schlussfolgerungen zu ziehen:
Welche Rolle spielen die 3 Kinder in der Gruppe? Wie sind ihre Kontakte zueinander?
Behelfen Sie sich mit einem kleinen Soziogramm.

LERNFELD 3

Wahrnehmen und Beobachten [Lerntheke Beobachtung]

	Lerntheke 17
Sozialform	Einzelarbeit
Arbeitsmittel	Schulbuch & Fachliteratur
Ort:	Kita/Praxiseinrichtung

Beobachtungsverfahren

Fertigen Sie eine Raumskizze zum Gruppenraum Ihrer Praxiseinrichtung an. Tragen Sie in diese den wechselnden Aufenthalt Ihres Beobachtungskindes innerhalb einer Freispielzeit ein.
Führen Sie es als eine nicht-teilnehmende Beobachtung durch.

LERNFELD 3

Wahrnehmen und Beobachten [Lerntheke Beobachtung]

	Lerntheke 18
Sozialform	Team
Arbeitsmittel	Schulbuch & Fachliteratur

Beobachtungsfehler

Beispiel „Jürgen hat Angst": Es handelt sich um eine starke Vereinfachung eines Sachverhalts. Gefühle lassen sich nur schwer unmittelbar beobachten.

1. Auch *ANGST* äußert sich mehrfach:

_____

_____

_____

_____

_____

_____

_____

_____

_____

_____

_____

_____

_____

2. Versuchen Sie möglichst viele mögliche beobachtbare Kriterien für diesen Zustand von Jürgen zu finden.

_____

_____

_____

_____

_____

LERNFELD 3

Wahrnehmen und Beobachten [Lerntheke Beobachtung]

	Lerntheke 19
Sozialform	Zweierarbeit
Arbeitsmittel	Schulbuch & Fachliteratur

Beobachtungsfehler

1. Benennen Sie typische Beobachtungsfehler und geben Sie jeweils ein Beispiel aus der praktischen Arbeit dazu.

Beobachtungsfehler	Praktisches Beispiel

2. Zu welchen Beobachtungsfehlern tendieren Sie persönlich? Welche Gründe sehen Sie hierfür?

LERNFELD 3

Wahrnehmen und Beobachten [Lerntheke Beobachtung]

	Lerntheke 20
Sozialform	Team
Arbeitsmittel	Schulbuch & Fachliteratur

Beobachtungsfehler

1. Vergleichen Sie folgende 2 Ausschnitte verschiedener Beobachtungsniederschriften.

Lara sitzt am Tisch und knetet. Steffi und Lars sitzen daneben und malen. Lara sticht mit dem Zahnstocher Löcher in die Knete. Lars fragt Lara: „Was bastelst du da?". Sie antwortet nicht, sieht aber jetzt den beiden beim Malen zu.
Die Fachkraft fragt: „Hast du auch Lust zu malen?"
Lara nickt. Sie legt ihr Material beiseite und fängt an, mit Buntstiften ein Haus zu malen.
Max kommt zum Tisch und äußert: „Ich kann auch ein Haus malen!" Lara hört auf zu malen und beobachtet nun Max, der ein Haus und eine Straße mit Figuren malt.
Als Max fertig ist, steht Lara auf und geht in die Kuschelecke, in der sich gerade kein Kind aufhält. Sie setzt sich auf das Sofa und sieht unbestimmt in den Raum.

Pierre kommt aggressiv in den Gruppenraum der Kita und fängt an, Spielsachen aufzunehmen und damit wild um sich zu werfen.
Dann stört er Steffi am Maltisch und unterbricht Jens-Peter, der gerade ein Puzzle legt.
Er läuft durch den Raum und sucht Streit mit den anderen.

2. Halten Sie die Unterschiede fest:

LERNFELD 3

Wahrnehmen und Beobachten [Lerntheke Beobachtung]

	Lerntheke 21
Sozialform	Zweierarbeit
Arbeitsmittel	Schulbuch & Fachliteratur, Anlageblatt zum Kleben (S. 83)

Beobachtungsprozess

Von der Beobachtung zur Bewertung sind methodisch 4 Schritte zu unterscheiden.
Schneiden Sie folgende Textabschnitte aus, ordnen Sie diese in methodisch adäquate Schritte und begründen Sie diese mit sachlichen Argumenten. Legen Sie das Arbeitsblatt im Ordner/Portfolio ab.

Christiane nimmt ihr Blatt in die Hand, schaut es an, klappt die Ecken richtig um. Sie nimmt die Faltarbeit der Erzieherin, vergleicht sie mit ihrer, klappt eine Ecke nach vorn, eine nach hinten. Sie sagt: „Christopher, bei mir ist was ganz Komisches. Da guckt eine Ecke raus." Sie steht auf, geht zur Erzieherin, zeigt es ihr, geht zurück und setzt sich.

Christiane muss bei der Faltarbeit sehr viel umdenken und mit räumlichen Begriffen umgehen. Sie fasst die Aufgaben sofort auf und setzt sie auf dem Blatt um. Jeden Faltvorgang führt sie genau nach vorgeschriebener Weise aus. Sie ist bemüht, immer alles richtig zu machen. Die Leistung dabei ist gut.

Christiane ist als schulreif anzusehen, da sie selbstkritisch und sorgfältig arbeitet. Sie kann schon in der Gemeinschaft eine ihr gestellte Aufgabe ausführen und geht dabei planvoll vor. Christiane besitzt Leistungswillen und eine gute Beziehung zu Gleichaltrigen.

Christiane ist eher fertig als andere Kinder; Langeweile; sucht sich andere Beschäftigung. Selbstständig, setzt sich mit ihrer Arbeit auseinander; sachliche Einstellung, selbstkritisch. Gibt sich Mühe, alles richtig zu machen.

(Fortsetzung →)

LERNFELD 3

Wahrnehmen und Beobachten [Lerntheke Beobachtung]

	Lerntheke 21 *(Fortsetzung)*
Sozialform	Einzelarbeit
Arbeitsmittel	Schulbuch & Fachliteratur

Beobachtungsprozess

Beobachtungsprozess in Schritten mit Textbeispiel	Sachliche Begründungen
1. Schritt: _____	
2. Schritt: _____	
3. Schritt: _____	
4. Schritt: _____	

LERNFELD 3

Wahrnehmen und Beobachten [Lerntheke Beobachtung]

	Lerntheke 22
Sozialform	• Einzelarbeit • Zweiergruppe • Team
Arbeitsmittel	• Zeitschriften • rosa u. blaue Papiere

Beobachtungsbeurteilung

1. Reflektieren Sie für sich (und später eventuell mit mehreren Mitschülern), welches Verständnis von Erziehung Sie haben in Bezug auf Jungen und Mädchen, indem Sie aus Zeitschriften „typische Mädchenbilder" bzw. „typische Jungenbilder" sammeln (Spielzeug, Tätigkeiten, Kleidung u.a.).

2. Gestalten Sie mit den Bildern ein Memory-Bilderlotto: Kleben Sie die Fundstücke auf rosa Papier für Mädchenbilder, auf blaues Papier für Jungenbilder.

LERNFELD 3 Wahrnehmen und Beobachten [Lerntheke Beobachtung]

	Lerntheke 23
Sozialform	Team
Arbeitsmittel	Schulbuch & Fachliteratur

Professionelle Beobachtung
Bereiten Sie sich auf ein mögliches Expertengespräch vor.

> Sie haben sich vorgenommen, in den kommenden Wochen Ihre Beobachtungsaktivitäten in Ihrer Kitagruppe zu verstärken. Bei einem Elternabend erläutern Sie den Eltern, was unter Beobachtung zu verstehen ist und in welchem Zusammenhang Beobachtung und Wahrnehmung stehen.

> Beobachtung ist ein wichtiger Bestandteil professioneller pädagogischer Arbeit. Bei einem Teamgespräch wollen Sie sich wieder bewusst machen, welche unterschiedlichen Arten von Beobachtung es gibt und wodurch sich die fachliche Beobachtung von anderen unterscheidet.

> Es ist Zeit, die Beobachtungsbögen für die Kinder Ihrer Gruppe auszufüllen. Das nimmt Ihnen viel Zeit für die Arbeit am Kind; aber weil Sie nicht nur der Pflicht folgend die Bögen „abhaken" wollen, vergegenwärtigen Sie sich noch einmal die Ziele und die Bedeutung professioneller Beobachtung und schaffen sich so die nötige Motivation für diese Arbeit.

> Eine Praktikantin der Berufsfachschule für Kinderpflege soll in Ihrer Gruppe eine Beobachtungsaufgabe vornehmen. Sie weiß nicht, welchen Fragestellungen sie nachgehen soll. Zeigen Sie der jungen Kollegin mögliche Inhalte einer Beobachtung innerhalb der pädagogischen Arbeit auf und geben Sie ihr ganz konkrete Beobachtungsthemen vor.

> Um Ihre fachliche Beobachtung innerhalb der Kita zu optimieren, wollen Sie im Team die verschiedenen Arten von Beobachtungsverfahren genauer beleuchten. Vergleichen Sie grundsätzlich unterschiedliche Vorgehensweisen und geben Sie möglichst praxisnahe Hilfen.

> Die Kindergartenleitung möchte die fachliche Beobachtung in der Einrichtung verbessern. Im Team sollen verschiedene Beobachtungsverfahren vorgestellt werden, um sich schließlich für eine angemessene Beobachtungsweise zu entscheiden. Stellen Sie verschiedene Beobachtungsverfahren mit ihren Vor- und Nachteilen dar.

> Wer beobachtet, unterliegt auch Beobachtungsfehlern. In der professionellen Arbeit müssen Sie sich die Ursachen hierfür immer wieder bewusst machen, bevor Sie Ihre beobachtende Tätigkeit am Kind aufnehmen.

> Wer beobachtet, beurteilt auch! Dabei kommt es oft zu Beurteilungsfehlern. Erläutern Sie der Praktikantin aus der Erstausbildung, welchen Beurteilungsfehlern wir häufig unterliegen, und geben Sie ihr möglichst konkrete, praktische Beispiele.

> Im Teamgespräch wollen Sie sich gemeinsam einen verbindlichen Rahmen für die Dokumentation und Auswertung der fachlichen Beobachtungen erarbeiten. Geben Sie den Kolleginnen und Kollegen einen Überblick über den Ablauf von der Beobachtung bis zur Auswertung.

> Als Erziehungsprofi wissen Sie um die Bedeutung der „Deutung" im Anschluss an die Beobachtung. Erklären Sie der Praktikantin aus der Erstausbildung, welche Aufgabe die Deutung hat und worauf zu achten ist. Welche Hilfen können Sie ihr für eine sinnvolle Deutung anbieten?

> Die Beobachtung erfordert im weiteren Verlauf eine Deutung und mündet in eine Bewertung. Diese stellt höchste Anforderungen an fachliche wie persönliche Kompetenzen. Machen Sie sich das wieder und wieder bewusst und lassen Sie uns alle (im Team, in der Klasse) daran teilhaben. Geben Sie uns dabei Denkanstöße für eine möglichst objektive und zuverlässige Beurteilung.

LERNFELD 3 — Die Beobachtung [Materialsammlung]

Die BEOBACHTUNG:
Eine Materialsammlung

Diese Sequenz bietet eine Vielzahl von Arbeitsaufgaben und mehrmals zu verwendenden Kopiervorlagen zum Thema fachliche Beobachtung.
- Die „Beobachtungssequenz" (2 Seiten plus Muster und Korrekturenblatt)
- Übungsexpertisen: Alltagsbeobachtung vs. fachliche Beobachtung (3 Seiten)
- Der „Beobachtungsbericht" mit Lerngeschichte (5 Seiten)
- Das „Beobachtungsbuch" für das Praktikum (15 Seiten)
- Hospitationsbogen Nr. 1 für die Praxis – ein Bildungsangebot der Praxisanleitung beobachten (5 Seiten)

 Anlage auf CD-ROM

Weitere Hospitationsbögen 2–6 mit speziellem Beobachtungsthema (20 Seiten)

Die „Beobachtungssequenz"

Einführung
Die Grundlage jeder wahrnehmenden Beobachtung von Kindern als dem ersten Schritt einer fachlichen Beobachtung ist die *Dokumentation* in einer **Beobachtungssequenz**. Dieser folgt die *Interpretation* und die methodisch-didaktische *Bewertung*.
Eine Beobachtungssequenz ist ausgesprochen vielfältig variierbar und kombinierbar je nach fachlichem Auftrag, nach der Zielgruppe der Beobachter bzw. nach der zu Beobachtenden. Die Sequenz kann sich entwickeln und differenzieren in verschiedenen Aspekten, sie kann Grundlage sein für verschiedenste Beobachtungsaufgaben.
Sie ist ferner ein methodisches Arbeitsinstrument im Rahmen der Dokumentation von wahrnehmenden Beobachtungen innerhalb eines **Beobachtungsberichts** oder eines **Beobachtungsbuchs** in der sozialpädagogischen Praxis (siehe „Das Beobachtungsbuch" mit seinen Arbeitsaufträgen und Formularen, Seite 101 ff.).

Beiliegendes Material „Beobachtungssequenz"
Das nachfolgende Formular „Beobachtungssequenz" besteht aus 2 Seiten zum Ausfüllen durch die Studierenden. Daneben liegt eine ausgefüllte Version als Musterbeispiel (2 Seiten) vor, außerdem ein Korrekturblatt „Korrektur zu einer Beobachtungssequenz", das die Lehrkraft ausfüllen und an die Studierenden zwecks Feedback zurückgeben kann.

LERNFELD 3 Die Beobachtung [Materialsammlung]

Beobachtungssequenz Nr. _____

Name des Kindes _____ Alter _____ Datum _____ Zeit von _____ – _____ Uhr

Beobachtender _____

Beschreibung der Beobachtungssituation
unter Berücksichtigung von wörtlicher Rede, Mimik, Körpersprache, sozialen Interaktionen

Motivation: Was will das Kind? Was braucht das Kind?	Beschreibung	Bildungs- und Entwicklungsbereiche
Anerkennung und Wohlbefinden erfahren, z.B.: • Geborgenheit • Selbstwirksamkeit • positive Rückmeldungen		Fein-/Grobmotorik
Die Welt entdecken und verstehen, z.B.: • Das Ich • Natur und Umwelt • soziales/kulturelles Umfeld		Sinne
		Sprache
Sich ausdrücken • nonverbal • verbal • kreativ		Denken
		Gefühl/Mitgefühl
Mit anderen leben, z.B.: • Freundschaften und Beziehungen • Regeln u. Rituale • Rolle in der Gruppe		Werteorientierung Religion

Siehe auch die Leuwener Engagiertheitsskala für Kinder (Hebenstreit-Müller, 2013).

LERNFELD 3

Die Beobachtung [Materialsammlung]

Interpretation der Situationsanalyse

- Was war der Beobachtungsanlass?
- Was war typisch an der beobachteten Situation?
- Was löst die Beobachtung bei mir aus (Gedanken, Gefühle, Erinnerungen, Erfahrungen) bezogen auf das Kind und mich selbst?
- Wie hat sich das Kind (nach meiner Einschätzung) gefühlt in der Situation?
- Welche Motivationen waren erkennbar? Was waren die Motive des Kindes (vgl. linke Spalte 1. Seite)?
- Welche Ressourcen wurden sichtbar?

Bewertung der Beobachtungssequenz: Bildungs- und Entwicklungsbegleitung des Kindes

- Was waren die Interessenschwerpunkte/Bildungsthemen bezogen auf die Bildungs- und Entwicklungsbereiche (vgl. rechte Spalte 1. Seite)?
- Welche Zielsetzungen sind in den Bildungsbereichen anzustreben (Grobziele/operationale Feinziele)?
- Wie können die Ziele methodisch-didaktisch umgesetzt werden?
- Welche Spielbegleitungsmaßnahmen, Bildungsangebote sind individuell für das Kind anzubieten?
- Welche Erziehungs- und Bildungspartnerschaften können hilfreich sein (Kooperationspartner, Eltern…)?

Siehe auch die Leuwener Engagiertheitsskala für Kinder (Hebenstreit-Müller, 2013).

LERNFELD 3 — Die Beobachtung [Materialsammlung]

Beobachtungssequenz Nr. ____

Name des Kindes: **S. (m)**   Alter: **4;6**   Beobachtender: **A. S.**   Datum: _____   Zeit von **9:45** – **10:00** Uhr

Beschreibung der Beobachtungssituation

S. spielt in der Bauecke mit R. Sie bauen mit Holzbausteinen und einer Holzeisenbahn.

Beschreibung der Handlungssituation
unter Berücksichtigung von wörtlicher Rede, Mimik, Körpersprache, sozialen Interaktionen

S. kommt aus dem Flur ins Gruppenzimmer. Er schaut sich um, steht einen Moment an der Tür. Dann geht er zur Bauecke. Dort spielen R. (5;2 Jahre) und A. (5;9 Jahre) mit den großen Holzbausteinen. Sie bauen gerade einen Turm, der schon zum zweiten Mal umfällt.

S. lächelt. Dann nähert er sich den Kindern und setzt stillschweigend einen Baustein am Boden ab. Die beiden Jungen bauen erneut einen Turm darauf, der ebenfalls wieder umfällt. Alle drei lachen. Jetzt verlässt A. die Bauecke. S. holt eine Kiste mit Schienen der Holzeisenbahn aus dem Regal und beginnt, Kurven zu legen. Sie passen nicht zusammen. R. sieht die losen Schienenteile und sagt zu S.: „Du musst sie zusammenstecken!" S. antwortet nicht, hält R. zwei Schienen hin. R. ergreift die Teile und zeigt mit einer Hand auf die Verbindungsstücke: „Schau, das musst du hier einhaken werden." S. lächelt und versucht es auch. Es klappt. Beide Kinder bauen weiter.

Ohne Worte verlässt S. nach weiteren 5 Minuten die Bauecke. R. ruft ihm nach: „Und wer räumt jetzt auf?" Dann verlässt auch er die Bauecke.

Motivation: Was will das Kind? Was braucht das Kind?

Anerkennung und Wohlbefinden erfahren, z.B.: Geborgenheit, Selbstwirksamkeit, positive Rückmeldungen	X
Die Welt entdecken und verstehen, z.B.: Das Ich, Natur und Umwelt, soziales/kulturelles Umfeld	X
Sich ausdrücken: nonverbal, verbal, kreativ	X
Mit anderen leben, z.B.: Freundschaften und Beziehungen, Regeln u. Rituale, Rolle in der Gruppe	

Bildungs- und Entwicklungsbereiche

Bereich	
Fein-/Grobmotorik	X
Sinne	
Sprache	X
Denken	
Gefühl/Mitgefühl	X
Werteorientierung Religion	

Siehe auch die Leuwener Engagiertheitsskala für Kinder (Hebenstreit-Müller, 2013).

LERNFELD 3 — Die Beobachtung [Materialsammlung]

Interpretation der Situationsanalyse

Fragen	Antworten
Was war der Beobachtungsanlass?	Der Anlass der Beobachtung ist, dass S. immer wieder auffällt in seiner non-verbalen Kommunikation.
Was war typisch an der beobachteten Situation?	Die Situation war insofern typisch, als sich S. mit anderen Kindern kaum sprachlich austauscht, dennoch in gemeinsame Spielsituationen geht.
Was löst die Beobachtung bei mir aus (Gedanken, Gefühle, Erinnerungen, Erfahrungen) bezogen auf das Kind und mich selbst?	Die Beobachtung erstaunt mich, weil S. in ein aktives Spiel geht, ohne sich zu verbalisieren. Die Kinder akzeptieren seine Art der Kontaktaufnahme, nehmen ihn gut an.
Wie hat sich das Kind (nach meiner Einschätzung) gefühlt in der Situation? Welche Motivationen waren erkennbar? Was waren die Motive des Kindes (vgl. linke Spalte 1. Seite)? Welche Ressourcen wurden sichtbar?	S. scheint es mit seiner individuellen Art der Interaktion gut zu gehen, er macht die Erfahrung, auch ohne Worte mit den Kindern spielen zu können. S. geht gern in Kontakt mit anderen Kindern, beobachtet sie und nimmt am Spiel teil. Sein Interesse gilt vor allem Spielthemen im Bereich von Technik.

Bewertung der Beobachtungssequenz: Bildungs- und Entwicklungsbegleitung des Kindes

Fragen	Antworten
Was waren die Interessenschwerpunkte/Bildungsthemen bezogen auf die Bildungs- und Entwicklungsbereiche (vgl. rechte Spalte 1. Seite)?	Bildungsthemen waren erkennbar in den Bildungsbereichen Feinmotorik, der sprachlichen Entwicklung von S. und im Bereich Emotionalität.
Welche Zielsetzungen sind in den Bildungsbereichen anzustreben (Grobziele/operationale Feinziele)?	Als Zielsetzungen sind zu sehen: in der Feinmotorik die Koordination von Auge und Hand, eine Schulung der präzisen Geschicklichkeit. Außerdem sollte S. in seiner Fähigkeit, sich zu verbalisieren, geschult werden, indem er eine Erweiterung des Wortschatzes erfährt.
Wie können die Ziele methodisch-didaktisch umgesetzt werden?	S. könnte im Rahmen einer Spielbegleitungsmaßnahme das Angebot gemacht werden „Esel pack dich" zu spielen (Geschicklichkeit); bei Rollenspielen erfährt S. eine Differenzierung seiner sprachlichen Ausdrucksfähigkeit, z.B. in der Puppenecke. Bei einer Bilderbuchbetrachtung (z.B. „Rund herum in unserer Stadt") äußert er sich zu alltäglichen Geschehnissen: ... ich setze bewusst Sprachimpulse und achte auf eine korrekte Satzbildung.
Welche Spielbegleitungsmaßnahmen, Bildungsangebote sind individuell für das Kind anzubieten? Welche Erziehungs- und Bildungspartnerschaften können hilfreich sein (Kooperationspartner, Eltern...)?	Eine Kooperation mit einer Sprachheilerzieherin in der Einrichtung wäre optimal.

Siehe auch die Leuwener Engagiertheitsskala für Kinder (Hebenstreit-Müller, 2013).

LERNFELD 3   Die Beobachtung [Materialsammlung]

KORREKTURBLATT zu einer Beobachtungssequenz

für (Name): _____   Klasse: _____   Abgabetermin: _____

	Sehr gut bis gut	zufriedenstellend bis verbesserungsfähig	verbesserungswürdig bis unzureichend
Äußerer Rahmen (Umgang mit Beobachtungsstrukturen, Klarheit in der Beschreibung der Rahmenbedingungen, fachliche Begrifflichkeiten, Angaben zur Beobachtungssituation u. a., Anlagen wie Kinderzeichnungen)			
Beschreibung der Handlungssituation (Beschreibung von Verhalten, Anschaulichkeit, Präzision, Differenziertheit, Bezugnahme zu Motivation, Bezugnahme zu Bildungsbereichen u.a.)			
Interpretation der Situationsanalyse (Nachvollziehbarkeit, Begründetheit, Ressourcenorientierung, Selbstreflexion, Bezugnahme zu Motivation u.a.)			
Bildungs- und Entwicklungsbegleitung (Nachvollziehbarkeit, Begründetheit, Bezug zu den Bildungsbereichen, Zielformulierungen, methodische Vielfalt, Ressourcenzentriertheit, systemische Arbeit u.a.)			

Zusammenfassende Bewertung	Note

_____   _____
Datum   Unterschrift Lehrkraft

LERNFELD 3

Die Beobachtung [Materialsammlung]

Übungsexpertisen

Alltagsbeobachtung vs. fachliche Beobachtung

1. Expertise zu einer Alltagsbeobachtung

Beispiel: Zweitkraft Sabine sieht zufällig, wie der 5-jährige Max die anderen Kinder beim Freispiel stört und ab und zu sogar mit dem Fuß tritt. Bei der Teambesprechung am nächsten Tag erwähnt Sabine den Vorfall und bezeichnet Max als aggressives Kind, das andere Kinder immer nur stört. Sie vermutet, dass er daheim auch Gewalt erlebe und Jungs eben dafür empfänglich seien.
Die Fallstudie zeigt die Bewertung einer alltäglichen Beobachtung, die einer professionellen Vorgehensweise nicht Stand hält. Für die Fachkraft in einer sozialpädagogischen Einrichtung kann eine solche Vorgehensweise nicht Grundlage ihrer pädagogischen Arbeit sein – im Gegenteil –, sie muss professionell arbeiten und darf sich nicht von einer „Privatpädagogik" leiten lassen.

Arbeitsauftrag

Ordnen Sie die vorliegende Beobachtung fachlich ein, indem Sie Kriterien einer fachlichen Beobachtung reflektieren und diese bei der Kollegin Maria einfordern.

→

→

→

→

→

→

LERNFELD 3

Die Beobachtung [Materialsammlung]

2. Expertise zur fachlichen Beobachtung

Arbeitsauftrag

Beurteilen Sie die vorliegende fachliche Beobachtung an einem Kind bezüglich deren äußerer Merkmale und Inhalte (rechte Spalte). Führen Sie den Beobachtungsprozess entsprechend Ihres fachlichen Verständnisses zu Ende: Interpretation und didaktische Bewertung

Beispiel für eine systematische, nicht teilnehmende Beobachtung	
Hintergrund	
Beobachtete Person: M. (weiblich, 5;4 Jahre) **Beobachter:** Praktikantin **Beobachtungsort:** Kindergarten, Gruppenraum **Beobachtungsanlass:** Vorher wahrgenommene Kontaktschwierigkeiten des Kindes, Bedürfnis von M nach Nähe zu anderen Kindern, die sie nicht herstellen kann **Gegenstand der Beobachtung:** Überprüfung des Kontakt- und Sozialverhaltens bei M., Bewertung sozialer Kompetenzen bei M: Kontaktfähigkeit	
Vorgeschichte	
M. wurde vor eineinhalb Jahren in den Kindergarten aufgenommen. Sie lebte vorher in einer anderen Stadt und ist nach der Trennung der Eltern mit ihrer Mutter hierher gezogen. Sie hat noch einen 2 Jahre älteren Bruder, der bereits in eine Grundschule geht. Die 3-köpfige Familie wohnt in einem großen Mehrfamilienhaus unweit des Kindergartens. M's sprachliche Ausdrucksfähigkeit ist gekennzeichnet von kleinkindhaften Ausdrücken (Babysprache), sie formuliert überwiegend Dreiwortsätze. Arbeitsanweisungen nimmt sie nur begrenzt auf. Im Kontakt mit gleichaltrigen Kindern fällt auf, dass sie nur kurzfristig in der Lage ist, Spielkontakte zu knüpfen und ausdauernd ein Spiel durchzuhalten.	
Protokoll	
Beobachtungstag: Dienstag, 16.02.20.. **Beginn der Beobachtung:** 9:56 Uhr **Ende:** 10:19 Uhr **9:56 Uhr** / M. steht am Maltisch im Gruppenraum und bemalt mit großen schnellen Bewegungen ein Blatt Papier. (So wie ich aus 3 Meter Entfernung sehen kann, sind es bunte Linien, Kreise, diverse andere Formen.) **9:58** / Sie faltet das Blatt einmal zusammen, geht zu P. (Erzieherin), gibt ihr das Blatt und sagt: „Da, Brief für dich. Lesen." P. liest den (imaginären) Text: Liebe P., viele Grüße von M.". Sie gibt den Brief an M. zurück. M. lächelt (zufrieden). Sie geht zurück an den Tisch. **10:01** / M. geht (langsam) zurück in die Malecke, beugt sich über den Tisch und faltet den „Brief" erneut (diesmal etwas kleiner). Sie geht mit dem Papier zur Praktikantin (die mit im Raum ist) und sagt: „Ich hab einen Brief." Sie faltet das Papier nochmals zusammen und gibt es der Praktikantin. Dann dreht M. sich um, geht zum Spielteppich, wo andere Kinder derzeit spielen.	

LERNFELD 3 — Die Beobachtung [Materialsammlung]

10:03 / Sie bleibt in ca. 2 Meter Abstand einige Sekunden stehen, kommt zum Maltisch und faltet (hastig) ein weiteres Blatt. Sie schaut zur Erzieherin herüber und ruft: „Ich tu jetzt frühstücken." M. lässt das Blatt fallen und verlässt kurz den Raum. (Sie will zu ihrer Tasche im Flur.)

10:04 / M. betritt mit einer Frühstückstüte in der Hand wieder den Raum und geht (zielstrebig) zum Frühstückstisch. Sie setzt sich an den Frühstückstisch, wo bereits 2 andere Mädchen (Chr. und N.) und die Erzieherin P. sitzen.

10:05 / Sie hält die Tüte hoch und fragt Erzieherin P., die gerade für Chr. eine Apfelsine abschält, „Was da drin?" P. „errät" das in der Tüte befindliche Brötchen. M. öffnet (stolz, freudig) ihre Tüte und beißt ein kleines Stück Brötchen ab.

10:08 / (Unruhig) rutscht M. auf dem Stuhl hin und her, schaut sich im Zimmer um und sieht zu dem jüngeren Mädchen N., das ebenfalls frühstückt, über ihr Brötchen. M. bricht ein kleines Stück Brötchen ab und hält es ihr hin, die es dankend entgegennimmt. Den anderen Kindern am Tisch bietet sie in ähnlicher Weise kleine Brötchenstücke an. In kleinen Stückchen „knibbelt" M. am Brötchen und isst zu Ende. Sie faltet die Tüte zusammen.

10:12 / M. hat ihr Frühstück beendet. Zirka eine Minute bleibt sie noch sitzen und schaut sich im Raum um. Sie steht auf und bringt das zusammengefaltete Papier in die Papiertonne in der anderen Ecke des Raums. Sie geht durch den Raum, bleibt an einem Tisch stehen, wo 2 Jungen mit einem Holzpuzzle beschäftigt sind. Sie verweilt kurz und geht wieder zum Maltisch.

10:13 / M. steht neben der Erzieherin am Maltisch und entdeckt den Jungen L. unter dem Tisch. Sie bemerkt an die Erzieherin gewandt: „L. da unten." Sie bückt sich, kriecht unter den Tisch, kommt aber nach wenigen Sekunden wieder zum Vorschein.

10:14 / M. dreht sich um, holt ein Blatt Papier aus dem Beistellschrank am Maltisch und fragt Erzieherin P.: „Machst du Drachen?" Das Mädchen N., das in der Nähe steht, mischt sich ein: „Das kann ich dir wohl auch zeigen." Beide falten den Drachen. M. malt ihrem Drachen ein Gesicht mit schnellen (kritzelhaften) Bewegungen. Dann malt sie auf N's Drachen Augen. N. protestiert. J., ein weiteres Mädchen aus der Gruppe, fragt M.: „Soll ich dir eine Schultüte falten?" M. antwortet mit „Ja". J. faltet eine Schultüte und gibt diese an M.. Daraufhin lächelt M. (freundlich).

10:19 / (Ende der Beobachtung)

LERNFELD 3 Die Beobachtung [Materialsammlung]

Der „Beobachtungsbericht" mit Lerngeschichte

Arbeitsauftrag

1. Beobachten Sie innerhalb der nächsten 3 Monate mindestens 3-mal dasselbe Kind in einer Freispiel-, Freiarbeits- oder Freizeitsituation anhand des Formulars „Beobachtungssequenz". (Dauer jeweils maximal ca. 15 Minuten)

2. Beschreiben Sie die Situation möglichst wertfrei: wahrnehmende Beobachtung (*Formularseite 1*).

3. Benutzen Sie bei der Interpretation (*Formularseite 2*) die **„Lerndispositionen"** nach Margaret Carr (*interessiert sein / engagiert sein / Standhalten bei Herausforderungen & Schwierigkeiten / sich ausdrücken und mitteilen / an der Lerngemeinschaft mitwirken & Verantwortung übernehmen*).

4. Verwenden Sie bei der Einschätzung der Engagiertheit des Kindes die Merkmale von *Engagiertheit und Wohlbefinden* aus der **Leuwener Engagiertheitsskala** (s. *Anlage 1*).

5. Gehen Sie in den fachlichen Austausch mit Ihrer Praxisanleiterin über Interpretation und Bewertung (*Formularseite 3*) der Beobachtungen.

6. Nach Ihrer dritten Beobachtungssequenz schreiben Sie eine **Lerngeschichte** (*Formularseite 4*) zu dem beobachteten Kind.

Formularseite 1 [Kopiervorlage s. Seite 87]

Beobachtungssequenz Nr. _____

Name des Kindes _____ Alter ____ Beobachtender _____ Datum ____ Zeit von ____ – ____ Uhr

Beschreibung der Beobachtungssituation

Motivation: Was will das Kind? Was braucht das Kind?	Beschreibung der Handlungssituation unter Berücksichtigung von wörtlicher Rede, Mimik, Körpersprache, sozialen Interaktionen	Bildungs- und Entwicklungsbereiche
Anerkennung und Wohlbefinden erfahren, z.B.: • Geborgenheit • Selbstwirksamkeit • positive Rückmeldungen		Fein-/Grobmotorik
		Sinne
Die Welt entdecken und verstehen, z.B.: • Das Ich • Natur und Umwelt • soziales/kulturelles Umfeld		Sprache
Sich ausdrücken • nonverbal • verbal • kreativ		Denken
		Gefühl/Mitgefühl
Mit anderen leben, z.B.: • Freundschaften und Beziehungen • Regeln u. Rituale • Rolle in der Gruppe		Werteorientierung Religion

Siehe auch die Leuwener Engagiertheitsskala für Kinder (Hebensteit-Müller, 2013).

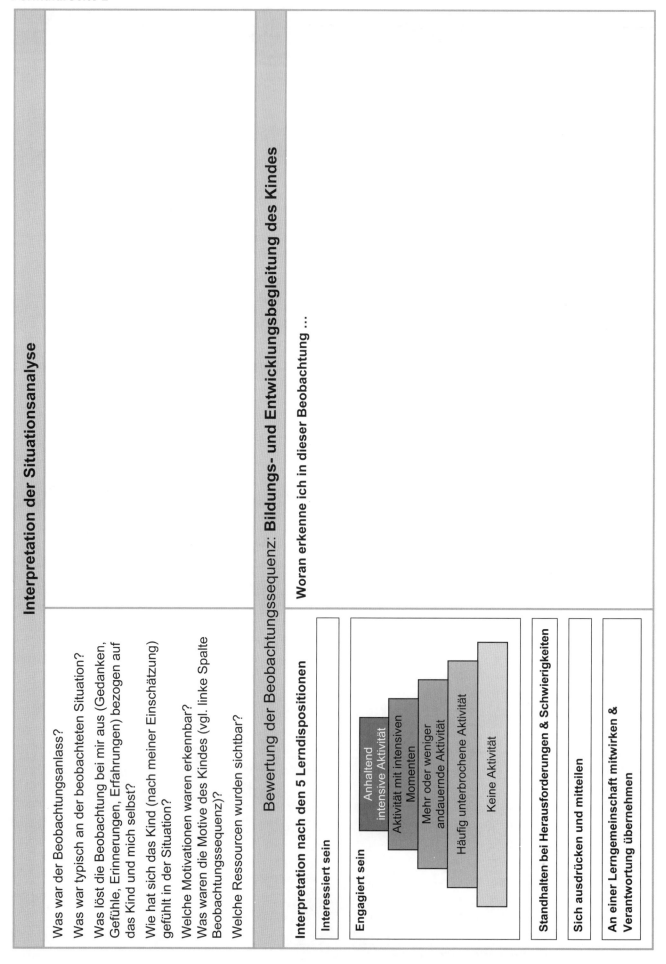

LERNFELD 3 — Die Beobachtung [Materialsammlung]

Formularseite 3

Bewertung der Beobachtungssequenz: Bildungs- und Entwicklungsbegleitung des Kindes

Was waren die Interessenschwerpunkte / Bildungsthemen bezogen auf die Bildungs- und Entwicklungsbereiche (vgl. rechte Spalte Beobachtungssequenz)?

Welche Zielsetzungen sind in den Bildungsbereichen anzustreben (Grobziele/operationale Feinziele)?

Wie können die Ziele methodisch-didaktisch umgesetzt werden?

Welche Spielbegleitungsmaßnahmen, Bildungsangebote sind individuell für das Kind anzubieten?

Welche Erziehungs- und Bildungspartnerschaften können hilfreich sein (Kooperationspartner, Eltern u.a.)?

LERNFELD 3

Formularseite 4

Die Lerngeschichte (nach der 3. Beobachtungssequenz erstellen)

Lerngeschichten sind eine Form der Dokumentation von Entwicklungsbeobachtungen, oft in Verbindung mit dem Entwicklungsportfolio. Sie dienen neben der Entwicklungsdokumentation und damit der didaktischen Planung auch als Basis der Kooperation mit den Eltern. **Folgende Aspekte** sollen bei der Erarbeitung einer Lerngeschichte berücksichtigt werden:

- Beobachtungssituationen werden möglichst zeitnah und real zusammengefasst, um dem Kind ein Erinnern an die Situation zu ermöglichen. Dabei helfen Mitteilungen über eine direkte Rede: Sie fördern den Erinnerungsprozess und regen weiterführende Gespräche mit dem Kind über die jeweilige Situation an.
- Um eine für das Kind nachvollziehbare Dokumentation zu ermöglichen, wird eine klare, einfache, für das Kind verständliche Sprache gewählt. Die Begrifflichkeiten sind dem Kind bekannt, die Formulierungen eindeutig, die Sätze kurz.
- Die Entwicklungsschritte werden in der Lerngeschichte mittels kurzer Beschreibungen konkretisiert (Beispiele), um damit die Kinder anzuregen, über ihr eigenes Lernen nachzudenken.
- Einschätzungen/Interpretationen der Fachkräfte werden als solche formuliert („ich vermute ..., ich meine ..."), um dem Kind entweder ein Gefühl des Verstandenwerdens oder die Möglichkeit zur Korrektur derselben zu geben.
- Eine Lerngeschichte ist immer ressourcenorientiert: Die Formulierungen sind wertschätzend und anerkennend, Interessen und Kompetenzen werden herausgearbeitet, um dem Kind den Aufbau eines positiven Selbstbildes zu ermöglichen und auch eigene Schwächen gut angehen zu können.

LERNFELD 3 Die Beobachtung [Materialsammlung]

Anlage 1: Zur Leuwener Engagiertheitsskala

ENGAGIERTHEIT	WOHLBEFINDEN
Um zu erkennen, welche Stufe der **Engagiertheit** erreicht ist, können das Verhalten und die Handlung des Kindes anhand der folgenden **Merkmale** gedeutet werden:	Um engagiert zu sein, muss sich ein Kind wohlfühlen. Es gibt verschiedene Möglichkeiten, **Wohlbefinden** auszudrücken, wenngleich nicht alle **Merkmale** gleichzeitig erfüllt sein müssen als Voraussetzung für Engagiertheit:

Konzentration:
Der Blick des Kindes ist auf seine Aktivität gerichtet. Es lässt sich nicht ablenken.

Energie:
Diese lässt sich an roten Wangen, hohem körperlichen Engagement, großem Redefluss ablesen.

Komplexität und Kreativität:
Das Handeln geht über Routineverhalten hinaus. Soziale und kognitive Fähigkeiten werden gut genutzt.

Gesichtsausdruck und Körperhaltung:
Der Blick ist konzentriert, der Körper zeigt eine gewisse Spannung.

Ausdauer:
Das Kind vergisst die Zeit und lässt sich nicht ablenken.

Genauigkeit:
Das Kind handelt detailgenau.

Reaktion:
Das Kind ist aufnahmebereit für neue Impulse und kann sie schnell umsetzen.

Verbale Äußerungen:
Das Kind drückt seine Gefühle, sein Erleben aus.

Zufriedenheit:
Das Kind verdeutlicht seine Zufriedenheit mit dem, was es erreicht hat.

Offenheit/Aufgeschlossenheit:
Das Kind kann verbale und non-verbale Zeichen seines Gegenübers wahrnehmen. Es zeigt ein Bedürfnis, zu erkunden und zu erfahren.

Flexibilität:
Das Kind reagiert auf seine Umwelt. Es lässt sich durch Unvorhergesehenes kaum aus der Fassung bringen.

Selbstwertgefühl und Selbstbewusstsein:
Das Kind kann seine Gedanken und Gefühle ausdrücken und lässt sich durch Fehler nicht aus der Ruhe bringen.

Fähigkeit, sich selbst zu behaupten und zu verteidigen:
Das Kind steht für seine Rechte ein und verteidigt sich selbst.

Vitalität:
Das Kind macht einen wachen und energischen Eindruck. Entspannung und innere Ruhe: Das Kind ist entspannt, wirkt in sich ruhend. Es hat keine angespannten, hastigen Bewegungen.

Freude:
Das Kind zeigt echte Freude und äußert sich ganz für sich.

Kontakt zu sich selbst:
Das Kind ist mit sich im Reinen und kennt seine Bedürfnisse.

(Nach Leuwener Engagiertheitsskala, in: Jeannot u.a., 2014)

LERNFELD 3 Die Beobachtung [Materialsammlung]

Das „Beobachtungsbuch" für die sozialpädagogische Praxis

Ein Beobachtungsbuch ist die Dokumentation verschiedener Beobachtungsaufgaben im Rahmen eines Praktikums oder mehrerer Praktika.

Es entsteht im Prozess des Praktikums als individuelles Dokument jedes/r Studierenden. Die Vorlagen sind an der Praxisstelle möglichst immer verfügbar und damit situationsbezogen einsetzbar.

Das Beobachtungsbuch kann einer übergeordneten Portfolioarbeit zugeordnet oder auch als einzelne Dokumentation geheftet werden.

Im Beobachtungsbuch enthalten sind
- Deckblatt
- Information über die Praktikumsgruppe
- Analyse einer Freispielsituation (+ Beobachtungssequenz-Formular*)
- Beobachtungsaufgabe an einem Kind
- Beobachtungsaufgabe zur Gruppe (+ Beobachtungssequenz-Formular*)
- Beobachtungsniederschrift zu einem Kind zur Entwicklungsaufgabe im Kontext der Transition Kita/Grundschule (Ebene des Individuums, der persönlichen Beziehungen, der Lebenswelt)

   * [*Kopierhinweis*: Als Basisformular jeweils zugefügt werden muss die 2-seitige Kopiervorlage „Die Beobachtungssequenz" von Seite 87 & 88]

BEOBACHTUNGSBUCH

für (Name Praktikant/in): _____

in der Einrichtung: _____

in der Gruppe: _____

Beobachtungszeitraum: _____

BEACHTE: Beachten Sie datenschutzrechtliche Grundsätze: Geben Sie weder Vorname noch Zuname der Kinder an, keine Geburtsdaten u.Ä. Verschlüsseln Sie Daten: (M; m, 4;3 Jahre). Legen Sie das Beobachtungsbuch nur an sicheren Orten ab und sprechen Sie nur mit Ihrer Praxisanleiterin über Ihre Beobachtungen. Kein Austausch untereinander über soziale Netzwerke!

LERNFELD 3 Die Beobachtung [Materialsammlung]

Beobachtungsniederschriften

Information über die Praktikumsgruppe

Gruppengröße		
Kinder Gesamt	davon Jungen	davon Mädchen

Altersgruppen	
Alter (Jahre)	Zahl der Kinder

Herkunft	
Herkunftsland	Zahl der Kinder

LERNFELD 3 — Die Beobachtung [Materialsammlung]

Analyse einer Freispielsituation

Die fachliche Beobachtung ist Grundlage jeglichen erzieherischen Handelns.
Besonders im Freispiel ist diese situationsbezogen notwendig.

- **Wahrnehmende Beschreibung der Situation**
  beschreiben Sie die beobachtete Situation unter sachlicher Angabe zur beteiligten Person bzw. Personen (Alter, Geschlecht u.a.) und der Beobachtungsdauer (max. 15 Min.) Fertigen Sie das Protokoll der Beobachtung (Beschreibung) in wertneutraler Sprache und mithilfe der Beobachtungssequenz an. Bleiben Sie sachlich und versuchen Sie die kleinsten beobachtbaren Verhaltensweisen zu erfassen. Notieren Sie verbale Äußerungen der Kinder wörtlich.

- **Interpretation der Situation**
  Fassen Sie Ihre Beobachtung zusammen, indem Sie sich Klarheit verschaffen, was hinter dem wahrnehmbaren Verhalten stecken mag: Welche verborgenen Motive könnten sich hinter dem Beobachteten verbergen? Denken Sie dabei über die beteiligten Personen nach. Nehmen Sie die Wirkung der Beobachtung auf Sie als Beobachter/-in mit in den Fokus: Auch wir Fachleute haben unsere persönliche Vita.
  Besprechen Sie sich vertraulich mit Ihrer Praxisanleiterin, denn sicher können wir uns bei der Deutung nicht sein! Tauschen Sie Ihre Wahrnehmungen aus und ergänzen Sie diese auch in der Kommunikation mit dem Team.
  Sie sind auf der Suche nach dem „Schlüssel" zur Türe des Verstehens!

- **Bewertung der Beobachtung**
  Die Bewertung ist die weitere Verarbeitungsstufe der Beobachtung: Immer bleibt eine Unsicherheit über die Richtigkeit der Interpretation – deshalb ist mit großer Vorsicht vorzugehen und immer im kollegialen Austausch zu bleiben! Vorsicht vor voreiligen Schlüssen, die zu einer ungerechtfertigten Festlegung des Kindes führen. Wenden Sie Ihren Blick bewusst auf Ressourcen der Kinder!
  Ziel der Verhaltensbeurteilung ist es, auf konkrete Fragestellungen verwertbare Antworten zu finden. Das beobachtete Kind soll gezielt gefördert werden können. Verhaltensbeurteilungen haben immer *vorläufigen Charakter* und müssen ständig neu überprüft werden. Auch sind die Normen, an denen wir Maß nehmen, immer wieder zu überdenken. Es ist unabdingbar wichtig, für die Gesamtheit des Kindes wachsam zu bleiben und immer wieder seine ganz persönliche Wahrheit zu suchen: Wenden Sie gängige Entwicklungstabellen an (Bellersche Entwicklungstabelle, Grenzsteine o.a.). Womit arbeiten Sie bei welcher Zielgruppe am besten?

Hinweis: Hier die 2 Seiten „Beobachtungssequenz" (S. 87–88) kopiert zufügen.

Beobachtungsaufgabe an einem KIND

Fertigen Sie entsprechend eine episodische Beobachtungsniederschrift über ein von Ihnen gewähltes Kind aus Ihrer Gruppe in der Praxiseinrichtung an.

Nützen Sie als Beobachtungsverfahren zunächst in der Blockwoche eine **Verhaltensbeobachtung**, bei der Sie die folgenden Verhaltenskategorien anwenden:
- Verhaltensprotokoll, in dem Sie laufend Ihre Beobachtungen eintragen können.
  Nützen Sie dafür die Beobachtungssequenz als standardisiertes Verfahren.
- Arbeiten Sie mit den Lerndispositionen der Leuwener Engagiertheitsskala (s. *Anlage 1*).
- Nehmen Sie sich auch bewusst Zeit für eine nicht-teilnehmende Beobachtung im Freispiel, bezogen auf eine bestimmte Verhaltenskategorie.

Achten Sie bei Ihren Aufzeichnungen streng darauf,
- die notwendigen Angaben im Hinblick auf eine fachliche Beobachtung zu machen bzgl. der Rahmenbedingungen (Zeitpunkt, Dauer u.a.) und
- möglichst wertneutral zu dokumentieren, d.h. das kindliche Verhalten anekdotenhaft zu *beschreiben* und klar von einer Deutung zu trennen. Die oben gemachten Angaben zum kindlichen Verhalten sollen lediglich Beobachtungsimpulse darstellen, werden nicht mit Ja/Nein beantwortet, sondern beschreibend dokumentiert.

Lernortkooperation

(Fortsetzung →)

LERNFELD 3   Die Beobachtung [Materialsammlung]

Führen Sie anschließend anhand dieses Protokolls ein **Gespräch mit Ihrer Praxisanleiterin** über Ihre Aufzeichnungen. Nehmen Sie ggf. Einblick in ein strukturiertes Beobachtungsverfahren für Ihr Beobachtungskind, das in der Einrichtung praktiziert wird (z.B. Beobachtungsbogen).

BEACHTE: Aus datenschutzrechtlichen Gründen sind alle hier gemachten Angaben streng vertraulich. Der Name des Kindes/der Familie darf nur mit dem Anfangsbuchstaben des Vornamens angegeben werden; das Geburtsdatum nur mit Monat und Jahr!

1. **Angaben zur Person des Kindes**
   - 1.1 Name (siehe oben)
   - 1.2 Geschlecht
   - 1.3 Alter
   - 1.4 Nationalität

2. **Angaben zur Herkunftsfamilie des Kindes**
   - 2.1 Eltern
   - 2.2 Geschwister
   - 2.3 Bezug zu den Großeltern

3. **Äußeres Erscheinungsbild des Kindes**
   - 3.1 Körperlicher Entwicklungszustand (Größe, Gewicht, Körperbau, Haltung, Haltungsfehler)
   - 3.2 Gesundheit (Häufigkeit von Infekten, Allergien, Körperbehinderung, Wahrnehmungsstörung u.a.)
   - 3.3 Pflegezustand (Körperpflege, Kleidung u.a.)
   - 3.4 Konstitution (stark, robust, zart o.a.), gibt es Hinweise auf das kindliche Temperament?

4. **Kognitives Verhalten**
   - 4.1 Wie ist differenziert ist die optische Wahrnehmungsfähigkeit (laut-leise, hoch-tief, u.Ä.
   - 4.2 Welche räumlichen Begriffsbestimmungen (hoch-tief, hinten-vorne, über-unter) sind dem Kind bekannt?
   - 4.3 Welche Größenbezeichnungen sind bekannt (groß-klein, lang-kurz o.a.)?
   - 4.4 Welche Mengenbezeichnungen sind bekannt?
   - 4.5 Wie ist die Artikulation (Aussprache, Lautbildung, Tonfall, Stimme, Lautstärke, Klarheit o.a.)?
   - 4.6 Wie ist das Erinnerungsvermögen?
   - 4.7 Welche Formen und Farben sind bekannt?
   - 4.8 Wie differenziert, präzise, korrekt... werden Sachverhalte wiedergegeben?

5. **Motorisches Verhalten**
   - 5.1 Wie sind Bewegungsabläufe, Koordination von Bewegungen und Körperbeherrschung zu sehen?
   - 5.2 Welche körperlichen Besonderheiten sind in der Grob- bzw. in der Feinmotorik erkennbar:
     Grobmotorik: Tempo, Kraft- bzw. Bewegungsaufwand, Unruhe, Fehlreaktionen
     Feinmotorik: Augen-Hand-Koordination, Handhabung feiner Utensilien
   - 5.3 Wie sind Mimik und Gestik? Ausdrucksverhalten, Sprechmimik, Gesichtsmimik (Mund, Stirn, Augen)?
   - 5.4 Gibt es eine deutliche Auffälligkeit in der motorischen Aktivität des Kindes?
   - 5.5 Kann das Kind vorwärts, rückwärts gehen, sich bücken, drehen, krabbeln, klettern, springen o.a.?
   - 5.6 Wie kann das Kind in verschiedenen Kontexten das Gleichgewicht halten (balancieren auf ...)?
   - 5.7 Wie ist das Tempo der Bewegungen zu beschreiben?

6. **Psychisches Verhalten**
   - 6.1 Wie äußert sich die Persönlichkeit des Kindes?
   - 6.2 Wie ist die emotionale Grundstimmung? (fröhlich-heiter oder gedrückt-traurig? Gibt es Ängste, Unsicherheiten, Schuldgefühle, Zwänge, Gehemmtheiten o.Ä.)
   - 6.3 Wie ist das Verhalten zu Werten? (Verhalten gegenüber Sachen, gegenüber Tieren, religiöse Werte)

(Fortsetzung →)

7. Sozialverhalten

7.1 Wie verwirklicht das Kind sein Bedürfnis nach Kontakten zu Gleichaltrigen, zu Bezugspersonen?

7.2 Mit wem spielt das Kind? Häufigkeit von Wechsel der Spielpartner, Alleinspiel, Sympathien, Antipathien u.Ä.

7.3 Wie zeigt sich die Empathiefähigkeit des Kindes? Welche Perspektivenübernahmen sind möglich?

7.4 Wie ist das Verhalten bei Konflikten?

7.5 Wie ist das Verhalten gegenüber Erwachsenen?

7.6 Wie ist das Verhalten gegenüber Fremden?

8. Sprachverhalten

8.1 Ist die Sprache angemessen im Hinblick auf Situationen, Personen, Entwicklung und Alter?

8.2 Wie lässt sich das Sprachvokabular beschreiben nach Art, Umfang o.a.)?

8.3 Spricht das Kind grammatikalisch richtig? Welche Abweichungen wiederholen sich, entwickeln sich aus dem Dialekt o.a.?

8.4 Wie ist das Sprachverhalten: Wie gerne spricht das Kind? Wie werden Sprechanlässe, -anreize genützt?

8.5 Sind Sprachauffälligkeiten (wie Lispeln, Stottern o.a.) zu beobachten bzw. Sprachstörungen diagnostiziert?

8.6 Wie kann das Kind zuhören, wie nacherzählen, wie frei erzählen?

9. Spielverhalten

9.1 Wie gern spielt das Kind womit?

9.2 Welche Spiele bevorzugt es? (Lieblingsspiel o.a.)

9.3 Wie lange beschäftigt sich das Kind in der Regel mit einem Spiel? Welche Spielimpulse sind hilfreich und weshalb?

9.4 Wie verhält es sich, wenn es gewinnt oder verliert? Wie zeigen sich Frustrationen?

10. Lernverhalten

10.1 Bei welchen Spielen ist die kindliche Ausdauer wie lange? Welche Ressourcen zeigen sich?

10.2 Welche Interessen zeigt das Kind?

10.3 Welche Lernanstrengungen unternimmt es?

10.4 Wie geht es auf Neues zu?

10.5 Wie achtsam, sorgsam. o.a. werden Aufgaben übernommen?

11. Leistungsverhalten

11.1 Inwiefern und bei welchen Anlässen möchte sich das Kind zeigen, messen?

11.2 Ist eine besondere Begabung zu erkennen?

11.3 Gibt es einen Unterschied im Leistungswillen zur Gruppe?

11.4 Welche besonderen Interessen, Leistungen o.a. sind erkennbar?

12. Abweichendes, auffälliges Verhalten

Dies ist dann der Fall, wenn das Verhalten des Kindes stark von der Norm abweicht, d.h. sich stark unterscheidet vom Verhalten Gleichaltriger (vgl. Entwicklungstabellen).
Mögliche Symptome eines solchen Verhaltens könnten sein:

- Sprachstörungen
- Kontaktscheu
- Distanzlosigkeit gegenüber anderen Menschen
- Spielunfähigkeit
- Zerstörungswut
- Nägelkauen
- Haare ausreißen
- Einnässen/Einkoten
- Überängstlichkeit
- Gewaltbereites Verhalten gegenüber Tieren, Mitmenschen
- Starke motorische Unruhe (u.a.)

LERNFELD 3 — Die Beobachtung [Materialsammlung]

Beobachtungsaufgabe zur Gruppe

Fertigen Sie eine Beobachtungsniederschrift über Ihre Gruppe in der Praxisstelle an.
Gehen Sie entsprechend einer professionellen Beobachtung in 4 Schritten vor.

- **WAHRNEHMEN**
  Nützen Sie als Beobachtungsverfahren zunächst in der Blockwoche eine Verhaltensbeobachtung, bei der Sie die Beobachtungsthemen fokussieren (z.B. einzelne Kinder in Beziehung zur Gruppe/zu mir, die Gruppe im Raum):
  - Verhaltensprotokolle, in denen Sie laufend Ihre Beobachtungen eintragen können.
  - Nehmen Sie sich auch bewusst Zeit für eine nicht-teilnehmende Beobachtung, z.B. im freien Spiel, bezogen auf eine bestimmte Verhaltenskategorie oder ein Beobachtungsthema.
  - Fertigen Sie Soziomatrix, Soziogramm, Raumskizzen u.Ä. an.

- **BESCHREIBEN**
  Achten Sie bei Ihren Aufzeichnungen streng darauf,
  - die notwendigen Angaben im Hinblick auf eine fachliche Beobachtung zu machen bezüglich der Rahmenbedingungen (Zeitpunkt, Dauer u.a.) und
  - wertneutral zu dokumentieren, d.h. das kindliche Verhalten anekdotenhaft zu beschreiben und klar von einer Deutung zu trennen. Legen Sie sich hierfür ein Beobachtungsbuch an. Die folgend gemachten Angaben zum kindlichen Verhalten sollen lediglich Beobachtungsimpulse darstellen.

- **INTERPRETIEREN**
  Führen Sie anschließend anhand Ihrer Protokolle u.Ä. ein Gespräch mit Ihrer Praxisanleitung über Ihre Aufzeichnungen. Nehmen Sie ggf. Einblick in andere Beobachtungsverfahren für einzelne Kinder/Jugendliche, die in der Einrichtung praktiziert werden (z.B. Beobachtungsbögen), um Ihr Interpretationsergebnis durch das „Vier-Augen-Prinzip" abzusichern. Interpretieren Sie die einzelnen Beobachtungsthemen, um zu einem komplexen Gesamtbild zu kommen.

- **BEWERTEN**
  Machen Sie jetzt verbindliche Aussagen zur Bewertung gemachter Beobachtungen unter Anwendung pädagogischer Zielsetzungen sowie konkreter pädagogisch-didaktischer Maßnahmen für die Gruppe bzw. für Gruppenmitglieder. Bedenken Sie auch Methoden und Maßnahmen, die einhergehen mit der Kooperation unterschiedlicher Partner und die die einzelnen Beobachtungsthemen wieder zusammenführen.

BEACHTE: Aus datenschutzrechtlichen Gründen sind alle hier gemachten Angaben streng vertraulich. Namen von Kindern/Jugendlichen/Familien dürfen nur mit dem Anfangsbuchstaben des Vornamens angegeben werden; das Geburtsdatum u.Ä. nicht zuordenbar angeben!

1. **Angaben zur Gruppe**
   1.1 Größe der Gruppe
   1.2 Zusammensetzung der Gruppe
   - Alter
   - Geschlecht
   - Nationalitäten
   - Verweildauer

2. **Verhaltensnormen in der Gruppe**
   2.1 Regeln, die das Gruppenverhalten steuern
   2.2 Grenzen, die in der Gruppe vereinbart sind

3. **Entwicklungsphasen in der Gruppe**
   3.1 Welche Gruppenphase ist beobachtbar? (Fremdheitsphase, Machtkampfphase, Vertrautheit und Intimität, Differenzierungsphase, Trennungs- und Ablösungsphase)
   3.2 Welche gruppenpädagogischen Aufgaben ergeben sich daraus?

4. **Rollenverhalten in der Gruppe**
   4.1 Zeigen Sie anhand beobachtbaren Verhaltens das typische Rollenverhalten eines Kindes auf. (z.B. Anführer, Isolierter, beliebtestes Kind, Sündenbock, Clown)
   4.2 Welche Möglichkeiten/Methoden haben Sie, soziale Kompetenzen einzelner Kinder bzw. der Gruppe zu stärken?

5. **Konflikte in der Gruppe**
   5.1 Beschreiben Sie einen häufiger auftretenden Konflikt innerhalb der Gruppe (beobachtbares Verhalten).
   5.2 Wie wurde der Konflikt konkret gelöst (beobachtbares Verhalten)?
   5.3 Zeigen Sie günstige Lösungsansätze (evtl. durch Ihre Mitwirkung) auf.

Zusatzaufgabe: Fertigen Sie ein Soziogramm zur Gruppenkonstellation an.

Hinweis: Hier die 2 Seiten „Beobachtungssequenz" (S. 87–88) kopiert zufügen.

LERNFELD 3 — Die Beobachtung [Materialsammlung]

Beobachtungsniederschrift zu einem Kind

Entwicklungsaufgabe im Kontext der Transition Kita/Grundschule

In den Wochen vom _____ und _____

in der Klasse
(Beschreibung der Klasse nach Größe, Zusammensetzung, Heterogenität, Gruppenphase u.a.)

_____
_____
_____
_____
_____
_____
_____
_____
_____
_____
_____

Angaben zum Kind
(Alter, Geschlecht, Entwicklungsdaten, familiäre Konstellation u.a.)

_____
_____
_____
_____
_____
_____
_____
_____
_____
_____
_____
_____

Lernortkooperation

(Fortsetzung →)

LERNFELD 3 — Die Beobachtung [Materialsammlung]

Ebene des Individuums

Nehmen Sie Stellung zu:

- Wechsel der Identität vom Kindergartenkind zum Schulkind
- Umgang mit Gefühlen wie Angst, Vorfreude, Trauer u.a.
- Verlust von Zuwendung durch Bezugspersonen, vertraute Personen u.a.

[Literaturhinweis: Ebenen der Transition nach Griebel, W. & Niesel, R. (2011)]

(Fortsetzung →)

LERNFELD 3 | Die Beobachtung [Materialsammlung]

Ebene der persönlichen Beziehungen

Nehmen Sie Stellung zu:

- Lösen und Aufbauen von Beziehungen
- Umgang mit neuen (Gruppen-)Strukturen innerhalb des neuen sozialen Gefüges der Klasse
- Rollenwechsel vom Kindergartenkind zum Schulkind, Eigenverantwortung, Selbstständigkeit
- Verantwortung übernehmen, z.B. Aufgaben in der Klasse

(Fortsetzung →)

LERNFELD 3 — Die Beobachtung [Materialsammlung]

Ebene der Lebenswelt

Nehmen Sie Stellung zu:

- Umgang mit neuen Verbindlichkeiten, z.B. Zeitstrukturen
- Umgang mit neuen Organisationsstrukturen, neue Raumordnung
- Umgang mit unterschiedlichen Erwartungen/Forderungen

LERNFELD 3 Die Beobachtung [Materialsammlung]

Hospitationsbogen für das Praktikum

Ein Bildungsangebot der Praxisanleitung beobachten

Einführung

Auch Auszubildende und Studierende lernen durch das Vorbild: Bei den Praxisanleiterinnen/Praxisanleitern zu hospitieren ist deshalb eine grundlegende Aufgabe jeden Praktikums.

Dafür gibt es Hospitationsbögen als Instrument einer fachlich vorstrukturierten Beobachtung des handelnden Erziehers. Je nach Ausbildungsstand und -schwerpunkt können unterschiedliche Hospitationsthemen gewählt werden, um damit mit einem besonderen Schwerpunkt der Hospitation einen speziellen Hospitationsauftrag zu verbinden z.B. die einen bestimmten Bereich der Beobachtung fokussieren, z.B. die Rahmenbedingungen einer Spielsituation, die eingesetzten methodischen Elemente oder die sprachliche Interaktion zwischen Erzieher und Kind.

Bei der Auswahl eines Hospitationsthemas steht vor allem die Praktikantin/der Praktikant mit den individuellen Entwicklungsbedürfnissen und -potenzialen im Vordergrund.

Auf den folgenden 4 Seiten findet sich ein allgemein gehaltener Hospitationsbogen (Nr. 1) zur Nutzung bei der Praxisanleiterin/Mentorin. Auf der CD liegen weitere 5 Hospitationsbögen zur Differenzierung mit speziellen Beobachtungsthemen vor.

 Anlage auf CD-ROM

Hospitationsbögen Nr. 2–6 zu speziellen Beobachtungsthemen,
mit diesen Themen:

Beobachtungsauftrag 2: Gruppenstrukturen und soziale Kompetenzen gegenüber den Kindern

Beobachtungsauftrag 3: Zielformulierungen und deren Umsetzung im Verlauf des Bildungsangebots

Beobachtungsauftrag 4: Sprachliches Verhalten im Sinne positiven Modelllernens

Beobachtungsauftrag 5: Methodisches Vorgehen und Betrachtung methodischer Grundsätze in der Durchführung

Beobachtungsauftrag 6: Äußere Strukturen in ihrer unmittelbaren Wirkung auf Methode und Inhalte

LERNFELD 3   Die Beobachtung [Materialsammlung]

Hospitationsbogen 1

Hospitationen erlauben der/dem Auszubildenden „Gast zu sein" bei einem professionell gestalteten Bildungsangebot der Praxisanleitung. Die fachlichen Beobachtungen werden mittels Hospitationsbogen gelenkt und dienen als Grundlage fachlicher Reflexion. Sie sollen im Rahmen der fachpraktischen Ausbildung mindestens einmal monatlich möglich sein, verschiedene Bildungsangebote repräsentieren und werden in Form einer nichtteilnehmenden Beobachtung geführt.

für das Bildungsangebot _____

Thema _____

aus dem Bildungsbereich _____

durchgeführt am (Datum) _____ in der Einrichtung _____

durchgeführt von (Name) _____

beobachtet von (Name) _____

Raumgestaltung

(Raumgröße und Raumordnung, Sitzordnung, Beleuchtung, Übersichtlichkeit, Blickkontakt, Ordnung im Raum, Atmosphäre u.a.)

Zeitlicher Rahmen

(Geeigneter Zeitpunkt, Beginn/Ende, Gesamtdauer, zeitliche Struktur u.a.)

Materialvorbereitung

(Übersichtlichkeit, Ordnung, Eignung, Vollständigkeit u.a.)

(Fortsetzung →)

LERNFELD 3 Die Beobachtung [Materialsammlung]

Gruppenkontext

(Gruppengröße, Zusammensetzung, Alter und Entwicklung der Kinder, einzelne Kinder, sozialer Kontakt untereinander, Hilfestellung u.a.)

Themenwahl

(Anbindung der Kinder – Motivation, Zusammenhang mit Planung, Weiterführungsmöglichkeiten, Hinführung zum Thema, sachliche Richtigkeit u.a.)

Zielvorgabe

(Sinnvolles Hauptziel im Hinblick auf den gewählten Bildungsbereich, weitere Teilziele im Hinblick auf Aspekt der Ganzheitlichkeit, Zielsetzungen im Hinblick auf einzelne Kinder/die Gruppe u.a.)

(Fortsetzung →)

LERNFELD 3

Die Beobachtung [Materialsammlung]

Methodisches Vorgehen

(Schrittweises Vorgehen, logischer Aufbau, Zusammenhänge herstellen, ganzheitlicher Ansatz, Einbindung abwechslungsreicher Sinnesarbeit, künstlerische Elemente, methodische Grundprinzipien u.a.)

Pädagogische Haltungen

(Wurden alle Kinder angesprochen? Wertschätzung der Kinder und ihrer Arbeit, Spontaneität im Hinblick auf Wünsche und Bedürfnisse der Kinder, Umgang mit Problemen der Kinder, Wahrnehmung einzelner Kinder, eigene Motivation und Engagement u.a.)

- **gegenüber dem einzelnen Kind**

- **gegenüber der Gruppe**

(Fortsetzung →)

LERNFELD 3   Die Beobachtung [Materialsammlung]

Sprachverhalten

(Verständlichkeit durch Schriftsprache/Dialekt, Sprechweise, Sprechtempo, grammatikalisch richtiger Ausdruck, reichhaltiger Wortschatz, Wertschätzung der Kinderbeiträge, Fragestellungen u.a.)

Umgang mit Schwierigkeiten

(Welche Schwierigkeiten traten auf? Reaktion darauf, Vorhersehbarkeit bzw. vorbereitet sein darauf, Abhilfe, Einfühlungsvermögen u.a.)

Verbesserungsvorschläge

(Konstruktive Möglichkeiten der Verbesserung aus dem Rückblick u.a.)

LERNFELD 5 — Erziehungs-/Bildungspartnerschaft

Moderation & Präsentation von Themen: Elternpartnerschaft LERNFELD 5

Arbeitsauftrag

Damit Sie selbst die in Lernfeld 5 „Erziehungs- und Bildungspartnerschaften mit Eltern und Bezugspersonen gestalten sowie Übergänge unterstützen" zu erarbeitenden **Gesprächstechniken handelnd erlernen**, werden Sie entsprechende Lerninhalte des LF 5 eigenständig moderieren oder vor der Klasse erüben.

Dazu werden Ihnen einzelne **Themen per Postkarte** mitgeteilt, die Sie dann unter Verwendung **sinnvoller Medien** (wie Präsentationssoftware, Overheadprojektor, Plakate, Fotos, Tafelbilder, Puzzle, Anschauungsmaterialien) und **bekannter Methoden** (Brainstorming, Vortrag, Gespräch, Blitzlicht, Fragen o.a.) Ihren Kollegen vermitteln.

- Sie dürfen sich gern in kollegialer Zusammenarbeit gegenseitig unterstützen, sowohl in der Vorbereitung wie auch der Präsentation und/oder Moderation.

- Setzen Sie das recherchierte Fachwissen zur Elternpartnerschaft zu einer gelungenen interaktiven Vortragsarbeit um. Machen Sie sich vertraut mit den Grundsätzen einer guten Moderation und Präsentation. Anlage 1 bietet einen grundlegenden Einstieg in die Methoden; Ihr Schulbuch und weitere Fachliteratur zum Thema können zusätzliche Impulse liefern.

- Erstellen Sie in der Vorbereitung Ihrer Präsentation/Moderation einen „Moderations- und Präsentationsplan" (Anlage 2). Planen Sie mithilfe dieses Plans den inhaltlichen und zeitlichen Verlauf Ihrer Moderation.

- Ein verfügbarer Moderationskoffer erleichtert Ihnen die Vorbereitungen. Bitte wieder gebrauchsfertig hinterlassen.

- Tragen Sie sich verbindlich (ggf. mit einem Kollegen/einer Kollegin) in die ausgehängte Liste „Übersicht über Moderationen/Präsentationen der Klasse" (Anlage 3) ein.

Die Terminierung der Themen findet fortlaufend im Unterricht statt, sodass ein inhaltlicher Gesamtzusammenhang erhalten bleibt. Dies macht es erforderlich, dass Sie schon mindestens 2 Unterrichtseinheiten vor Ihrem Termin vorbereitet sein müssen.

LERNFELD 5 — Erziehungs-/Bildungspartnerschaft

Tafelbild/Folie 1

Moderation

Beim **Moderieren** handelt es sich um eine **Gesprächsmethode** mit Gruppen.

ZIEL
Gespräche zielgerichtet, strukturiert, konzentriert und damit effizienter zu gestalten.

Aufgaben des Moderators

- Ziele des Gesprächs vereinbaren und einhalten
- Beziehungsgeschehen reflektieren, integrieren
- Arbeitsverfahren anbieten
- ...
- Gesprächsregeln finden, einhalten, erfinden
- ...
- Gesprächsinhalte zusammenfassen
- Gespräch strukturieren
- Fragen einbringen
- ...

LERNFELD 5 — Erziehungs-/Bildungspartnerschaft

Anlage 1: Techniken

Moderationstechniken

Beim Moderieren handelt es sich um eine Gesprächsmethode mit Gruppen: Die Gespräche in der Gruppe werden im Hinblick auf seine Inhalte (Themen, Ziele, Probleme) zentriert durch die Moderation von 1–2 Moderatoren. Ziel der Moderation ist, das Gespräch zielgerichtet, strukturiert, konzentriert und damit effizienter zu gestalten. Dabei begleiten und unterstützen die Moderatoren den Gesprächsprozess neutral und nehmen keine inhaltliche Positionierung vor. Somit haben sie auch keine Verantwortung für inhaltliche Ergebnisse (nach Hartmann u.a., 1999).

Aufgaben von Moderatoren (in Anlehnung an Hartmann u.a., 1999) **sind:**
- Ziele für den Gesprächsverlauf vereinbaren und verfolgen
- Gesprächsprozesse strukturieren
- Gesprächsregeln vereinbaren und auf deren Einhaltung achten
- Gruppe anregen, neue, ergänzende Gesprächsregeln zu entwickeln
- mögliche, sinnvolle Arbeitsverfahren anbieten
- Beziehungsgeschehen der Teilnehmer reflektieren und rückmelden
- Fragen einbringen
- inhaltliche Ergebnisse zusammenfassen

Ein erfolgreicher Moderationsprozess bedarf einer anschaulichen Visualisierung. Hilfreich sind u.a. Plakate, Flipcharts, Pinnwände. In einem „Moderationskoffer" werden entsprechende Utensilien verfügbar gemacht. Sinnvolle Techniken innerhalb der Moderation können sein: Mindmaps, Brainstorming, Blitzlicht, Ein-/Mehr-Punkte-Abfrage, Diskussion, Kleingruppenarbeit, Fragenspeicher, Karten-Antwort-Verfahren, Maßnahmenplan, Mehrfelder-Tafeln o.a.

Die Moderation verläuft in 6 Phasen:

Dauer (hier: ca. 3 Std.)	Moderationsphase	Methode und Hilfsmittel
15 Min.	1. Einstieg	• Erwartungsabfrage, Visualisierung von Thema, Ziel, Arbeitsschritten an Flipchart. • Vorbereitetes Plakat: Arbeitsschritte.
20 Min	2. Sammeln von Ideen	Per Kartenabfrage oder Sammlung an Flipchart u. Ä.
15 Min.	3. Bewerten und Auswählen der Ideen	• Festlegen auf ausgewählte Ideen/Themen, z. B. durch Mehr-Punkt-Abfrage. • Vorbereitetes Plakat o. Ä.: Ideenspeicher.
75 Min.	4. Die Themen bearbeiten	• In Untergruppen konkretisieren, Lösungen entwickeln lassen. • Vorbereitetes Plakat: Arbeitsschritte. • Gruppen präsentieren Lösungsalternativen per Plakat. • Entscheidungen im Plenum treffen lassen, z. B. durch Mehr-Punkt-Abfrage.
45 Min.	5. Maßnahmen planen	• Einen Maßnahmeplan/-katalog fixieren. • Vorbereitetes Plakat: Maßnahmeplan
10 Min.	6. Abschluss mit Reflexion	• Ziele erreicht? Blitzlicht oder Stimmungsbarometer u. Ä. • Vorbereitetes Plakat: Stimmungsbarometer

(in Anlehnung an Bernitzke/Schlegel, 2004)

LERNFELD 5

Präsentationstechniken

Eine Präsentation ist ein mündlicher Vortrag vor einer Gruppe von Zuhörern. Dabei werden die Inhalte unter Nutzung von visuellen Medien anschaulich und strukturiert vermittelt. In der **Elternbildung** ist diese Technik häufig bedeutsam und bedarf bestimmter Faktoren (nach Bernitzke/Schlegel, 2004), um erfolgreich zu sein:

Zielklarheit
Klare Zielformulierungen schaffen Sicherheit und Orientierung.

Einschätzung der Zielgruppe
Schon bei der Vorbereitung ist es sinnvoll, die Wirkung auf die Zielgruppe zu bedenken. Dabei ist eine Analyse der Zielgruppe vorzunehmen:
- Wie ist die Zusammensetzung der Elternschaft? (z. B. Anteil Eltern mit Migrationshintergrund, Sprachverständnis)
- Welche Eltern werden kommen?
- Wie viele Eltern werden erwartet? (Materialvorbereitung, Sitzordnung u.a.)
- Welche Haltung der Eltern ist zu erwarten bzw. wurde schon geäußert?
- Welchen Wissens-/Kenntnisstand haben die Eltern zum Thema? Gab es schon Veranstaltungen dazu?
- Welches Interesse, welche Betroffenheit der Eltern ist zu erwarten?
- Welche Erwartungen bringen die Eltern mit?
- Was sollen/können die Eltern mitnehmen an Wissenszuwachs oder Handlungskompetenz?

Präsentationsaufbau
In der Regel besteht eine Präsentation aus einer motivierenden **Einleitung**, einem informativen **Hauptteil** und einem zusammenfassenden **Abschluss**.
Zur Motivation: Oft klagen sozialpädagogische Fachkräfte über eine mangelnde Motivation seitens der Eltern. Eine Verallgemeinerung dieser Aussage ist unzureichend; meist fehlt Eltern die Zeit, wenn sie sich wenig engagieren. Sie sind in eigene Prozesse so involviert, dass sie sich um eine wünschenswerte Information und Kooperation wenig bemühen. Dann gilt es, Motivation zu fördern, Visionen zu schaffen, zu begeistern.
Motivation baut auf „Motive", also *Beweggründe*, die Menschen in Bewegung bringen! Bernitzke/Schlegel (2004) unterscheiden unterschiedliche

Motive in der Zusammenarbeit mit Eltern:
- Das *Leistungsmotiv*: Befriedigung erfolgt u.a. durch das Erreichen von Leistungszielen, z. B. wenn Eltern an der Renovierung der Einrichtung, bei der Gartengestaltung mitwirken.
- Das *Kompetenzmotiv*: Manche Eltern möchten sich in der Zusammenarbeit mit den pädagogischen Mitarbeitern mit ihren Kompetenzen einbringen.
- Das *Geselligkeitsmotiv*: Eltern nehmen an Elternveranstaltungen teil, weil sie gern dazugehören wollen, ein Schutzbedürfnis durch die Gruppe haben oder nach Anerkennung streben.
- Das *Sicherheitsmotiv*: Manche Eltern haben das Bestreben, Hindernisse zu beseitigen, die einer Verwirklichung von Zielen und Bedürfnissen entgegenstehen

Die sozialpädagogische Fachkraft kann die Zusammenarbeit mit den Eltern optimieren, wenn sie solche Motive erkennt und dementsprechend versucht, Eltern in passende Bereiche der Elternkooperation einzubinden. Dabei ist es immer wichtig, den Eltern die Bedeutung ihrer Mitwirkung bezogen auf ihr Kind zu verdeutlichen: Warum ist das Thema bedeutsam für sie, und an die Bedürfnisse der Eltern anzuknüpfen: Wo sind Ihre offenen Fragen, Sorgen, Ressourcen?
Die Motivation der Eltern zu stärken, erfordert immer *eine wertschätzende und positive Grundhaltung* seitens des Erziehers (vgl. LF1 Pädagogische Haltung). Diese äußert sich u.a. durch eine Vertrauensbasis zwischen Erzieher und Eltern, die sich auf Augenhöhe begegnen und die sich in einer partizipativen Vorgehensweise die Verantwortung für das Kind teilen. Dabei helfen klare Absprachen und Zielvereinbarungen. Ziele sind nah und konkret, d.h. operationalisiert. Die Eltern erfahren in förderlichen Gesprächssituationen Rückmeldung.

Visualisierung und Raumgestaltung

Eine geglückte Visualisierung veranschaulicht das Thema der Präsentation und hält Ziele und Ergebnisse übersichtlich fest (auf Plakaten, Flipcharts o.a.). Damit wird eine immer weiterführende Struktur der Präsentation erreicht. Voraussetzung für eine solche ist eine zweckmäßige *Raumgestaltung*:

Der geeignete Raum soll der Gruppe angemessen sein, d.h., in einem zu großen Saal kann sich die Gruppe „verlieren" – im Sinne von akustischem Nicht-Verstehen, optischem Nicht-Sehen (z. B. von Bildern, Skizzen). Andererseits ist ein zu kleiner Raum für die Arbeitsatmosphäre ebenso schädlich.

Jeder Teilnehmer muss einen Sitzplatz haben. Die Bestuhlung richtet sich nach dem Ziel und Thema der Veranstaltung sowie dem entsprechenden Raumangebot. Für Präsentationen bieten sich Stuhlhalbkreis(e) oder versetzte Stuhlreihen an; sind Gespräche geplant, bietet sich ein Stuhlkreis an, für Kleingruppenarbeit eignen sich Tischgruppen.

Verhalten während der Präsentation

Folgende Aspekte sind zu bedenken:
- Rhetorik: Motivation schaffen, Einstieg an den Bedürfnissen der Zuhörer orientiert, Anschaulichkeit
- Sprechtempo und Körpersprache: deutlich, Schriftsprache, Mimik, Gestik, Lebendigkeit
- Fachinhalte: sachliche Richtigkeit, Begründetheit, logischer Aufbau, Zielorientierung
- Persönliches Auftreten: Blickkontakt, Haltung, Sicherheit vermitteln
- Redeanteile: möglichst ausgewogen, beachte z. B. das Ziel eines Elternabends (Info, Austausch)
- Organisation: strukturiertes Vorgehen, Klarheit, Hilfsmittel (z. B. Kärtchen)
- Medieneinsatz: zielgerichtet, passend, nicht überfrachtet, sichere Handhabung
- Flexibilität in unvorhergesehenen Situationen
- Gesamteindruck: Kleidung, Haltung, Echtheit

Präsentationsablauf (Beispiel)

Phase (Zeitanteil)	Inhalt	Hinweise zur Präsentation
Motivierende **Einleitung** (15 %)	• Begrüßen der Teilnehmer • Vorstellungsrunde • Hinführung/Überleitung zum Thema • Warum ist Thema bedeutsam für die Teilnehmer? • Was folgt?	• Blickkontakt, zugewandte Haltung • Anknüpfpunkt aktuelles Ereignis oder Problem • Thema auf die Situation der Teilnehmer beziehen, Bedeutung herausstellen • Orientierung über Folgendes ermöglichen (vorbereitetes Plakat: Ablaufplan)
Informativer **Hauptteil** (75 %)	Informationsteil	Alternative Darstellungsformen sind möglich: • Ist-Zustand – Soll-Zustand → Weg dahin? • Vergangenheit – Gegenwart – Zukunft • These – Antithese – Synthese • Problem – übliche Lösung → neue Lösung? • Behauptung – Argumente – Konsequenz
Zusammenfassender **Abschluss** (10 %)	• Zusammenfassen • Appell/Handlungsaufforderung • Kurz Bezug zur Einleitung herstellen (Zitat o.Ä.) • Dank • Evtl. Diskussion im Anschluss	• Wesentliches herausstellen (Kernaussagen) • Ausblick in die Zukunft inkl. Appell • Wiederaufgreifen früherer Aussagen • Teilnehmern und Helfern danken • Überleiten zur Diskussionsrunde

(in Anlehnung an Bernitzke/Schlegel, 2004)

LERNFELD 5 Erziehungs-/Bildungspartnerschaft

Anlage 2: Arbeitsblatt für die Teams

Moderations- und Präsentationsplan

Thema: _____

Datum: _____ Gesamtdauer: 15 – 20 Minuten Team: _____ (Kürzel einsetzen)

Moderations-/Präsentations-Phasen	Moderator (Kürzel)	Dauer	Moderations-/Präsentations-Inhalte	Moderations-/Präsentations-Methoden, Hinweise	Medien und Materialien

handwerk-technik.de • aus 4712 • Hanna Heinz

LERNFELD 5 Erziehungs-/Bildungspartnerschaft

Tafelbild/Folie 2

Präsentation

Die **Präsentation** ist ein **mündlicher Vortrag** vor einer Gruppe von Zuhörern.

ZIEL
Bildungsinhalte mittels visueller Medien anschaulich und strukturiert zu vermitteln.

Aufgaben des Präsentators

- Klare Zielsetzung
- Veranschaulichung durch Visualisierung
- ...
- Zielgruppe einschätzen (Fachliche Inhalte, Auswahl, Richtigkeit)
- Geeignete Raumgestaltung
- Strukturierung des Vortrags
- ...
- Motivation schaffen und erhalten
- Präsentationsverhalten (Rhetorik, Auftreten, Kleidung, Medien, Redeanteile, Körpersprache u.a.)
- ...

LERNFELD 5 Erziehungs-/Bildungspartnerschaft

Anlage 3: Klassenliste

Übersicht über Moderationen/Präsentationen der Klasse

Nr.	Datum voraussichtlich	Thema	Moderatoren/Moderatorinnen
1		Eltern als Erziehungspartner	
2		Ziele (Zieldimensionen) von Erziehungs- und Bildungspartnerschaft	
3		Kompetenzen der Erzieherin in der Zusammenarbeit mit den Eltern	
4		Erwartungen von Eltern im Kontext von Elternkooperation	
5		Qualitätsstandards in der Erziehungspartnerschaft	
6		Entwicklung von Resilienz im Zusammenhang mit Elternkooperation	
7		Faktoren gelingender Eltern-kooperation und deren Bedeutung	
8		Anmeldegespräch und Tür-und-Angel-Gespräch	
9		Elternsprechstunde mit einem Gesprächsleitfaden für Problemgespräche	
10		Elternbezogene Hilfemaßnahmen sowie telefonische Kontakte	
11		Offener Kindergarten sowie Hausbesuch	
12		Elternabend in verschiedenen Ausführungen	
13		Tag der offenen Tür sowie Elternfest	
14		Elterncafé sowie Ausflüge mit Eltern	
15		Elternbefragung sowie die Informationstafel (Schwarzes Brett)	
16		Elternbrief und die Elternzeitung	
17		Möglichkeiten der Elternpartizipation	
18		Elternkooperation im U3-Bereich	
19		Elternkooperation in multikulturellen Einrichtungen sowie in Hort oder OGS	
20		Elternkooperation in der stationären Erziehungshilfe sowie bei Kindern mit besonderen Bedürfnissen	
21		Elternkooperation in Transitionen	
22		Spezielle Programme zur Unterstützung der Erziehungskompetenzen der Eltern	

LERNFELD 5

Erziehungs-/Bildungspartnerschaft

Anlage 3: Vorderseite und Rückseiten der Karte

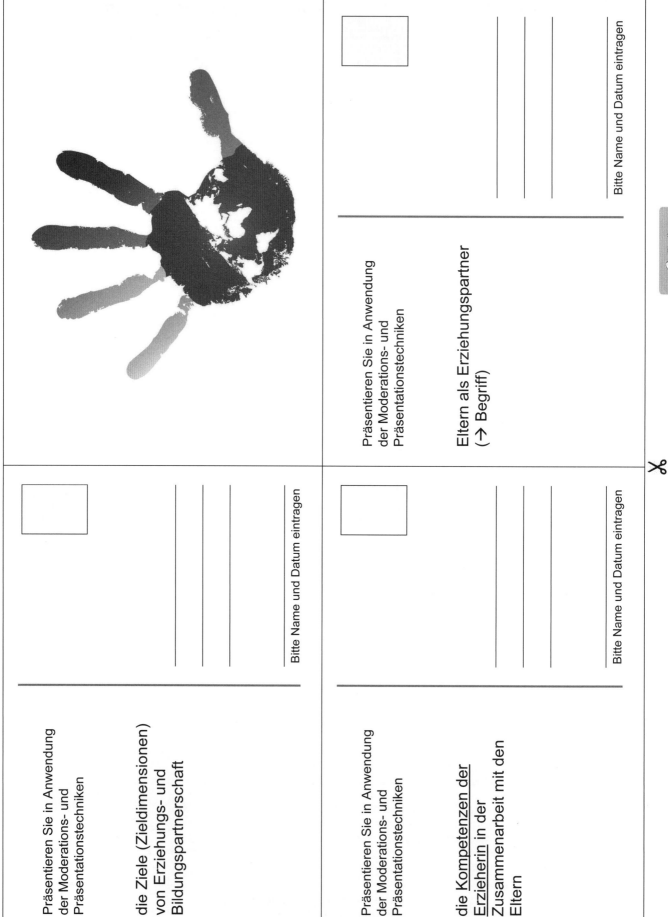

handwerk-technik.de • aus 4712 • Hanna Heinz

LERNFELD 5 Erziehungs-/Bildungspartnerschaft

Präsentieren Sie in Anwendung der Moderations- und Präsentationstechniken

die Erwartungen von Eltern im Kontext von Elternkooperation

Bitte Name und Datum eintragen

Präsentieren Sie in Anwendung der Moderations- und Präsentationstechniken

Qualitätsstandards in der Erziehungspartnerschaft

Bitte Name und Datum eintragen

Präsentieren Sie in Anwendung der Moderations- und Präsentationstechniken

die Entwicklung von Resilienz im Zusammenhang mit Elternkooperation

Bitte Name und Datum eintragen

Präsentieren Sie in Anwendung der Moderations- und Präsentationstechniken

Faktoren gelingender Elternkooperation und deren Bedeutung

Bitte Name und Datum eintragen

LERNFELD 5 Erziehungs-/Bildungspartnerschaft

Karte 1:

Präsentieren Sie in Anwendung der Moderations- und Präsentationstechniken

als Formen von Kommunikation mit einzelnen Eltern:
- das Anmeldegespräch und
- das Tür- und-Angel-Gespräch

Karte 2:

Präsentieren Sie in Anwendung der Moderations- und Präsentationstechniken

als Formen von Kommunikation mit einzelnen Eltern:
- die Elternsprechstunde mit einem Gesprächsleitfaden für ein Problemgespräch

---

Karte 3:

Präsentieren Sie in Anwendung der Moderations- und Präsentationstechniken

als Formen von Elternkooperation mit einzelnen Eltern:
- die elternbezogenen Hilfemaßnahmen und
- telefonische Kontakte

Karte 4:

Präsentieren Sie in Anwendung der Moderations- und Präsentationstechniken

als Formen von Elternkooperation mit einzelnen Eltern:
- den offenen Kindergarten sowie
- den Hausbesuch, außerdem einrichtungsunterstützende Formen von Erziehungspartnerschaft

---

Jede Karte: *Bitte Name und Datum eintragen*

handwerk-technik.de • aus 4712 • Hanna Heinz

LERNFELD 5

Erziehungs-/Bildungspartnerschaft

Präsentieren Sie in Anwendung der Moderations- und Präsentationstechniken

als Formen von Elternkooperation mit Elterngruppen:
- den Elternabend in verschiedenen Ausführungen

Bitte Name und Datum eintragen

Präsentieren Sie in Anwendung der Moderations- und Präsentationstechniken

als Formen von Elternkooperation mit Elterngruppen:
- den Tag der offenen Türe und
- das Elternfest

Bitte Name und Datum eintragen

Präsentieren Sie in Anwendung der Moderations- und Präsentationstechniken

als Formen von Elternkooperation mit Elterngruppen:
- das Elterncafé und
- Ausflüge mit Eltern

Bitte Name und Datum eintragen

Präsentieren Sie in Anwendung der Moderations- und Präsentationstechniken

als Formen von schriftlicher Kommunikation mit Eltern:
- die Elternbefragung und
- die Informationstafel (SchwarzesBrett)

Bitte Name und Datum eintragen

---

handwerk-technik.de • aus 4712 • Hanna Heinz

LERNFELD 5 Erziehungs-/Bildungspartnerschaft

Präsentieren Sie in Anwendung der Moderations- und Präsentationstechniken

als Formen von schriftlicher Kommunikation mit Eltern:
- den Elternbrief und
- die Elternzeitung

Bitte Name und Datum eintragen

Präsentieren Sie in Anwendung der Moderations- und Präsentationstechniken

Möglichkeiten der Elternpartizipation

Bitte Name und Datum eintragen

Präsentieren Sie in Anwendung der Moderations- und Präsentationstechniken

im Rahmen von Erziehungspartnerschaften in verschiedenen Arbeitsfeldern:
- Elternkooperation im U3-Bereich

Bitte Name und Datum eintragen

Präsentieren Sie in Anwendung der Moderations- und Präsentationstechniken

im Rahmen von Erziehungspartnerschaften in verschiedenen Arbeitsfeldern: Elternkooperation
- in multikulturellen Einrichtungen und
- in Hort oder OGS

Bitte Name und Datum eintragen

---

handwerk-technik.de • aus 4712 • Hanna Heinz

LERNFELD 5 — Erziehungs-/Bildungspartnerschaft

Postkarte 1:

Präsentieren Sie in Anwendung der Moderations- und Präsentationstechniken

im Rahmen von Erziehungspartnerschaften in verschiedenen Arbeitsfeldern: Elternkooperation
- in der stationären Erziehungshilfe und
- bei Kindern mit besonderen Bedürfnissen

Bitte Name und Datum eintragen

Postkarte 2:

Präsentieren Sie in Anwendung der Moderations- und Präsentationstechniken

spezielle Programme zur Unterstützung der Erziehungskompetenzen der Eltern

Bitte Name und Datum eintragen

Postkarte 3:

Präsentieren Sie in Anwendung der Moderations- und Präsentationstechniken

im Rahmen von Erziehungspartnerschaften in unterschiedlichen Zusammenhängen:
- Elternkooperation in Transitionen

Bitte Name und Datum eintragen

Postkarte 4:

Präsentieren Sie in Anwendung der Moderations- und Präsentationstechniken

Bitte Name und Datum eintragen

LERNFELD 5

Erziehungs-/Bildungspartnerschaft

LERNSITUATIONEN: Erziehungspartnerschaften

LERNSITUATION 1

Elternpartnerschaft und Elternkooperation in der Krippe

Mira (2;5 Jahre) soll in die Kinderkrippe kommen, in der Sie arbeiten. Die Eltern sind beide berufstätig, Mira ist ihr erstes Kind. Die **Mutter** von Mira ist noch ziemlich jung, gerade erst in den Beruf eingestiegen und als Redakteurin der örtlichen Zeitung tätig. Der **Vater** ist beruflich ebenfalls sehr engagiert und arbeitet häufiger im Ausland.
Bei einem informellen Gespräch zwischen Tür und Angel haben Sie mit den Eltern kurz gesprochen und erfahren, dass die Mutter mit dem Gedanken, Mira schon so früh abzugeben, nicht besonders glücklich ist. Der Vater hingegen sieht es entspannter. Von Mira wissen Sie bisher nur, dass sie ein Frühchen war, und die Eltern sprachen von „Problemen mit dem Essen".

Kooperationskonzept Krippe
Erarbeiten Sie im Team/kollegial ein Kooperationskonzept für Mira und ihre Eltern:

a) Hinterfragen Sie Ihre Zielebenen in der Elternkooperation und Erziehungspartnerschaft: Kompetenzen (Richtzielebene), Grobziel, Feinziele.
b) Was können die Eltern für Mira im Zusammenhang mit der Betreuung in der Krippe leisten?
c) Benennen Sie den Zielen angemessene Formen der Elternkooperation. Berücksichtigen Sie dabei die unterschiedlichen Zielebenen. Erstellen Sie einen etwaigen Zeitplan für Ihr Vorgehen (siehe *Anlage 1*).
d) Welche Möglichkeiten der Partizipation können Sie den Eltern anbieten?
e) Welche Rolle spielt Transition in dieser Situation und wie können Sie unterstützen?
f) Spielen Sie in einem kleinen Rollenspiel ein Gespräch zwischen Ihnen und Miras Mutter nach, in dem Sie Rahmenbedingungen für den ersten Tag der Trennung absprechen. Bereiten Sie das Gespräch mittels Rollenkarten vor (siehe unten).

Rollenkarten

Mutter	Erzieher/-in

LERNFELD 5 Erziehungs-/Bildungspartnerschaft

Anlage 1

Plan zur Elternkooperation/Erziehungspartnerschaft

Zeitrahmen (ca.)	Zielsetzungen für Eltern und Kind	Mögliche Formen von Elternkooperation
Vor dem Eintritt		
1. Woche		
1. Monat		

LERNFELD 5 — Erziehungs-/Bildungspartnerschaft

Zeitrahmen (ca.)	Zielsetzungen für Eltern und Kind	Mögliche Formen von Elternkooperation
½ Jahr		
Danach		

LERNFELD 5 — Erziehungs-/Bildungspartnerschaft

LERNSITUATION 2

Elternpartnerschaft und Elternkooperation im Hort

Mira (6 Jahre) ist Schulanfängerin und gerade eben in die Schule gekommen. Sie hat sich nach 3 Jahren Kindergarten sehr auf die Schule gefreut. Allerdings macht ihr die ganztägige außerfamiliäre Betreuung ziemliche Probleme: Bisher wurde sie mittags von ihrer Mutter abgeholt und war zum Mittagessen und am Nachmittag zuhause.
Jetzt isst sie in dem **Hort**, in dem Sie als Erzieher/-in für Schulkinder 1. bis 3. Klasse verantwortlich sind. In der Gruppe wird Mira auch in der Freizeit und bei den Hausaufgaben betreut. Mira beklagt, dass es ihr zu laut sei, sie ist oft müde und sucht Rückzug.
Die **Mutter** arbeitet seit Miras Schuleintritt ganztätig im Beruf und ist über die Situation mit Mira belastet. Sie sieht Sie als Fachkraft in der Verantwortung, die Probleme „abzustellen" und mehr für Mira da zu sein - zumal die Miras Lehrerin den Eltern schon Schwierigkeiten mit der Konzentration im Unterricht zurückgemeldet hat. Sogar die Eltern geraten zunehmend in Konflikt über die Schwierigkeiten, weil Miras **Vater** das alles etwas zu „lässig" angehe, wie Ihnen die Mutter erzählte.

Kooperationskonzept Hort
Erarbeiten Sie im Team/kollegial ein Kooperationskonzept für Mira und ihre Eltern:

a) Hinterfragen Sie Ihre Zielebenen in der Elternkooperation und Erziehungspartnerschaft: Kompetenzen (Richtzielebene), Grobziel, Feinziele.
b) Was können die Eltern für Mira im Zusammenhang mit der Betreuung im Hort leisten?
c) Benennen Sie den Zielen angemessene Formen der Elternkooperation. Berücksichtigen Sie dabei die unterschiedlichen Zielebenen. Erstellen Sie einen etwaigen Zeitplan für Ihr Vorgehen (siehe *Anlage 1*).
d) Welche Möglichkeiten der Partizipation können Sie den Eltern anbieten?
e) Welche Rolle spielt Transition in dieser Situation und wie können Sie unterstützen?
f) Spielen Sie in einem kleinen Rollenspiel ein (Konflikt-)Gespräch zwischen Ihnen und Miras Mutter nach, bei dem Sie die aktuellen Schwierigkeiten der 6-jährigen Mira unter fachlichen Aspekten thematisieren und ggf. den Vorwürfen der Mutter begegnen.
Bereiten Sie das Gespräch mit Rollenkarten schriftlich vor (siehe unten).

Rollenkarten

Mutter	Erzieher/-in

LERNFELD 5

Erziehungs-/Bildungspartnerschaft

LERNSITUATION 3

Elternpartnerschaft und Elternkooperation in der Jugendarbeit

Mira (14 Jahre) und besucht regelmäßig mindestens dreimal die Woche das kommunale **Jugendzentrum**, indem Sie als Erzieher/-in arbeiten.

Gerne nutzt Mira das Freizeitangebot, das Sie an den Nachmittagen anbieten: Regelmäßig nimmt sie an einem Kampfsportkurs teil, sonst kommt sie sehr sporadisch. Seit einigen Wochen ist Mira auch an den Wochenenden abends in der Einrichtung. Sie genießt die „Techno-Abende" und ist gerne mit einer Gruppe Jugendlicher zusammen.

Gestern Nachmittag erschien ganz unvermittelt **Miras Mutter** im Jugendzentrum, auf der Suche nach ihrer Tochter. Dabei machte sie Ihnen als Fachkraft massive Vorwürfe, dass sich Mira in den letzten Wochen so verändert habe und überhaupt nicht mehr zuhause wäre. Überhaupt sei sie sehr verärgert über Miras Teilnahme an brutalen sogenannten sportlichen Angeboten in Ihrem Zentrum. Sie befürchte sogar, dass Mira dort in zwielichtige Gesellschaft geriete, Mira rauche bereits sporadisch und die Mutter könne nicht ausschließen, dass sie auch kiffe.

Kooperationskonzept Jugendarbeit

Erarbeiten Sie im Team/kollegial ein Kooperationskonzept für Mira und ihre Eltern:

a) Hinterfragen Sie Ihre Zielebenen in der Elternkooperation und Erziehungspartnerschaft: Kompetenzen (Richtzielebene), Grobziel, Feinziele.

b) Was können die Eltern, was kann die Mutter in der Situation leisten?

c) Benennen Sie den Zielen angemessene Formen der Elternkooperation. Berücksichtigen Sie dabei die unterschiedlichen Zielebenen. Erstellen Sie einen etwaigen Zeitplan für Ihr Vorgehen (siehe *Anlage 1*).

d) Welche Möglichkeiten der Partizipation können Sie der Mutter anbieten?

e) Welche Rolle spielt Transition in dieser Situation und wie können Sie unterstützen?

f) Spielen Sie in einem kleinen Rollenspiel ein (Konflikt-)Gespräch mit der Mutter, bei dem Sie sich mit der Lage von der 14-jährigen Mira und ihrer Mutter auseinandersetzen und auch den erhobenen Vorwürfen begegnen. Bereiten Sie das Gespräch mittels Rollenkarten vor (siehe unten).

Rollenkarten

Mutter	Erzieher/-in

LERNFELD 5

Anlage 2

Plan zur Elternkooperation/Erziehungspartnerschaft [Jugendliche]

Zeitrahmen (ca.)	Zielsetzungen für Eltern und Jugendliche	Mögliche Formen von Elternkooperation
Vor dem Eintritt (rückblickend)		
½ Jahr		
Später		

SZENARIO: Helen und Familie

[Zur Methode „Szenario" siehe Glossareintrag „Konstruktivistisches Planspiel, Rollenspiel"
→ siehe CD Didaktisches Glossar 1]

Helen

Helen ist 4;6 Jahre alt, sie ist zart, grazil, hat mittellanges blondes, leicht gewelltes Haar. Sie ist für ihr Alter groß gewachsen, ihre Extremitäten sind dünn, der Oberkörper leicht nach vorn geneigt. Ihr Gesicht ist oval und schmal. Bei der morgendlichen Begrüßung hat sie kalte Hände, die sie auch tagsüber beibehält. Sie war immer gesund, lediglich mit einer leichten Neigung, sich zu erkälten. Helen nimmt an den Dingen in ihrer Umgebung teil, sie hat Spaß mit anderen Kindern, bleibt aber auch sehr gern für sich. Sie steht zuschauend neben spielenden Kindern, lächelt und wandert dann weiter. Ergriffen von Freude oder Begeisterung erlebt man sie wenig, was sich darin zeigt, dass sie nicht von sich aus auf Spielverläufe zugeht; Einladungen anderer Kinder leistet sie jedoch Folge. Es fällt auf, dass vor allem jüngere Kinder sie zum Mitspielen animieren. Der Kontakt zu den Kindern in der Gruppe ist aufgrund der zurückhaltenden Art von Helen eher unauffällig. Bei Konflikten bleibt Helen bei sich, äußert sich nicht, wirkt nicht erregt oder gefühlsmäßig involviert, auch wenn sie die Vorgänge genau verfolgt. Helen hat zu allen Kindern in der Gruppe Kontakt, hat aber nicht direkt eine Freundin oder einen Freund.

Ihr Auftreten ist eher sanguinisch, mit einem Anteil Phlegma. Helen bewegt sich leichtfüßig und gewandt, macht kleine kurze Schritte, die fast ein wenig den Eindruck des Abhebens vom Boden erwecken. Diese Vorstellung wird verstärkt durch einen sporadischen Zehenspitzengang. Dabei nimmt Helen die Arme auch gern zur Seite wie Flügelchen. Im Garten erlebt man sie gern auf Baumstämmen oder Bordsteinkanten balancierend, wobei sie dann den Blick auf ihre Füße richtet und konzentriert wirkt. Auch bei Laufspielen ist Helen schnell und sicher in den Bewegungen und geschickt im Umsetzen von koordinierten Bewegungsabläufen, z. B. jongliert sie gern mit kleinen Softbällen oder Gummiringen. Bei Kreisspielen zeigt sie in ihrem Gesichtsausdruck sowie in der gebeugten Körperhaltung, wie unangenehm es ihr ist, in der Kreismitte zu stehen, um eine Aufgabe vor den Augen aller zu erfüllen – obwohl sie gerade bei Bewegungsspielen recht schnell reagieren kann. Mitunter lehnt sie es auch ab, in die Kreismitte zu kommen – die Tagesform entscheidet. In der Feinmotorik braucht sie im Vergleich zu gleichaltrigen Kindern viel Zeit, um beispielsweise etwas auszuschneiden. Die Haltung der Schere wechselt zwischen beiden Händen mit einer leichten Priorität der linken Hand, die sich auch beim Essen oder Malen zeigt.

Ihre gemalten Bilder sind fast immer farbig zart gehalten, auch wenn sie Wachsmalstiften verwendet. Sie greift häufig zu Buntstiften, nie zu Fingerfarben. Wird mit Wasserfarben gemalt, zeigt sie freudiges Interesse: Es scheint, sie beobachte das Fließen der Farbe. Immer verwendet sie viel Zeit und Ausdauer auf den Malprozess, sitzt oft noch allein am Maltisch oder braucht bei Bildungsangeboten weitere Zeit im Freispiel, um ihre Werke zu vollenden – die dann ganz still und heimlich in ihrer Kindergartentasche oder Schublade verschwinden. Nie zeigt sie von sich aus ihre Zeichnungen, die eher klein auf dem Papier erscheinen. Sie malt Standlinienbilder, die schablonenhafte Darstellungen klassischer Motive der Kinderzeichnung darstellen: Häuser, Bäume, Sonne und Wolken, Menschen – die als Kopffüßler in Erscheinung treten. Fordert man Helen auf, über ihre Bilder zu sprechen, erzählt sie vornehmlich von häuslichen Erlebnissen, z. B. wie sie mit ihrer Mutter im Garten ist oder die Oma besucht. Erfreut wirkt sie, wenn sie von ihrem Hund berichtet, den sie bei der Oma besucht, sowie von den anderen Tieren, die dort leben.

Ihr Lieblingslied erzählt ebenfalls von Tieren, sie hat es sich im Stuhlkreis bereits gewünscht („Onkel Jörg hat einen Bauernhof"). Am gemeinschaftlichen Singen beteiligt sie sich, ihre zarte, recht hohe Stimme hört man allerdings nur, wenn man neben ihr sitzt. Einfachere Stabspiele lässt sie gern erklingen; dabei kann sie auch ganz ungeniert experimentieren. Melodieinstrumente aus dem Orffschen Schulwerk nimmt sie zögerlich an oder weist sie von sich. Mit Instrumenten und mit anderen Dingen des Lebensumfelds geht sie achtsam um (z. B. mit Gläsern beim Geschirrspülen, mit Bilderbüchern in der Leseecke), dabei zeigt sie manchmal einen Schaden an einem Spiel oder Buch an.

LERNFELD 5 — Erziehungs-/Bildungspartnerschaften [Szenario]

Helen bevorzugt Spielmaterial zum Alleinspielen, besonders Puzzles. Ausdauernd verweilt sie daran, lässt sie unaufgeräumt liegen, wenn sie nicht fertig wird. Konstruktionsspiele nimmt sie weniger häufig auf, meist nur nach Aufforderung Dritter. Meist wird es dann ein Nebeneinanderspielen neben den anderen Kindern. Die Bauecke meidet Helen, dort sind ihr die Jungen zu wild (sagt sie).
Die Puppenecke sucht sie besonders gern auf, wenn erst wenige Kinder da sind oder wenn sie von Kindern aufgefordert wird, eine meist eher untergeordnete Rolle zu übernehmen, z. B. den Hund. Bei Spaziergängen oder im Garten ist Helen eher vorsichtig, sie mag kein nasses Gras und keine Pfützen; auch im Sandkasten sieht man sie kaum. Das Klettergerüst benutzt sie, wenn es frei ist, dann recht besonnen und vorsichtig: Sie probiert in kleineren Schritten nach oben zu kommen, sucht dazwischen immer wieder Bodenkontakt. Ist sie oben angelangt, strahlt ihr Gesicht und sie wirkt erhaben. Besonders gern und oft sucht sie die Schaukel auf: Sie genießt förmlich die luftige Bewegung, wirkt zufrieden und ausgeglichen.

Helen isst nicht alle ihr angebotenen Speisen: Beim gemeinsamen Mittagessen wählt sie aus, was sie essen mag, was nicht. Manche Speisen lehnt sie ab, wenn sie ihr zu würzig sind. Fleischspeisen isst sie weniger gern. Frischkost und Obst mag sie, vor allem, wenn sie diese von Zuhause mitbringt. Süße Kekse, Pudding, Kuchen u. Ä. liebt sie besonders.

Wird Helen irgendwelchen Beschäftigungen zugeführt, die sie im Moment oder grundsätzlich nicht so gern hat, bleibt sie stehen oder sitzen, reagiert nicht oder kann auch mal mit dem Fuß aufstampfen, um die Forderung abzuwehren. Selbst wiederholten Aufforderungen begegnet sie mit hartnäckigem Schweigen. Eine im Kindergarten gruppenübergreifende **Integrationsfachkraft** sucht regelmäßig einmal wöchentlich den Kontakt zu Helen: Je nachdem, in welcher Spielsituation sie gerade ist, weigert Helen sich unter Umständen, die Gruppe zur gezielten Förderung zu verlassen, weil sie sich im Spiel gestört fühlt. An anderen Tagen geht sie gelassen mit und nimmt die Angebote mehr oder weniger engagiert an.

Das Gespräch mit anderen Kindern sucht Helen wenig, der Kontakt wird eher mimisch oder gestisch hergestellt. Impulse zum Gespräch mit Erwachsenen kommen sehr selten von Helen, hingegen nimmt sie Gesprächsangebote je nach Tagesform und Situation an: Vor allem Gespräche, die sich allein mit einem Erwachsenen ergeben, sind möglich. Helen erzählt dann gern von ihrer Oma, bei der sie sich bevorzugt aufhält. Ihre Sprache ist leise, manchmal auch stockend, d. h., sie bricht Sätze ab, beginnt noch einmal. Grammatikalische Fehler kommen vor (vor allem bei Falldeklinationen). Helen verwechselt manchmal die Artikel bei Substantiven, hat Schwierigkeiten, den Plural zu bilden sowie die Zeiten richtig zu formulieren. Sie verschluckt einige Endungen, die Aussprache von „s" und „sch" gelingt ihr nicht, sodass sie leicht lispelt – alles in allem wirkt ihre Sprache holprig und ist wenig im Fluss. Zuhören mag Helen gern: So kommt sie sofort in die Leseecke, wenn eine Erzieherin ein Bilderbuch zeigt. Dann verfolgt sie gespannt und aufmerksam die Inhalte, was sich in Mimik und Blickkontakt äußert. Rückfragen beantwortet sie notgedrungen und meist mit Einwortsätzen. Märchen hört Helen laut Auskunft der Mutter sehr gern: Sie besitzt Märchen und andere Geschichten auf CD und DVD. Die Mutter ist bemüht, möglichst viele CDs zu kaufen, weil sie sich um die (aus ihrer Sicht auffällige) Sprachstörung der Tochter sorgt.

Helen lebt bei ihrer **Mutter**, die sich vor einem halben Jahr von ihrem Mann einvernehmlich trennte, bei dem der gemeinsame Sohn (7;8 Jahre) verblieb. Der Kontakt zu Bruder und Vater ist derzeit wegen der örtlichen Distanz eher schwierig. Die Familie trifft sich sporadisch, etwa einmal im Monat an einem Wochenende. Die Mutter ist wieder zurückgezogen in ihr früheres Umfeld, in dem auch die Oma wohnt. Die Mutter hat dort wieder eine berufliche Tätigkeit aufgenommen, die sie derzeit ziemlich fordert. Deshalb ist Helen am Wochenende oft bei Oma. Unter der Woche helfen die verlängerten Öffnungszeiten des Kindergartens der Mutter in der Betreuung von Helen – die bislang nur den Vormittag in der Einrichtung verbrachte.
Die Mutter berichtet von der Unterschiedlichkeit der beiden Geschwisterkinder: Helens Bruder ist ein kraftvolles Kind, der den schulischen Herausforderungen mit Leichtigkeit gewachsen ist. Er wurde vorzeitig eingeschult und ist Klassenbester. Der Bruder ist wie Helen zweisprachig aufgewachsen (der Vater spricht muttersprachig Englisch) und hat daher in der Schule Vorteile. Helen hingegen kann sich nicht mit der englischen Sprache arrangieren: Wenn der Vater sie in englischer Sprache anspricht, versteht sie ihn zwar, antwortet aber nicht. Darüber gab es Verstimmung mit ihrem Vater: Er wollte (nach Aussage der Mutter), dass Helen in seiner Muttersprache mit ihm spreche. Die Eltern sprechen in beiden Sprachen miteinander. Die Kinder seien im Verhalten wie Feuer und Wasser, sagt die Mutter, und liebten sich sehr. Vor allem abends beim Einschlafen weint Helen manchmal und ist traurig, weil ihr der Bruder fehlt: Sie haben viel miteinander gespielt.

LERNFELD 5

SZENARIO: Helen und Familie

Arbeitsauftrag

1. Bilden Sie ein Team aus jener Kindertagesstätte, in der Helen (4;6 Jahre) betreut wird.

2. Anhand der Szenario-Methode bearbeiten Sie folgende Aspekte und erschließen so Schritt für Schritt **Möglichkeiten gelingender Elternkooperation** und Erziehungspartnerschaft, bezogen auf Helen und ihre Familie.

3. Dabei entwickeln Sie 2 Szenarien der Entwicklung von Helen und ihrer Familie:

   - Ein **positives Extremszenario**, das Best-case-scenario:
     Es bezeichnet die günstigste mögliche Zukunftsentwicklung.

   - Ein **negatives Extremszenario**, das Worst-case-scenario:
     Es bezeichnet den schlechtesten möglichen Entwicklungsverlauf.

4. Achten Sie auf die typischen Merkmale eines Szenarios:

Merkmale eines Szenarios (nach Weinbrenner 2001)

- Szenarien sind *ganzheitlich*, d.h., alle relevanten Bestimmungsfaktoren des Problembereichs sollen erfasst werden.

- Szenarien sind *kreativ-intuitiv*, d.h., einzelne Daten und Bestimmungsfaktoren müssen zu anschaulichen, plastischen „Zukunftsbildern" verdichtet und ausgestaltet werden.

- Szenarien sind *partizipativ* und *kommunikativ*, d.h., sie können nur in einem offenen, rationalen Diskurs entwickelt werden, durch den sie ein hohes Maß an Plausibilität und Nachvollziehbarkeit erhalten.

- Szenarien sind *transparent*, d.h., es müssen alle Methodenschritte, Hypothesen, Informationen u.a. offen gelegt und begründet werden.

- Szenarien sind *kritisch*, d.h., sie bieten zahlreiche Anlässe zur Selbstreflexion.

- Szenarien sind *politisch*, d.h., sie modellieren erwünschte bzw. unerwünschte gesellschaftliche Entwicklungen und haben somit die Funktion eines „Frühwarnsystems", das ein rechtzeitiges Eingreifen und Umsteuern ermöglicht.

- Szenarien sind *multidimensional* und *interdisziplinär*, d.h., sie stellen eine Methode dar, die vernetztes, systemisches und interdisziplinäres Denken ermöglicht und sich nicht nur auf kausalanalytische Ursache-Wirkungs-Beziehungen beschränkt.

- Szenarien sind *praktisch*, d.h., sie fordern zu aktivem Mitwirken und Gestalten erwünschter zukünftiger Entwicklungen auf und entwickeln Strategien und Maßnahmen für die Veränderung der Situation im Lichte allgemein anerkannter (pädagogischer)Zielvorstellungen.

---

5. **Arbeiten mit dem Szenario-Trichter:** Der Trichter symbolisiert Komplexität und Unsicherheit, bezogen auf die Zukunft: Je weiter man von der heutigen Situation in die Zukunft geht, desto größer wird die Unsicherheit und desto umfassender und vielfältiger wird die Komplexität (Reibnitz 1991, S. 26).

   a) Legen Sie die Teile des Szenario-Trichters aneinander/pinnen Sie die Teile an die Tafel und lesen Sie Schritt für Schritt, was zu tun ist.

   b) Legen Sie gleichzeitig die leeren Trichterteile auf (s. Anlage auf CD) und erarbeiten Sie die einzelnen Schritte in Bezug auf Helen und ihre Familie.

   c) Am Ende sollten sich verschiedene sinnvolle Möglichkeiten von Elternkooperation und Erziehungspartnerschaft für Helen bzw. ihre Familie ergeben haben.

LERNFELD 5 — Erziehungs-/Bildungspartnerschaften [Szenario]

Anlage 1: Szenario-Trichter

I. Problemanalyse

Ausgangspunkt jedes Szenarios ist die Fragestellung um Helen und ihre Familie, d.h., Mitglieder des Teams sehen einen Sachverhalt, der als lösungsbedürftig und prinzipiell lösungsfähig angesehen wird und zu dem unterschiedliche Lösungsansätze angeboten werden können (Kontroversität).

Folgende **Leitfragen** könnten die Problemdefinition erleichtern:
- Welche Erscheinungen sind zu beobachten, bezogen auf die familiäre Situation von Helen?
- Wer ist betroffen?
- Welche Fakten, Hypothesen und Zusammenhänge sind bekannt?

Am Ende der Problem- und Aufgabenanalyse sollte eine genaue **Aufgabenbeschreibung** stehen.

II. Phase der Umfeldanalyse und Deskriptorenbestimmung

In diesem zweiten Schritt geht es darum, alle **Einflussbereiche** zu identifizieren, die auf das Umfeld unmittelbar einwirken. An dieser Stelle wird bereits der enge Zusammenhang von Szenariotechnik und Systemanalyse deutlich. In einem schrittweisen Annäherungsprozess geht es jetzt darum, einen Systemzusammenhang zu entwickeln, und zwar „vom Ganzen zum Detail" (Vester 1990). Nach der Bestimmung des Untersuchungsfeldes, hier die Familie rund um Helen, soll nunmehr durch die Bestimmung von Einflussbereichen und Einflussfaktoren ein Systembild entstehen, d.h., die einzelnen Variablen (Deskriptoren) bilden ein Wirkungsgefüge ab. Diese Festlegung ist zunächst spontan und intuitiv. Es ist ein Akt der kommunikativen Problemdefinition, in die Erwartungen, Interessen und Bedürfnisse einfließen.

III. Entwicklung und Ausgestaltung von Szenarien

Diese Phase kann als Höhepunkt der Szenario-Technik bezeichnet werden, da nunmehr aus den gewonnenen Faktorenanalysen und Deskriptorenbestimmungen ausführliche Szenarien, d.h. **ganzheitliche „Zukunftsbilder"** erstellt werden sollen, die in anschaulicher und sinnfälliger Weise mögliche Zukunftsentwicklungen und ihre Konsequenzen sichtbar und diskutierbar machen.

Trennen Sie sich als Team in dieser 3. Stufe, um jeweils ein Negativ- und ein Positivszenario zu entwickeln.

IV. Die Phase der Entwicklung von Strategien und Maßnahmen zur Problemlösung

In der abschließenden Phase wird an die Problemanalyse der Ausgangssituation angeknüpft: Aufgabenstellung ist, nunmehr die Konsequenzen aus den entwickelten Szenarien zu ziehen und Handlungs- bzw. Gestaltungsstrategien zu entwickeln, die dazu dienen, gewünschte Entwicklungslinien zu unterstützen und zu verstärken, sowie unerwünschten Entwicklungen entgegenzuwirken bzw. sie abzuschwächen.
Hierzu müssen die in der 2. Phase gefundenen Einflussbereiche und Einflussfaktoren sowie Deskriptoren noch einmal angeschaut werden, um herauszufinden, durch welche Strategien und Maßnahmen sie jeweils in die gewünschte Entwicklungsrichtung beeinflusst werden können.

Ziel ist die Erstellung eines Handlungskatalogs, der in Form einer Prioritätenliste aufgestellt werden kann.

- Was kann der Einzelne im Team tun? Interdisziplinäre Arbeit?
- Was können wir zusammen als Team tun?
- Was können externe Partner leisten?
- Welchen Beitrag können andere Bildungseinrichtungen leisten? Vernetzung?
- Was können andere Eltern tun?
- Was können ...?
- Was können die Politiker und der Staat auf den verschiedenen Ebenen tun (Kommunalpolitik, Landespolitik, Bundespolitik)?
- Welchen Beitrag kann die Wissenschaft leisten?
- Was können die Kirchen tun?

LERNFELD 5
Leistungsnachweis: Erziehungspartnerschaft

LEISTUNGSNACHWEIS: Elternkooperation

Name		Datum	
Klasse		Arbeitszeit	90 Minuten
Schwerpunkte	• Erwartungen und Kompetenzen der Eltern in der Erziehungspartnerschaft • Ziele und Qualitätssicherung von Elternkooperation		
Hilfsmittel	Keine		

Familienleben bei Benni

Sie arbeiten als Erzieher/-in im neukonzipierten Familienzentrum „Kindervilla Kunterbunt", mitten in einem Stadtteil, der u.a. einen großen Anteil von Menschen mit Migrationshintergrund hat, mittlerweile aus vielen verschiedenen Ländern und Kulturen. Die Eltern der Kinder kämpfen um eine geeignete Arbeit und damit finanzielle Absicherung ihrer oft großen Familien, sie haben noch Probleme, sich sprachlich zu verständigen und es gibt Kinder, die traumatisiert sind ob schwerwiegender Erlebnisse in früher Kindheit. Mütter treffen sich im *Internationalen Elterncafé* der Villa. Kinder werden betreut in einer Krippengruppe, einer Kindergartengruppe sowie einer offenen Hortgruppe. Die Kinder können über Mittag in der Einrichtung mit frisch gekochtem Essen versorgt werden.

Die Eltern von **Benni (8;11 Jahre)** betreiben eine kleine Gaststätte im Stadtviertel. Der Tag ist lang, die 3 Kinder der Familie sind seit 2 Jahren in der Kindertagesstätte, jetzt eben in der neuen „Kindervilla". **Mara (5;1 Jahre)** besucht die Kindergartengruppe. Dass die Unterbringung der Kinder – die der älteren Tochter **Anni (6;11 Jahre)** in der Hortgruppe sogar früher – schon um 17:30 Uhr endet, ist für die Eltern ein echtes Problem. Dann beginnt in der Küche des Gastbetriebs die Hochphase: Der Vater arbeitet in der Küche, die Mutter im Service. Die 3 Kinder sind dann im Umfeld des Hauses „unterwegs", z.B. bei einer Familie in der Nachbarschaft. Sie spielen gern draußen im Hof, die Kinder kennen sich aus der Schule. Verbliebene Hausaufgaben versucht die Mutter von Benni und Anni nebenbei zu betreuen, die Kinder erledigen sie an einem Tisch im Restaurant. Zuletzt wurden **Sie als Fachkraft** von Bennis Lehrerin angesprochen, sich doch um zuverlässigere Erledigung der Aufgaben zu kümmern. Seine Versetzung sei gefährdet. Ein Gespräch mit der Mutter scheiterte einmal – sie hatte den Termin vergessen. Bei den Elternabenden fehlen die Eltern in der Regel – sie müssen arbeiten. Aus Bennis Erzählungen wissen Sie, dass die Kinder in der elterlichen Wohnung über der Gaststätte viel Zeit mit diversen Medien verbringen. Benni ist manchmal recht müde, wenn er am Nachmittag im Hort ankommt, schlief bereits auf dem Sofa ein. Alle 3 Kinder fallen wegen Adipositas auf.

1. Erläutern Sie konkret, auf welchen Ebenen Sie eine Qualitätssicherung in der Kooperation mit den Eltern von Benni und seinen Geschwistern erreichen wollen. *25 Pkt.*

LERNFELD 5 Leistungsnachweis: Erziehungspartnerschaft

2. Analysieren Sie die vorliegende Handlungssituation und ergänzen Sie diese mit
Fragestellungen, die Ihnen bedeutsam erscheinen für Ihr weiteres Vorgehen. *30 Pkt.*

→
→
→

LERNFELD 5 Leistungsnachweis: Erziehungspartnerschaft

3. Entwickeln Sie ein Handlungskonzept unter Berücksichtigung von Erziehungs- und Bildungspartnerschaft als Möglichkeit positiver Einflussnahme. *15 Pkt. – 30 Pkt. – 50 Pkt.*

3.1 Welche Voraussetzungen bzgl. Menschenbild leiten Ihre pädagogische Arbeit, und welchen Leitzielen folgen Sie in der Arbeit am Kind und in der Erziehungs- und Bildungspartnerschaft mit den Eltern?

3.2 Welche Grundsätze leiten Sie in der Wahl der Ziele für die Kinder und deren Eltern?

Formulieren Sie mittelfristige sowie längerfristige Zielsetzungen in Ihrer pädagogischen Arbeit für die Geschwisterkinder bzw. deren Eltern. Reflektieren Sie Ihre Zielebenen: Kompetenzen (Richtzielebene), Grobziel, Feinziele.

LERNFELD 5 — Leistungsnachweis: Erziehungspartnerschaft

3.3 Welche didaktischen Maßnahmen, ausgehend vom fachspezifischen Schwerpunkt „Elternkooperation", planen Sie für die offene Hortgruppe und individuell für die Geschwisterkinder und deren Eltern?

(Fortsetzung →)

LERNFELD 5 — Leistungsnachweis: Erziehungspartnerschaft

Fortsetzung 3.3

3.4 Welche Möglichkeiten von Dokumentation, Reflexion und Evaluation sehen Sie für Ihre Arbeit mit Kindern und Eltern?

LERNFELD 6 — Team entwickeln

Methoden der Kooperation im Team

Methode 1 Kollegiale Beratung

Methode 2 Die Kita als lernende Organisation

METHODE 1

Kollegiale Beratung

Sich gegenseitig unterstützen - das ist nicht nur im Klassenplenum in Form von *Schülermentorat* oder *Lernpartnerschaften* oder *Lernpatenschaften* sinnvoll: Vor allem im beruflichen Kontext ist es Teil der Teamarbeit, Methoden anzustreben, die systematisch, also strukturell verankert, eine lösungsorientierte, konstruktive gemeinsame Arbeit ermöglichen und damit Qualität sichern.

Welche Voraussetzungen braucht kollegiale Beratung?

Die Teilnehmer einer kollegialen Beratung brauchen berufliche Kompetenzen, grundlegende Erfahrungen und Fertigkeiten in Bezug auf professionelle Haltungen sowie in der Gesprächsführung: Wertschätzung, Empathie und Echtheit, aktives Zuhören, Feedback geben können u.a.

Außerdem sollte das Team ohne größere interne Spannungen oder Probleme sein. In einem solchen Fall würden die Voraussetzungen für eine konstruktive Arbeit in Frage stehen: die Teilnehmer wären eher nicht bereit, ihre Arbeit offen zu legen, gemeinsam neue Impulse zu setzen bzw. sich beraten zu lassen. In einer solchen Situation sollte eine außengeleitete Beratung (vgl. Supervision) angestrebt werden.

Die internen Voraussetzungen für eine gelingende kollegiale Beratung sind
→ **Vertrauen:** Die Teilnehmer vertrauen sich und können offen miteinander sprechen.
→ **Vertraulichkeit:** Die besprochenen Situationen, Inhalte, Probleme werden streng vertraulich behandelt, dringen also nicht nach außen.
→ **Unterstützung:** Die Teilnehmer wollen sich gegenseitig unterstützen, beraten u.a.
→ **Wertschätzung:** Die Teilnehmer begegnen sich wertschätzend und ermöglichen damit einen offenen Austausch.

(In Anlehnung an Tietze 2017)

Was ist kollegiale Beratung?

Bei der kollegialen Beratung unterstützen sich Kollegen gegenseitig, indem sie Schlüsselthemen und -prozesse ihrer Arbeit besprechen, reflektieren, verbessern. Das können immer wiederkehrende Situationen innerhalb der Einrichtung sein, Probleme, Praxisfragen u.v.m.

An einer kollegialen Beratung nehmen i.d.R. 6-8 Mitarbeiter einer Einrichtung teil, die sich in regelmäßigen Abständen treffen. Dabei übernimmt ein Kollege/eine Kollegin die Rolle des **Moderators** und versucht, durch die Moderation das beratende Gespräch der Kollegen zu dem gewählten Thema zu strukturieren: zusammenfassen, Fragen ordnen, Erfahrungen bündeln, Ideen aufgreifen, die die Kollegen als Lösungsansätze diskutieren.

Die kollegiale Beratung zu einem Thema, Fall o.Ä. sollte 60 Minuten nicht überschreiten, gleichwohl können mehrere Fallbesprechungen innerhalb einer kollegialen Beratung stattfinden.

Die Rollen innerhalb der kollegialen Beratung wechseln je nach Situation und Beratungsinhalt. Es kommt im Gegensatz zur Supervision kein Berater oder Experte von außen ins Team.

LERNFELD 6 Team entwickeln

Warum sollten Sie sich kollegial beraten?

Der berufliche Alltag ist verbunden mit häufig wechselnden Anforderungen, stets neue, oft schwierige Fragen und Situationen tun sich in den verschiedenen beruflichen Arbeitsfeldern auf, gesellschaftliche Zusammenhänge werden immer komplexer, die Menschen immer individueller, Kinder oftmals immer bedürftiger. Kollegiale Beratung unterstützt professionelle Kommunikation und Kooperation: Sie ist lösungszentriert, kann kollegiale Kräfte bündeln, berufliche Erfahrungen, z.B. durch Supervision im Team, in den Teamprozess integrieren, Handlungskompetenzen des einzelnen Teammitglieds erweitern.

- Sie ermöglicht dem **Team** einen Entwicklungsprozess: Durch die Verbesserung von Interaktions- und Kommunikationsfähigkeiten werden Qualitätssicherung und -verbesserung ermöglicht.

- Für den **einzelnen Mitarbeiter** bietet die kollegiale Beratung eine Qualifizierung in professionellen Kompetenzen: Ideen für die Praxis und neue Perspektiven für eingefahrene Handlungsmuster sowie Führungs- und Arbeitsstil werden reflektiert; er erfährt Anteilnahme, Unterstützung und Erleichterung in schwierigen, beruflichen Situationen und Fragen, der Umgang unter den Mitarbeitern sowie mit Eltern kann verbessert werden, es findet ein Austausch über die Arbeitsbereiche, Aufgaben der Kollegen statt und der Teamzusammenhalt lässt sich optimieren.

- Letztlich bietet die kollegiale Beratung für die **Einrichtung** ein kostengünstiges Personalentwicklungsverfahren, das durch die Identifikation mit Team und Einrichtung, mit qualifizierten Mitarbeitern und innerhalb einer wertschätzenden Teamkultur zu effektiver und bereichernder Arbeitsleistung führt.

Wie verläuft eine kollegiale Beratung?

Nach Tietze (2017) verläuft ein solches Beratungsgespräch in festgelegten Phasen, sogenannten Modulen. In diesen Modulen übernehmen bestimmte Mitglieder des Teams unterschiedliche Aufgaben. Dabei schaffen die wiederkehrenden Abläufe der kollegialen Beratung den Teilnehmern Sicherheit, Berechenbarkeit und ein hohes Maß an Transparenz; andererseits ergeben sich durch die Methodenwahl Lebendigkeit für die kollegiale Arbeit und ein hohes Maß an situativem Vorgehen.

Die Module nach Tietze sind:

Casting – Spontanerzählung – Schlüsselfrage – Methodenwahl – Beratung – Abschluss

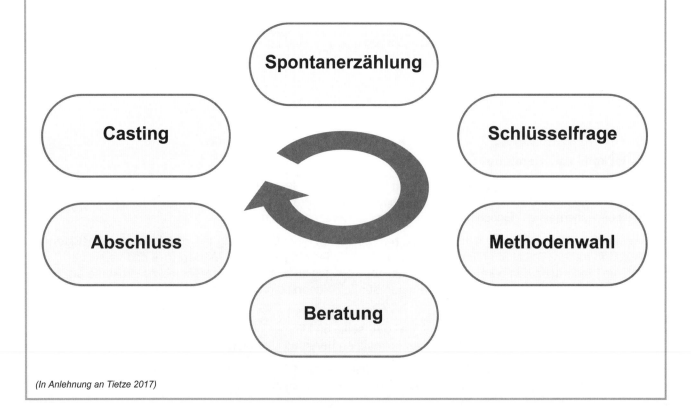

(In Anlehnung an Tietze 2017)

LERNFELD 6 Team entwickeln

Arbeitsauftrag

Führen Sie in einem Rollenspiel eine kollegiale Beratung zu einer Fallbesprechung durch.

Der Fall

Sie arbeiten als Erzieher/-in in einem dreizügigen Kindergarten in einer Großstadt.

Auch Helen (4;6 Jahre) gehört zur Gruppe.
Sie ist ein freundliches und hilfsbereites Kind, das gerne mit den jüngsten Mädchen der Gruppe in der Puppenecke spielt.
Sie haben den Eindruck, dass Helen manche Fragen und Aufforderungen nicht versteht und legen den Fokus Ihrer Beobachtungen auf Helens Sprachverhalten. Dabei stellen Sie fest, dass Helen Probleme in der Lautbildung und Aussprache hat. Sie lispelt, das „s" und spricht ein „d", anstelle eines „g". Der Wortschatz entspricht nicht ihrem Alter, vielmehr ist ihre Sprache wenig variantenreich und sehr einfach. Helens Mutter ist alleinerziehend und beruflich engagiert. Sie erleben sie im Umgang mit ihrer Tochter gestresst und oft in Zeitnot. Die Wochenenden soll Helen beim leiblichen Vater verbringen, was die Mutter offensichtlich belastend empfindet, wie sie Ihnen in einem Elterngespräch vor wenigen Wochen erzählte.
Das Gespräch erfolgte auf Ihre Initiative hin, um mit der Mutter einen vertrauensvollen Kontakt aufzubauen. Dabei kommen Sie auch auf Ihre Beobachtungen bezüglich Helens Sprache zu sprechen. Die Mutter reagierte entsetzt: Ihre Tochter habe keine sprachlichen Defizite und müsse auch nicht besonderen „Fördermaßnahmen" zugeführt werden.

1. Gehen Sie dazu in folgende Rollen, welche obligat sind für die kollegiale Beratung:

(in Anlehnung an Tietze 2017, www.kollegiale-beratung.de/)

Fallerzähler

Er (oder sie) bringt ein Schlüsselthema, eine Situation, eine Fragestellung, ein Problem in die Beratung ein: Er gibt die seiner Meinung nach wichtigen Informationen ein, formuliert eine oder mehrere Fragestellungen und kann auch eine Methode zur Bearbeitung des Falls vorschlagen.

Moderator

Er (oder sie) leitet die Gruppe durch die einzelnen Phasen der kollegialen Beratung. Bei der Spontanerzählung unterstützt er den Fallerzähler ggf. durch klärende Fragen. In jeder Phase der Beratung achtet er darauf, dass der Fallerzähler in seiner Autonomie geschützt bleibt und die Teilnehmer untereinander wertschätzend bleiben.

Berater

Die übrigen Teilnehmer übernehmen die beratende Rolle. Sie lassen sich vom Moderator für die Dauer der kollegialen Beratung leiten. Sie hören dem Fallerzähler aufmerksam zu, stellen Verständnisfragen und geben in der Beratungsphase ihre Ideen, Impulse und Perspektiven ein.

LERNFELD 6

Team entwickeln

2. Führen Sie jetzt die kollegiale Beratung entsprechend der 6 Module nach Tietze durch.
   Das Plakat (*Anlage*) kann Ihnen helfen, den Überblick zu wahren

(Tietze, www.kollegiale-beratung.de)

1 CASTING
Im Casting werden die Rollen besetzt: Fallerzähler – Moderator – Berater (und evtl. ein Sekretär). Die Gruppe einigt sich auf einen Moderator, der durch die weiteren Phasen führt. Der Moderator leitet die Besetzung der Rolle des Fallerzählers an. Fallerzähler kann jeder werden, der für ein Schlüsselthema oder eine schwierige Situation neue Perspektiven oder Lösungsideen erhalten möchte.
Die übrigen Teilnehmer nehmen die Rollen kollegialer Berater ein. Ein kollegialer Berater wird zum "Sekretär" für die Beratungsphase (Phase 5). Er unterstützt den Fallerzähler, indem er die Ideen der Berater mitschreibt.
(Tietze, www.kollegiale-beratung.de)

2 SPONTANERZÄHLUNG
Der Moderator bittet den Fallerzähler, von seinem Fall zu berichten. Der Fallerzähler braucht sich auf die Darstellung nicht vorzubereiten. Der Fallerzähler berichtet der Gruppe und hat dafür etwa 10 Minuten Zeit. Er schildert die Informationen, die aus seiner subjektiven Perspektive notwendig sind, um den Fall einigermaßen zu verstehen. Der Moderator unterstützt den Fallerzähler durch klärendes und fokussierendes Fragen. Die Berater halten sich in dieser Phase zunächst zurück. Am Ende der Zeit lässt der Moderator noch 2 bis 3 Verständnisfragen der Berater zu.

3 SCHLÜSSELFRAGE
Der Moderator bittet den Fallerzähler zu formulieren, welche Schlüsselfrage er in Bezug auf sein Thema an die Berater hat. Der Fallerzähler formuliert seine Schlüsselfrage, wobei er vom Moderator unterstützt wird. Die Schlüsselfrage soll umreißen, was sich der Fallgeber als Ziel in dieser kollegialen Beratung wünscht. Wenn der Fallerzähler Schwierigkeiten mit der Schlüsselfrage bzw. dem Ziel der kollegialen Beratung hat, kann die Gruppe eine Schleife vollziehen.
Gemeinsam kann man in einer ersten Beratungsphase „Schlüsselfrage (er-)finden", um dem Fallerzähler Vorschläge für eine Schlüsselfrage anzubieten. Dann kann die Gruppe zum nächsten Schritt gehen.

4 METHODENWAHL
Der Moderator leitet die Auswahl eines Beratungsmoduls an, das zur Bearbeitung der Schlüsselfrage in der gewünschten Zielrichtung dient. Der Fallerzähler kann ein Beratungsmodul vorschlagen, die Berater auch. Der Moderator trifft in Abstimmung mit den Anwesenden die Entscheidung. Vor Beginn der Durchführung erläutert er das Vorgehen nach diesem Modul kurz.
Die hier dargestellten Beratungsmodule sind eine kleine Auswahl aus einer umfangreicheren „Methodenkiste" (vgl. Tietze 2017). Eine Auswahl an Modulen für diese Phase, mit denen sich für den Anfang schon arbeiten lässt:

 Ideen sammeln/ Brainstorming   Kopfstand-Brainstorming   Schlüsselfrage (er-)finden

 Actstorming   Resonanzrunde   Gute Ratschläge

Arbeiten Sie ggf. mit den genannten und im Weiteren beschriebenen Methoden – und nehmen Sie Ihnen geläufige Methoden in Ihre kollegiale Beratung mit auf. Ergänzen Sie in diesem Fall die „Methodenkiste" mit diesen bekannten Vorgehensweisen.

LERNFELD 6 — Team entwickeln

 Ideen sammeln / Brainstorming

Das Sammeln von Ideen ist eine Methode, die man dann auswählen kann, wenn der Fallerzähler ausdrücklich eine Vielfalt von Lösungsideen wünscht, etwa bei einer Schlüsselfrage wie: "Was kann ich alles tun, damit mein Vorgesetzter mich bei meinem Projekt unterstützt?". Beim Brainstorming – wie überhaupt in dieser Phase der kollegialen Beratung – gelten für die Beiträge vier wichtige Regeln, auf die der Moderator ausdrücklich hinweisen sollte:
Jede Idee ist erlaubt! Andere Ideen können aufgegriffen und weiterentwickelt werden! Keine Kritik oder Killerphrasen! Quantität vor Qualität!
Da beim Brainstorming durch das Einhalten dieser Regeln immer eine große Anzahl von Ideen entstehen, sollte ein Teilnehmer die Ideen für den Fallerzähler mitschreiben.

 Kopfstand-Brainstorming

Die Schlüsselfrage des Fallerzählers wird "auf den Kopf gestellt" und damit in ihr inhaltliches Gegenteil verkehrt. Die Berater sammeln Ideen dazu, wie der Fallerzähler genau das Gegenteil dessen erreichen könnte, was er eigentlich beabsichtigt. Diese Methode ist eine gute Alternative zur Ideensammlung / Brainstorming und erzeugt oft ungewöhnliche Perspektiven für festgefahrene Situationen.
Beispiel: Statt zur Schlüsselfrage "Wie kann ich Mitarbeiter Schulze dazu bewegen, gezielter an seinen Aufgaben zu arbeiten?" wird eine Ideensammlung zur Schlüsselfrage durchgeführt: "Wie kann ich Mitarbeiter Schulze darin unterstützen, sich noch weniger seinen eigentlichen Aufgaben zu widmen?". Der Moderator macht zunächst einen Vorschlag, wie die Kopfstand-Schlüsselfrage lauten könnte. Wenn diese Kopfstand-Schlüsselfrage passt und ein Kollege gefunden wurde, der die Ideen mitprotokolliert, dann gibt der Moderator das Startsignal für die zehnminütige Ideensammlung. Am Ende fragt der Moderator den Fallerzähler, ob die gesammelten Ideen wieder "zurück auf die Beine gestellt" werden sollen. Bejaht der Fallerzähler dies, dann werden die Ideen nacheinander wieder umformuliert.

 Schlüsselfrage (er-)finden

Wenn der Fallerzähler nach seinem Spontanbericht sich nicht in der Lage sieht, eine Schlüsselfrage zu formulieren, dann schlägt der Moderator vor, als (erstes) Beratungsmodul das Erfinden der Schlüsselfrage durchzuführen. Er bittet die Berater, fünf Minuten lang Ideen zu sammeln, was denn nun die Schlüsselfrage des Fallerzählers sein könnte. Hier kommt es nicht darauf an, eine "richtige" Schlüsselfrage zu finden, sondern vielmehr darauf, dem Fallerzähler viele unterschiedliche Schlüsselfragen anzubieten, aus denen er eine für sich passende auswählen kann. Nach Ende des Schlüsselfragen-Brainstorming wendet sich der Moderator an den Fallerzähler und erkundigt sich, welche der genannten Schlüsselfragen für ihn passend erscheint. Mit dieser Schlüsselfrage wird die kollegiale Beratung mit dem Schritt "Methodenwahl" fortgesetzt.

 Actstorming

Das „Actstorming" ähnelt dem Brainstorming, mit dem Unterschied, dass bei dieser Methode verschiedene Verhaltens- oder Formulierungsvorschläge in wörtlicher Rede gegeben werden. Actstorming eignet sich immer dann, wenn der Fallerzähler Ideen braucht, wie er sich einer Person gegenüber konkret verhalten soll, beispielsweise: "Mit welchen Formulierungen kann ich den Mitarbeiter auf sein störendes Verhalten ansprechen, ohne dass er gleich dicht macht?" oder "Wie soll ich das nächste Mal die Besprechung eröffnen, nachdem die letzte so chaotisch verlaufen ist?". Zum Actstorming kann in der Mitte ein kleines Szenario aufgebaut werden, das dem eines Rollenspiels ähnelt: ein Stuhl für die Ideenproduktion und ein weiterer Stuhl gegenüber für die Person, der etwas mitgeteilt werden soll. Der letztere Stuhl bleibt allerdings leer, er dient nur als Orientierungspunkt für die Ansprache der Ideengeber. Nacheinander setzen sich die Ideengeber auf den Stuhl des Protagonisten und nennen ihre Formulierungsvorschläge in Wortwahl und Tonfall, so dass der Fallerzähler sich die Beispiele anhören kann.

(Quelle: Tietze 2017, in Anlehnung an Redlich 1994)

LERNFELD 6

Team entwickeln

 Resonanzrunde

In der Resonanzrunde äußern die Anwesenden, was sie selber empfunden haben und was in ihnen gedanklich vorging, als sie dem Spontanbericht des Fallerzählers zuhörten. Es geht hier nicht um eine Ideensammlung oder Ratschläge an den Fallerzähler, sondern nur um Gefühle und Gedanken als Reaktion oder Resonanz auf den Spontanbericht. Die genannten Empfindungen der Teilnehmer können dem Fallerzähler Hinweise auf verschiedene Facetten seiner Erzählung geben. Oftmals erhält der Fallerzähler Anteilnahme und Verständnis für seine Lage, und das stärkt ihm den Rücken.
Zu beachten ist, dass die Berater nur von sich und ihren Eindrücken sprechen und somit als Resonanzkörper auf die Fallerzählung reagieren

 Gute Ratschläge

Auf Ratschläge reagieren wir oft mit innerem Unwillen, vor allem dann, wenn sie ungefragt erteilt werden. Bei dieser Methode geht es jedoch ausdrücklich darum, dem Fallerzähler sowohl ernstgemeinte als auch wilde Ratschläge zu erteilen. Eine Bedingung ist daran geknüpft: die Berater müssen jeden ihrer Ratschläge formelhaft einleiten mit „Ich gebe dir den Ratschlag, dass...", „Ich empfehle dir, ...", „An deiner Stelle würde ich..." oder auch „Mein Tipp an dich: ...". Durch diese Formeln wird unterstrichen, dass es sich nicht um versteckte Empfehlungen handelt und der Fallerzähler behält das Recht, Ratschläge abzulehnen oder anzunehmen.

Hier ist Platz für Ihre eigenen Methoden:

5 BERATUNG

Die Berater beraten den Fallerzähler zu seiner Schlüsselfrage nach den Prinzipien des Beratungsmoduls, das in der vorigen Phase ausgewählt wurde. Ein „Sekretär" notiert die Beiträge der Berater mit. Damit kann der Fallerzähler sich auf deren Inhalte konzentrieren. Die Berater formulieren ihre Beiträge nach Vorgabe des gewählten Beratungsmoduls. Der Fallerzähler hört in dieser Phase nur zu und lässt die Ideen der Berater auf sich wirken. Der Moderator wacht über die Einhaltung des Zeitrahmens von etwa 10 Minuten. Im Sinne des Fallerzählers achtet er darauf, dass die Berater nur einen Beitrag pro Wortmeldung abgeben und die Beiträge nicht zu schnell hintereinander erfolgen.

6 SCHLÜSSELFRAGE

Der Moderator wendet sich dem Fallerzähler zu und fragt ihn, welche Ideen der Berater er bedenkenswert und hilfreich in Bezug auf seine Schlüsselfrage findet. Der Fallerzähler nimmt Stellung zu den aus seiner Sicht hilfreichen Anregungen und bedankt sich abschließend für die Unterstützung durch die Berater. Der Moderator kann sich am Ende noch ein Feedback für die Art seiner Moderation einholen. Damit endet ein Zyklus der kollegialen Beratung, und die Gruppe kann mit einer Neuverteilung der Rollen (Casting) fortfahren.

LERNFELD 6 Team entwickeln

Anlage 1: Plakat

Phase	Was passiert?	Was ist das Ergebnis?	Wer trägt was dazu bei?
Casting	Die Rollen werden besetzt: Moderator, Fallerzähler, Berater.	Fallerzähler und Moderator nehmen ihre Rollen ein.	Der Moderator wird gesucht, Teilnehmer benennen ihr Thema kurz, ein Fallerzähler wird ausgewählt.
Spontanerzählung	Der Fallgeber gibt Informationen zu seinem Thema.	Alle Teilnehmer haben den Fall in groben Zügen verstanden.	Der Fallerzähler berichtet und wird dabei vom Moderator begleitet.
Schlüsselfrage	Eine Schlüsselfrage wird gesucht.	Alle Teilnehmer haben die Schlüsselfrage des Fallerzählers verstanden.	Der Fallerzähler formuliert eine Schlüsselfrage und wird dabei vom Moderator unterstützt.
Methodenwahl	Ein Beratungsmodul aus dem Methodenpool wird gewählt.	Die Methode zur Bearbeitung der Schlüsselfrage steht fest.	Der Moderator leitet die Auswahl eines Moduls an, der Fallerzähler und die übrigen Teilnehmer machen Vorschläge.
Beratung	Die Berater geben ihre Ideen und Vorschläge im Stil des ausgewählten Beratungsmoduls.	Der Fallerzähler hat Ideen und Anregungen gemäß der Methode erhalten.	Die Berater formulieren ihre Beiträge passend zur Methode, der Moderator achtet auf die Zeit, ein Sekretär notiert die Beiträge mit.
Abschluss	Der Fallerzähler resümiert die Beiträge der Berater und nimmt abschließend Stellung.	Die kollegiale Beratung ist abgeschlossen.	Der Fallerzähler berichtet, welche Anregungen für ihn wertvoll waren und bedankt sich abschließend.

LERNFELD 6 Team entwickeln

METHODE 2

Die Kita als lernende Organisation
Burkhard K. Müller

Arbeitsauftrag
Erarbeiten Sie den nachstehenden Fachtext durch Strukturlegen:
- Differenzieren Sie nach den Begriffen „der Einzelne" - „die Organisation". Gestalten dazu ein Plakat, indem Sie die Inhalte zuordnen.
- Gehen Sie der Frage nach, wie Kinder lernen. Was sagt der Text dazu? Versuchen Sie einen Transfer auf die lernende Organisation.
- „Dienstleistungsorientierung" - „Lebensweltorientierung"! Gestalten Sie ein Plakat (Strukturlegen), auf dem Sie mit Textbausteinen das Verhältnis der Begriffe abbilden.

 Anlage auf CD-ROM

Burkhard K. Müller, Sozialpädagogische Institutionen als lernende Organisation (6 Seiten)

LERNFELD 6 Team entwickeln

Sozialpädagogische Institutionen als lernende Organisation

Burkhard K. Müller

1. Was meint der Begriff „lernende Organisation"?

Sieht man die Literatur zur Organisationsentwicklung auf diesen Begriff hin durch, so fällt auf, dass er immer dort auftaucht, wo es um Gegenmodelle zu hierarchisch gegliederten, nach bürokratischen Zuständigkeiten und mechanischen Funktionsprinzipien aufgebauten Organisationsmodellen geht, die nach dem Prinzip funktionieren: „Der Kopf der Organisation denkt und lenkt, die Untergliederungen führen aus". Immer deutlicher wird, wie schlecht das funktioniert, vor allem in Bereichen, wo bei komplizierten Außenbedingungen sehr komplexe Leistungen zu erbringen sind (z. B. bei scharfer Konkurrenz nicht nur Autos zu bauen, sondern bessere, ja, fehlerfreie Autos zu bauen; oder: trotz Sparzwängen nicht nur Kinder aufbewahren, sondern sie vielseitig zu fördern).

Deshalb werden Modelle entwickelt, die die *Selbststeuerungsfähigkeit* der Organisation in den Mittelpunkt stellen. Geißler definiert: „**Organisationslernen kann als ein Prozess verstanden werden, in dem sich das Selbststeuerungspotential der Organisation im Umgang mit ihrem Kontext und mit sich selbst verändert**" (1995, S. 10). **Lernen, so ist damit angedeutet, ist immer ein selbstreflexiver Vorgang.** Wenn der Kopf denkt und der Rest pariert, dann nennt man das Konditionierung oder Dressur (2). Lernen aber ist etwas prinzipiell anderes als mechanische Anpassung an veränderte Bedingungen. Es meint aktives Reagieren, was nur möglich ist, wenn eine Organisation *sich selbst* auf eine Veränderung einstellen kann, was wiederum nur möglich ist, wenn die Organisation *sich selbst* verändern kann. Auch ein Mensch kann nur lernen, wenn er sich nicht nur als passives Objekt von Veränderungen fühlt, sondern ein aktives Verhältnis zu seinen eigenen Fähigkeiten hat.

sächlich eine Art von Lebewesen sind und keineswegs nur die rational funktionierenden, fast maschinenhaften Regelwerke, die sich frühere Organisationstheoretiker (z. B. Mayntz 1968) vorstellten. Organisationen haben zwar rationale Zwecke und Ziele – man hofft es mindestens – aber sie funktionieren nur sehr begrenzt auf rationale Weise – wie Leute eben auch. Das was „aus dem Bauch heraus kommt" (eines Menschen oder einer Organisation) bestimmt das Verhalten oft mehr als das, was der Kopf denkt und lenkt, egal, ob man das gut findet, oder nicht. Wenn also Organisationen quasi menschliche Eigenschaften zugeschrieben werden, z. B., dass sie „jung und dynamisch" oder „alt und erstarrt" sein können, dass sie „gesund" oder „krank" sein können, dass sie überfordert oder unterfordert sein können, dass sie ein Wertesystem und sogar eigene Glaubensüberzeugungen bzw. eigene „Moral" haben, dass sie geistig lebendig oder steril und tot sein können, dann ist das ziemlich wörtlich gemeint und nicht nur bildliche Redeweise.

Organisationen als sich selbst steuernde Systeme zu verstehen meint demnach nicht in erster Linie, dass es da Leitung, Hierarchie, Personalräte, Arbeitsplatzbeschreibungen etc. gibt, die dafür sorgen, dass das Ganze irgendwie funktioniert. Das auch; vor allem aber, dass Organisationen sozial-kulturelle Gebilde sind, ja sogar eine Art von Bewusstsein ihrer selbst haben, welches sie de facto steuert. Diese „organisationskulturelle", oder „ethnographische" (Klatzetzki 1993) Perspektive geht weiter davon aus, dass Organisationen Vorstellungen, innere Bilder über sich und ihre Umwelt entwickelt haben, auch über ein Gedächtnis ihrer eigenen Geschichte verfügen. Dieses baut sich aus gemeinsamen Erfahrungen auf und funktioniert ganz ähnlich wie ein menschliches Gedächtnis. Natürlich nur als Resultat all der Erinnerungen, Vorstellungen und Bilder, die sich

LERNFELD 6

Konzeptionsentwicklung

KONZEPTIONSentwicklung Diagramm

KONZEPTION ist ...	ZIELE sind ...	INHALTE sind ...
Auf der Basis folgender rechtlicher Grundlagen	Unter Beteiligung von	Äußere Form

Produktentwicklung   Prozessentwicklung

KONZEPTION

(Fortsetzung →)

LERNFELD 6 — Konzeptionsentwicklung

Konzeptionelle sozialpädagogische Arbeit – ihre Methoden

- Case work
- Gemeinwesenarbeit
- Lebensweltorientierung
- Soziale Gruppenarbeit
- Klientenzentrierte Gesprächsführung
- Empowerment

LERNFELD 6

Konzeptionsentwicklung: Bauernhofkindergarten

Ein Bauernhof bietet ein unerschöpfliches Angebot an Erfahrungs-, Lern- und Spielmöglichkeiten. Hier können Kinder verschiedene Nutztiere in artgerechter Haltung kennenlernen, sie erleben und begreifen. Die Begegnung mit der Natur in ihren verschiedenen Erscheinungsformen, ob im eigenen Außenbereich, im Bauerngarten, auf dem Acker oder im Wald, erweitert und bereichert den Erfahrungsschatz der Kinder.

Das sind nur einige Aspekte, warum Sie sich als Erzieher/-in vor einem Jahr für die Gründung eines „Bauernhofkindergartens" entschieden. Der Kindergarten hat mittlerweile 2 Gruppen, eine ist eine Ganztagesgruppe. Ein Erzieher und eine Erzieherin führen die Gruppen mit Unterstützung durch eine Kinderpflegerin und eine Berufspraktikantin.

Jetzt ist es Zeit, endlich eine Konzeption für den Bauernhofkindergarten zu erarbeiten, um nach innen und außen klare Ziele Ihrer pädagogischen Arbeit zu dokumentieren und um für interessierte Eltern, neue Mitarbeiter/-innen und externe Kooperationspartner Transparenz herzustellen.

Arbeitsauftrag

Bereiten Sie die Erarbeitung einer Konzeption für einen Bauernhofkindergarten vor.

1. Arbeiten Sie im Team und gehen Sie arbeitsteilig vor. Die Säulen dieser Arbeit sind:

| Ziele, die mit der Konzeption angestrebt werden | Das Leitbild: Weltanschauliche Ausrichtung, Menschenbild, Bild vom Kind, sozialpädagogische Konzepte | Inhalte und Methoden der pädagogischen Betreuung-, Erziehungs- und Bildungsarbeit am Kind, mit den Eltern sowie mit externen Kooperationspartnern | Äußere Rahmenbedingungen: Wer erarbeitet die Konzeption, den Namen der Einrichtung, die Zielgruppe, die räumlichen wie zeitlichen Strukturen? |

2. Gehen Sie von einer Kindergartengründung in Ihrem eigenen Bundesland aus, sodass Sie sich auf die ländereigenen Bildungspläne (z.B. BEP) und pädagogischen Veröffentlichungen beziehen können.

3. Nutzen Sie fachlich fundierte Grundlagen zur Konzeptionsentwicklung, um Ihre eigene Idee des Kindergartens mit den fachlichen Ansprüchen an eine Kita schlechthin zu verbinden. Skizzieren Sie Ihr Konzept schriftlich und ausführlich.

4. Vergleichen Sie nach Abschluss Ihre Arbeit mit bestehenden Konzeptionen im Internet.

LERNFELD 6 Konzeptionsentwicklung

SIMULATIONSSPIEL:
Teamsitzung zur Konzeptionsentwicklung

Arbeitsauftrag

Erarbeiten Sie in einer Teamsitzung die Grundlagen einer Konzeption für eine von Ihnen gegründete (fiktive) Kindertagesstätte.

Fallstudie

Endlich, es ist geschafft! In diesem September sind Kinder und Team in die neu gegründete und gebaute Kita am Stadtrand eingezogen.

Vier Gruppen stehen Kindern und Eltern jetzt zur Verfügung: Die beiden Elementargruppen bestehen aus 22 bzw. 23 Kindern im Alter von 3–6 Jahren. Dazu gibt es 2 Krippengruppen mit jeweils 10 Kindern im Alter von 1–3 Jahren.

Die Kinder werden pro Gruppe betreut von jeweils einer Erzieherin oder einem Erzieher als Vollzeitkraft und von einer Zweitkraft, einer Kinderpflegerin. In der Gruppe der Leiterin ist zusätzlich eine Berufspraktikantin tätig.

Alle sind glücklich, dass der Einzug ins neue Reich termingemäß möglich war, denn die Eltern warten schon lange auf eine gesicherte Betreuung ihrer Kinder.

Der Träger, die Stadt S., hat das Bauvorhaben anfangs etwas skeptisch gesehen, aber letztlich über politischen Druck und mit Zusage öffentlicher Gelder positiv begleitet. In der Endphase der Gründung ernannte die Stadt die neue Kita sogar zu einem Prestigeobjekt.

Was fehlt noch? Eine tragfähige Konzeption

Die ersten Treffen von Team, Eltern und Träger sind bereits vereinbart ...

[*Tipp:* Auf Wunsch kann sich an der selbst gegründeten Kita aus „Planspiel: Wir gründen eine ideale Kindertagesstätte" aus Lehrerhandbuch Erzieherausbildung Band 2 (Lernfeld 6) orientiert werden.]

Benötigtes Material:
Ausdrucke der Karten (je 1 Arbeitskarte für alle; div. Rollenkarten; 2 Ereigniskarten)
*3 Plakate zum Auslegen/Aufhängen (**Anlage 2**): Schritte; Strukturelemente; Methodischer Ablauf*
*Arbeitsblatt Reflexion anhand des Kompetenzquadrats (**Anlage 3**)*

LERNFELD 6 — Konzeptionsentwicklung

Arbeitskarte *(für alle)*

1. Bilden Sie in Ihrer Klasse 3 Teams.
2. Gehen Sie in die Rolle als Teammitglied, Vertreter des Trägers oder der Elternschaft. Tragen Sie dazu Anstecker/Klebeetiketten, auf denen Ihre Rolle steht.
3. Lesen Sie mittels der Rollenkarten, was Ihre spezifische Rolle ausmacht (Informationen zum Rollenverständnis).
4. Gehen Sie bei der Erarbeitung unbedingt nach den theoretisch erarbeiteten Kriterien (siehe Plakate in der Anlage 2) vor.
5. Recherchieren Sie in der Fachliteratur, im Internet, studieren und vergleichen Sie konkrete Beispiele von Konzeptionen aus der Praxis.

„Ereigniskarten" können als Impulskarten durch den Spielleiter in die Gruppen gereicht werden (z.B. Änderungen von Bedingungen).

Rollenkarte *Leitung*

Als erfahrene Sozialpädagogin erwarten Sie von einer tragfähigen Konzeption Aussagen über ein fachliches Fundament auf der Basis eines christlichen Menschenbildes.

Sie sehen in Ihrer Arbeit das kompetente Kind, welches Sie in einem konstruktivistischen Bildungsprozess begleiten wollen. Auf der Basis des Bildungsplans Ihres Landes wollen Sie die Bildungsarbeit verwirklichen.

Zunehmend wichtig erscheint Ihnen die Kooperation mit den Eltern, zumal viele noch recht junge Kinder eine lange Verweildauer in Ihrer Einrichtung haben. Außerdem sind die Familien ziemlich belastet aufgrund verschiedener Gegebenheiten.

Rollenkarte *Erzieherin*

Als junge Fachkraft (Erzieherin) freuen Sie sich auf den Wechsel in die neue Kita. Sie möchten für die Kinder und ihre Eltern da sein, die Sie seit September in der Krippengruppe betreuen. Schwierig erleben Sie, dass einzelne Eltern ihre Kleinkinder lange betreut wissen und die Öffnungszeiten möglichst breit angelegt sehen wollen. Aus pädagogischer Sicht haben Sie Bedenken, sehen aber gleichfalls die Not der Eltern.

Sie haben Ihr Berufspraktikum in einer Reggio-Einrichtung gemacht und das offene Konzept sehr geschätzt.

Rollenkarte *Erzieher*

Sie sind als männliche Fachkraft (Erzieher) in der Kindergartengruppe tätig. Eigentlich wollten Sie gern mit Schulkindern arbeiten, aber da erhielten Sie die Zusage der neuen, örtlich nahen Kindertagesstätte.

Spontan haben Sie sich für den Kindergarten (Elementargruppe) entschieden. Geregelte Arbeitszeiten bis 16 Uhr kommen Ihnen außerdem entgegen.

Sie haben zuvor in einem Waldkindergarten gearbeitet, das hat Ihnen viel Spaß gemacht. Deshalb haben Sie sich vorgenommen, mindestens einmal pro Woche mit den Kindern in den nahen Stadtwald zu gehen, um mit den Jungs dort richtig toben zu können. Bewegung und frische Luft haben noch keinem geschadet!

LERNFELD 6 — Konzeptionsentwicklung

Rollenkarte *Kinderpfleger/-in*

Als Kinderpfleger/-in unterstützen Sie eine Kollegin in der Krippengruppe. Sie lieben die Kleinkinder dort. Ihre Aufgaben sehen Sie besonders im pflegerischen Bereich beim Füttern und Wickeln.
Neulich gab es eine strittige Diskussion mit Ihrer Kollegin, weil sie als Bezugserzieherin eines 1-jährigen Mädchens nicht wollte, dass Sie das Wickeln als einen sensiblen Bereich übernehmen.
Aber schließlich sind Sie ja Kinderpfleger/-in und können das genauso gut!

Rollenkarte *Eltern: Stadtteil 1*

Sie sind ein türkisch-stämmiger Vater, der 3 Kinder in der Kita hat: Alle 3 Kinder besuchen den Kindergarten, ein Kind wurde von der Schule zurückgestellt, weil seine Sprachkenntnisse nicht so gut sind.
Sie arbeiten im Schichtdienst und sind so tagsüber oft bei Ihrer Familie. Ihre jüngere Tochter wird von Ihrer Frau zuhause betreut.
Sie wurden von vielen türkischen Eltern in den Elternbeirat gewählt, weil Sie gut deutsch sprechen und man sich wünscht, dass Sie die türkischen Eltern vertreten. Beispielsweise sind Ihnen Glaubensfragen wichtig.

Rollenkarte *Eltern: Stadtteil 2*

Sie sind alleinerziehende Mutter eines 2-jährigen Sohnes und froh, dass Sie endlich einen Krippenplatz gefunden haben. Allein für ein Kind zu sorgen, ohne Berufsausbildung – eine echte Herausforderung!
Umso wichtiger ist Ihnen, dass Ihr Sohn eine solide Ausbildung von früh an erhält: Sie fänden es begrüßenswert, wenn demnächst eine gezielte Sprachförderung angeboten würde.
Auch sind Ihnen die Öffnungszeiten der Kita ein Anliegen: Sie müssen mindestens zweimal in der Woche bis 18:30 Uhr arbeiten und sind an diesen Tagen abhängig von der Unterstützung Ihrer Mutter.

Rollenkarte *Städtischer Träger*

Sie sind Mitarbeiter der Stadtverwaltung und für die Kindertagesstätten zuständig. Meist geht es um finanzielle und/oder bautechnische Fragen, wenn Sie die neue Kita besuchen. Die Stadt ist verschuldet und muss dringend sparen.
Außerdem sind Sie selbst Vater von 3 Kindern und haben diese selbst groß gezogen. Damals gab es noch gar keine Kita für unter Dreijährige. Der Aufwand für die Einrichtung und die Materialkosten erscheinen Ihnen schon etwas überzogen ... ein Atelier im Kindergarten – was soll das denn?

LERNFELD 6 — **Konzeptionsentwicklung**

Rollenkarte	Rollenkarte

Ereigniskarte	Ereigniskarte

LERNFELD 6 — Konzeptionsentwicklung

Anlage 1: Zur Methode (Hintergrundinformation)

Zur Methode Simulationsspiel

(Quelle: K. Reich, Methodenpool, http://methodenpool.uni-koeln.de/download/planspiel.pdf)

1 Zum didaktischen Wert

Planspiele sind Simulationen. Solche Simulationen werden durchgeführt, um auf die Komplexität einer praktischen Situation vorzubereiten, weil/insofern in der Ausbildung nicht direkt oder nur mit unabsehbaren Folgen in der Praxis gehandelt werden kann. Simulationsspiele bieten, sofern sie sehr realistisch ausgelegt sind, den Vorteil, dass sie Probehandeln, Experimente, gewagte Aktionen erlauben, vor allem aber, dass Entscheidungen gefällt werden können, deren Konsequenzen in der Simulation zwar gespürt, aber ohne großen Schaden für beteiligte Personen „bloß" gespielt werden. Dennoch kann gerade dieses Probehandeln eine nachhaltige Veränderung in der Bewertung von Inhalten und Verhalten erreichen.

Simulationsspiele gehören zum notwendigen Inventar einer konstruktivistischen Didaktik. Sie bieten Raum für Re-/De-/Konstruktionen und ein prinzipiell experimentelles Handeln. Mit ihnen können sowohl Fach- als auch Methoden- und Sozialkompetenzen erlebnisnah, zeitlich dicht und diskussionsintensiv erfahren werden. Sie regen zu Dialogen und Nachdenklichkeit an. Planspiele und deren Einsatz im Unterricht lassen sich auch durch die Zielsetzungen von Schule und die Anforderungen der Praxis – also der zukünftigen Arbeitswelt – begründen. Denn gerade die sozialpädagogische Praxis verlangt von den Erziehern/Erzieherinnen in den letzten Jahren immer mehr sogenannte **„soft skills"** oder auch „Schlüsselqualifikationen". Dazu gehören vor allem Kompetenzen wie Selbstständigkeit, Verantwortungsbereitschaft, Kreativität, Flexibilität, Teamfähigkeit, Methodenbeherrschung und Kommunikationsfähigkeit. Diese Forderungen der sozialpädagogischen Praxis stehen auch im Einklang mit Zielen, die bei Simulationsspielen verfolgt werden.

Simulationsspiele erfordern zudem eine hohe **Partizipation aller Beteiligten**. Sie sollten auf eine Erhöhung der Demokratiefähigkeit in dem Sinne zielen, dass sie Konsens und Dissens, Entscheidungsabläufe und Transparenz bei der Bildung von Gruppenmehrheiten und Mehrheitsentscheidungen, aber auch Muster struktureller Macht und mögliche Abhängigkeiten aufdecken und diskutierbar werden lassen.

Alle heute verlangten Fähigkeiten und Kompetenzen, die an ein nachhaltiges Lernen gestellt werden, müssen zuvor erlernt und eingeübt werden, und dies lässt sich nicht auf bloß abstrakten Wegen erreichen. So erwähnt Klippert zum Thema Verantwortungsbereitschaft, dass man diese nicht im Abstrakten lernen könne, sondern nur, indem man sie praktiziere. Diese Erkenntnis – die am deutlichsten im Blick auf die Demokratiefähigkeit von John Dewey schon in der ersten Hälfte des 20. Jahrhunderts gefordert wurde – lässt sich auch auf das Erlernen aller für Planspiele relevanten „Schlüsselqualifikationen" übertragen.

Sie lassen sich nicht bloß theoretisch erwerben, indem man über Planspiele spricht oder ein theoretisch denkbares handeln thematisiert, sondern nur darüber, dass tatsächlich in Entscheidungs- und Konfliktsituationen gehandelt wird, was Erlebnisse und Erfahrungen produziert, die dann unmittelbar reflektiert werden können.

Neben dieser handelnden Grundlegung gibt es bei Simulationsspielen weitere Faktoren, die in theoretischer Begründung und praktischer Wirkung besonders zu beachten sind: Motivation zum Lernen, Methodentraining/Methoden lernen, soziale Fähigkeiten, Verantwortungsbewusstsein und Verantwortungsbereitschaft.

Motivation zum Lernen

Ein wichtiger Motor des Lernens ist die Motivation, hier entfaltet die „intrinsische Motivation" eine besonders effektive Wirksamkeit. Gerade die Abnahme der „intrinsischen Motivation" in der traditionellen Lernkultur wird immer wieder beklagt. Hier können Planspiele die Lernenden wieder anregen, aus inneren Motiven angetrieben zu sein, insbesondere, wenn es in dem Spiel gelingt, Identifikationen mit bestimmten Aufgaben oder Gruppen zu erreichen. Dabei kann es für die Teilnehmer durchaus zu „blöden" Rollenverteilungen kommen, etwa wenn man eine Personengruppe spielen soll, die einem nicht liegt oder deren Verhalten als inakzeptabel erscheint. Hier muss dann das Interesse am Prozess und eine Bereitschaft, sich auch fremden Verhalten zu öffnen, motivierend wirken (was sich meist durch eine zufällige und damit gerecht erscheinende Verteilung der zur Verfügung stehenden Rollen erreichen lässt).

Eine Kompetenz- oder Erfolgsmotivation gilt für Planspiele, wie sie z.B. Klippert aufzeigt, als wesentlich. Aus der konstruktivistischen Perspektive geht es aber auch besonders um die Erweiterung der Beobachterhorizonte, die Erfahrung von Fremd- und

Andersheit in Beobachtungen, einer Erhöhung des Verständnisses von Handlungen verschiedener Personen und dabei erlebter Handlungszwänge.

Vor allem der Unterschied der Inhalts- von der Beziehungsebene und einer bloß rationalen von einer emotionalen, einer symbolischen von einer imaginären Ebene des Handelns ist für das konstruktivistische Planspiel wesentlich.

Einen Erfolg erreicht ein Planspiel dann, wenn es ein Problem löst, selbst dann, wenn diese Lösung als nicht günstig in der Nachbesprechung angesehen wird. Das Spiel soll immer Anlass für eine **Reflexion** sein, keinesfalls bloß ein erfolgreiches Handeln schönreden oder zu harmonischer Einigung am Ende zu gelangen. Planspiele zielen weniger auf konvergentes, sondern eher auf **divergentes Denken**, was sie zu kreativen und produktiven Erfahrungen im Sinne einer Erschütterung bisher für sicher gehaltener Inhalte oder Verhaltensweisen werden lassen kann.

Methodentraining und Methoden lernen
Generell geht es beim Lernen auch immer darum zu lernen, wie man etwas lernt. Auch in diesem Zusammenhang bietet das Planspiel ausgezeichnete Möglichkeiten. Nicht nur, dass der Lerner schon bekannte, zum Teil auch kleinere Lern-, Organisations- und Arbeitstechniken wie zum Beispiel Markieren, Exzerpieren, Nachschlagen und Protokollieren bis hin zu Leserbriefe schreiben, Flugblätter entwerfen oder Plakate gestalten wieder auffrischen oder umfassender entwickeln kann, er lernt auch noch das Planspiel selbst als eine Methode kennen, um Wissen zu vermitteln und zu erlernen.

Dabei üben und festigen die Schüler ihre methodische Kompetenz des selbstständigen Arbeitens durch den im hohen Maße selbst gesteuerten Arbeits- und Lernprozess. Zudem können in den Interaktions- und Konferenzphasen Erfahrungen im Bereich der Kommunikation und Kooperation gemacht werden. Damit eignet sich das Planspiel auch als Training für bekannte Methoden und als Möglichkeit, neue Methoden zu erlernen und praktisch weiterzuentwickeln.

Soziale Fähigkeiten
Im Lernen geht es nie nur darum, Wissen und Fertigkeiten zu vermitteln, sondern immer auch um soziales Lernen. „Demokratiefähigkeit" ist hier ein wichtiges Konstrukt, weil es Verständigungsprozesse in einer Verständigungsgesellschaft sichern soll, die grundsätzlich plural ist und in unterschiedliche – oft auch einander ausschließende – Verständigungsgemeinschaften zerfällt. Bei Simulationsspielen können insbesondere **systemische Kompetenzen** entwickelt werden, denn die Teilnehmer werden in solchen Simulationen immer mit einem Systemganzen und Einzelsystemen sowie Elementen von Systemen in ihrem Zusammenwirken konfrontiert. Bei der Planspielanlage ist deshalb besonders darauf zu achten, dass das Spiel nicht auf lineare, monokausale oder triviale Verhaltensweisen abzielt. So, wie das Soziale immer einen unberechenbaren Anteil hat (im Sinne des Konstruktivismus nach Reich das „Reale"), so sollten auch Planspiele dieser Unvorhersagbarkeit menschlichen Verhaltens durch entsprechende Freiräume in den Rollenzuschreibungen und durch die Offenheit von Situationen oder eingebrachten **Ereigniskarten** entsprechen.

Das Simulationsspiel bietet hier ein hervorragendes soziales Lernfeld: Planspiele bestehen hauptsächlich aus Gruppenarbeiten, in denen es auch zu Kontroversen innerhalb der Gruppen oder den Gruppen untereinander kommt. Diese Kontroversen und dabei entstehender **Konsens und Dissens** müssen ausdiskutiert werden, sodass an dieser Stelle sowohl Toleranz als auch Grenzziehung geübt werden können, beides für Demokratien unverzichtbare Handlungsweisen, die nicht immer einfach auszubalancieren sind. Zudem können solche Prozesse soziale Sensibilität, Konsensfähigkeit, aber auch Durchsetzungsfähigkeit und Kritikfähigkeit als wichtige Bestandteile der „Demokratiefähigkeit" stärken.

Verantwortungsbewusstsein und -bereitschaft
Eine nicht zu vergessende Fähigkeit, die zu einem demokratieorientierten Handeln gehört, ist das Bewusstsein und die Bereitschaft zur Verantwortung. In doppelter Hinsicht können im Simulationsspiel Verantwortung gelernt und geübt werden. Die Lerner lernen Selbstverantwortung, indem sie eigenständig arbeiten, und sie üben Mitverantwortung für den Arbeitsprozess der Gruppe und im Blick auf das Ziel des Gesamtprozesses (inhaltlich wie beziehungsmäßig).

Da es immer wieder Teilnehmer geben wird, die durch dominantes Verhalten oder falsch verstandene Durchsetzungsfähigkeit Verantwortung einseitig aufnehmen, können solche Ereignisse am konkreten Fall aufgegriffen, mit allen diskutiert und lösungsorientiert verbessert oder entwickelt werden. So werden zum einen kommunikative Fähigkeiten geschult, und die Gruppe erkennt zum anderen auch die Verantwortung für solche Phänomene im eigenen, konkret erlebten Handeln.

Im Planspiel können auch realpolitische Entscheidungen, zum Beispiel die Organisation betreffend, in die die Beteiligten eingebunden sind, aber auch kommunal- oder global-politische Entscheidungen, von denen Teilnehmer direkt betroffen sein können, erörtert werden. Mitunter gibt es in solchen Szenarien auch Chancen, Simulationen durchzuführen, die im „realen" Leben mehr oder minder direkt umgesetzt werden können.

Lernprozesse durch praktische Erfahrungen und die daraus gewonnenen Lernerfolge sind günstiger als ein Lernen anhand abstrakter Unterrichtseinheiten. Je ganzheitlicher ein Handeln inhaltlich und in Beziehungen in konkreten Situationen mit Entscheidungsnotwendigkeiten erlebt wird, desto intensiver werden auch Behaltensleistungen ausfallen und Verhaltensweisen sowie Einstellungen verändert werden können. In einer sozialen Gruppe kann der spätere Bezug auf diese real erlebten Ereignisse deutlich zu einer Verbesserung der gegenseitigen Verantwortung und zu einer reflektierten Werteorientierung führen.

2 Praktische Begründung

Die Forderung nach der Effektivität von Methoden ist ein Punkt, der in unserer ökonomisierten und beschleunigten Welt viele Menschen immer wieder vom Spielen abhält. In der Erwachsenenwelt werden Spiele als Kindersache, zweckfrei und als zu spaßorientiert gehandelt. Und diese 3 Attribute passen in der erwachsenen Welt oft nicht zu einem Verständnis des effektiven Lernens. Andererseits haben aber zugleich die Simulationen bis hin in die Profitbereiche der ökonomischen Welt zugenommen. Hier werden mittlerweile Kompetenzen im Abschätzen realer, virtueller, effektiver oder ineffektiver Spiele usw. in der Kultur immer bedeutender. Simulation als Kommunikation [vgl. Reich/Wild/Zimmermann: Simulation als Kommunikation. Waxmann, Münster 2004] wird in immer mehr Praxisbereichen der Gesellschaft zu einer Voraussetzung für Lernvorgänge. Sofern diese Lernvorgänge einfach nur durch Tun – wie z.B. bei Computersimulationen – und nicht auch durch Reflexion – wie notwendig bei Planspielen – praktiziert werden, erscheint ein Mangel im Nachdenken über das, was getan wird. Da Simulationen uns leicht beeinflussen und manipulieren können, wird es zu einem wichtigen Lernziel gegenüber allen Simulationen, sich nicht nur als Akteur in Aktion zu erleben, sondern auch als Teilnehmer kritisch zu betrachten und in der Vielfalt von Beobachterpositionen gegenüber und in diesen Simulationen reflektieren zu lernen.

Eine praktische Begründung von Simulationsspielen ergibt sich aus den vielfältig berichteten Lernerfolgen, die diese Art des Lernens erreichen kann. Bei Befragungen nach einem Planspiel fallen den Schülern immer direkt die Konflikte, der Ärger, der Spaß und die Witze ein, die sie miteinander erlebt haben. Und mit diesen Erinnerungen sind ihnen später auch sehr viele der zu vermittelnden Sachverhalte und Verhaltensweisen, die Erfahrungen über erfolgreiche und erfolglose Strategien, die Bedeutungen der Handlungen für andere usw. im Gedächtnis geblieben. Die immer wieder berichtete **Effektivität von spielerischer Wissensvermittlung**, wie sie im Planspiel möglich ist, ergibt sich daraus, dass die Lernsituation äußerst vielschichtig und mehrdimensional ist und damit die Lerner **affektiv und intellektuell** anspricht. Zudem ermöglicht und fördert die Prozessorientierung einen kreativen Umgang mit dem Fachwissen. Und kreativer Umgang heißt auch immer aktive Auseinandersetzung mit der Thematik. Zudem wird die soziale Komponente des Lernens nicht vernachlässigt, da in sozialen Einheiten, in Gruppen gelernt wird.

Durch die Anwendung der Methode werden äußerst effektive und langfristige Lernerfolge erzielt.

Das Planspiel stellt zudem eine hervorragende Methode dar, um **Lernen auf vielen Ebenen** zu ermöglichen. Dennoch warnt z.B. Klippert davor, die Planspielmethode zu oft einzusetzen, da sie dann an Exklusivität einbüßt und nicht mehr eine so starke Wirkung erzielt. Dies entspricht auch den Ergebnissen der konstruktivistischen Didaktik, in der seit vielen Jahren Planspielseminare in der Lehrer- und Pädagogenausbildung an der Universität zu Köln durchgeführt werden.

Es ist interessant zu sehen, dass sich Planspielmethoden in der wirtschaftlichen Ausbildung und in der Erwachsenenbildung schon viel stärker durchgesetzt haben als in der schulischen Ausbildung. Dies lässt sich dadurch erklären, dass Planspiele **näher an der beruflichen Praxis** als relevanter als im oft lebensfernen Schulsystem gesehen werden. Zudem ist der Vorbereitungsaufwand für Planspiele sehr groß. Und auch die Durchführungszeit ist wenig geeignet, um im Fachstundensystem realisiert zu werden. Hier muss sich die Schule neu erfinden, um methodengerecht das Lernen zu verbessern und nicht bloß nach Gewohnheiten zu handeln. Für den schulischen Bereich bedeutet es auch, dass Lehrer noch mehr geschult werden müssten, um spielerisches Lernen und Planspiele mit in den Unterricht aufzunehmen, und zukünftige Lehrer in ihrer Ausbildung stärker praxisorientiert unterrichtet werden sollten.

LERNFELD 6 — Konzeptionsentwicklung

Anlage 2: Plakate

Die Schritte zur Konzeption

Die Entwicklung einer Konzeption in der Praxis ist ein Prozess in verschiedenen Schritten.

Nach Holmann/Benstetter (2001):

- Eine Konzeption wird i.d.R. vom Team der Einrichtung erarbeitet.
- Zunächst gilt es Absprachen zu treffen und eine Vor-Konzeption vorzubereiten, um Motivation zu schaffen und ein Grundverständnis für eine Konzeption herzustellen.
- Dann muss das Basiswissen zur Konzeptionsentwicklung erarbeitet werden.
- Einflussfaktoren sind zu analysieren: Was ist die Situation der Einrichtung, welche Rahmenbedingungen gibt es, was ist gut und weniger gut Gelingendes, was soll bleiben oder sich verändern?
- Ziele der Konzeption werden formuliert und Möglichkeiten der Umsetzung geprüft.
- Ziele sollen handelnd umgesetzt werden.
- Jetzt kann eine Konzeption dokumentiert und dann veröffentlicht werden.

Nach Jacobs (2009):

1. Das Team formuliert Titel bzw. Überschriften einzelner Konzeptionskapitel und ein Inhaltsverzeichnis. Die einzelnen Inhalte werden dann entsprechend der Titel ausdifferenziert (z.B. auf Moderationskarten). Dabei sollen möglichst alle Mitarbeiter/-innen einbezogen werden, ggf. auch Vertreter von Träger und Elternschaft.
2. Danach können diese Ergebnisse einzeln präsentiert und diskutiert werden. Ein folgerichtiger Aufbau (z.B. an einer Moderationswand) ergibt schließlich das Inhaltverzeichnis. Es wird von einem Teilnehmer dokumentiert, sobald alle anderen Teilnehmer einverstanden sind.
3. Die so entstandene „neue Konzeption" kann jetzt mit 3 Fragestellungen überarbeitet werden:
   - Was ist derzeitiger Standard in der Einrichtung (bestehende Konzeption)?
   - Was sind unsere Methoden?
   - Welche Ziele leiten unsere Arbeit?
4. So können bestehende Elemente der bestehenden Konzeption in die neue Struktur eingearbeitet werden und es stellen sich Veränderungen dar.
5. Praktisches, aktives Tun wird jetzt zugeordnet, neu gewichtet, verändert - dabei werden sich Schwerpunkte zeigen, aber auch vernachlässigte Bereiche.
6. In Kleingruppen können dann die Mitarbeiter/-innen die „neue Konzeption" ausformulieren bzw. bestehende Formulierungen überarbeiten.
7. Themen und Ziele, entsprechende Methoden werden ausgearbeitet.
8. Anschließend werden die Ergebnisse dem gesamten Team vorgestellt sowie wertschätzend diskutiert bzw. hinterfragt. Textpassagen können noch verändert werden und neue Impulse Eingang finden.
9. Ein Teammitglied dokumentiert die Endfassung. Es werden Bilder, Zitate, Fotos eingearbeitet.
10. Der Endfassung sollen alle Beteiligten zustimmen.
11. Die Konzeption wird dem Träger übermittelt. Er muss zustimmen.
12. Team und Elternvertreter entscheiden über Möglichkeiten und Form der Veröffentlichung.

Der Prozess zur Erarbeitung einer neuen Konzeption braucht ca. ein Jahr und sollte alle 5–7 Jahre überarbeitet, d.h. verändert, verbessert und aktualisiert werden. Eine Konzeption hat nicht über Jahre hin uneingeschränkte Gültigkeit, sondern spiegelt den Prozess pädagogischer Arbeit wieder, der sich an wechselnden Bedingungen realistisch ausrichtet.

LERNFELD 6 Konzeptionsentwicklung

Strukturelemente

Obwohl Konzeptionen sehr unterschiedlich sind, gibt es Strukturelemente, die in ähnlicher Form wiederkehren:

Das **Deckblatt** der Konzeption gibt den Träger und die Einrichtung (mit Name und Anschrift) bekannt.

Viele Konzeptionen beginnen mit einem Einblick in die **Geschichte** der Einrichtung und/oder der **weltanschaulichen Ausrichtung**.

Damit verbunden sind häufig Fragen nach dem **Menschenbild**, das die Arbeit leitet, bzw. welches Bild vom Kind die pädagogische Arbeit prägt.

Daraus erstellt sich das sogenannte **Leitbild**, d.h., es werden Ziele, Art und Weise der Umsetzung der Arbeit, Grundsätze der Zusammenarbeit der Mitarbeiter/-innen u.a. formuliert. Das Leitbild bildet die verbindliche Basis für die gemeinsame Arbeit in der Einrichtung, d.h., es wird von allen Mitarbeitern getragen. Manchmal wird das Leitbild von der Leitung erstellt, da es auch Führungsgrundsätze enthält.
Es ist die inhaltliche Basis der Konzeption.

Typische Fragen eines Leitbildes sind
- Wer sind wir (Identität)?
- Was wollen wir erreichen (Ziele)?
- Warum wollen wir es erreichen (Werte)?
- Wie wollen wir es erreichen (Methoden)?
- Sind wir erfolgreich (Reflexion)?

Beachte: Wichtig ist, dass das Leitbild in der Einrichtung wirklich gelebt wird und keine zu große Diskrepanz zwischen der Wirklichkeit und den Idealen entsteht. Ansonsten leiden die Motivation und der Wille sich einzubringen. Dann wird das Leitbild unterhöhlt: Die Mitarbeiter können sich nicht mit dem Leitbild/der Konzeption identifizieren. Frustration und Resignation breiten sich in der Folge aus.

Der Kernbereich der Konzeption beschäftigt sich mit der **Beschreibung der pädagogischen Arbeit**: Handlungskonzept (z.B. Montessori), inhaltliche Schwerpunkte der Arbeit, grundlegende Methoden oder Arbeitsweisen wie Bildungsangebote, Projekte, Feste.

Auch die Kooperation mit den **Eltern** sollte in einer Konzeption geschildert werden: Welche Ziele, welche Erwartungen, welche Möglichkeiten von Elternkooperation gibt es und was erwartet die Eltern?

Die Skizzierung der **Teamarbeit** als verbindliche Grundlage der pädagogischen Arbeit darf nicht fehlen.

Die Frage nach den **Zielen** des pädagogischen Wirkens gehört ebenfalls zu den zentralen Aussagen einer Konzeption: Begründung der Ziele und deren Gewichtung. Diese können sich sinnvoll aus einer Situationsanalyse herleiten.

Danach folgen i.d.R. Angaben zu den derzeitigen **Rahmenbedingungen** (Räumlichkeiten, Personal, Öffnungszeiten, Gruppengrößen, Aufnahmekriterien u.Ä.).

Alltagsnah und praktisch wird die Konzeption, wenn der **Tagesablauf** dargestellt wird: Damit bekommen die Eltern einen Einblick wie der Tag ihres Kindes in der Einrichtung strukturiert ist.

Formen **externer Kooperationen** zeigen die Einbindung der Einrichtung ins Umfeld auf und erweitern den Blick auf die Möglichkeiten der Förderung des Kindes.

Zum methodischen Ablauf des Simulationsspiels

1. Spieleinführung
Das Simulationsspiel sowie die Spielmaterialien und die einzunehmenden Rollen werden vorgestellt.
Auftretende Verständnisfragen werden geklärt.
Die Arbeitsgruppen werden eingeteilt.
Der/die Spielleiter/-in schildert kurz das Problem und stellt das Material bereit (intensive Vorbereitung erforderlich!).

2. Informations- und Lesephase
Es werden die Plätze an den Gruppentischen in den Gruppenräumen mit der entsprechenden rollenspezifischen Bezeichnung eingenommen.
Die Gruppenmitglieder erhalten die Arbeitskarten (die für alle Gruppen gleich sind) und unterschiedliche Rollenkarten.
Das Informationsmaterial wird durchgelesen.
Auftretende Verständnisfragen werden geklärt.
Der Spielleiter verteilt die Arbeits- und Rollenkarten.

3. Meinungsbildung und Strategieplanung innerhalb der Gruppe
Die Informationen werden gruppenintern strukturiert und anschließend wird die Ausgangssituation analysiert.
Es werden Handlungsoptionen besprochen und diskutiert, sowie möglichst kreative Ideen und Strategien entwickelt.
Hilfestellungen werden nur in Notsituationen geleistet.
Der/die Spielleiter/-in beobachtet und berät bei Rückfragen.

4. Interaktion zwischen den Gruppen
Diese Phase ist die intensivste Spielphase.
Die Gruppen agieren (Versenden von Briefen und Notizen an die übrigen Gruppen, Besuche, das Führen von Gesprächen und Verhandlungen) und reagieren ebenso auf die Anfragen der anderen Gruppen.
Durch Ereigniskarten können gezielt Impulse und Veränderungen ins Spiel eingebracht werden.
Der/die Spielleiter/-in beobachtet lediglich!

5. Vorbereitung eines Plenums / einer Konferenz
Diese Phase ist meist die spannendste im Spielverlauf und bildet damit den Höhepunkt.
Die Gruppe trägt intern ihre Ergebnisse zusammen und verarbeitet und bewertet in dieser Phase ihre erreichten Ergebnisse.
Es wird der Verlauf des Plenums geplant, die zu vertretenden Positionen besprochen, mögliche Argumente und Strategien sowie die Einstiegsstatements und der jeweilige Gruppensprecher bestimmt.
Der/die Spielleiter/-in berät bei Rückfragen.

6. Durchführung eines Plenums / einer Konferenz
An dem Plenum nehmen i. d. R. alle Teilnehmer teil.
In dieser Phase werden die Ergebnisse einer jeden Gruppe vor dem Plenum zusammengetragen und durch den Gruppensprecher bzw. unterstützend durch die Gruppenmitglieder präsentiert.
Bleiben offene Fragen oder wird kein Konsens erzielt, da die Interessen nicht zu vereinbaren sind, werden die Teilnehmer auf die Phase der Spielauswertung (Phase 7) verwiesen.
Der/die Spielleiter/-in fungiert als Konferenzvorsitzende/r.

7. Spielauswertung
In dieser Phase werden Zusammenfassungen und Analysen zum inhaltlichen, aber auch formalen Spielverlauf vorgenommen, wobei die Teilnehmer den Spielverlauf und die erzielten Spielergebnisse reflektieren und anschließend konstruktiv Kritik äußern sollen.
Der/die Spielleiter/-in leitet das Gespräch in der Rolle des neutralen Moderators.

(Quelle: K. Reich, Methodenpool, http://methodenpool.uni-koeln.de, o. J.)

LERNFELD 6 — Konzeptionsentwicklung

Anlage 3: Arbeitsblatt

Reflexion anhand des Kompetenzquadrats

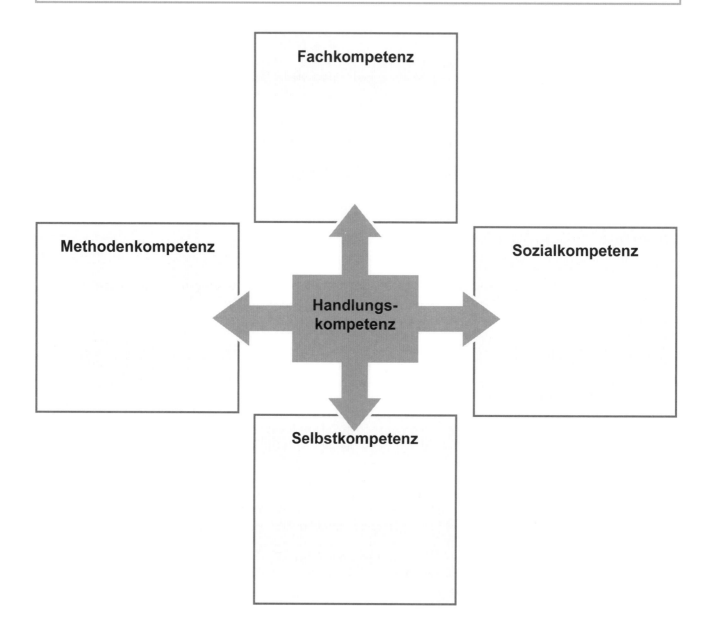

1. Tragen Sie in die offenen Felder konkrete Kompetenzen ein, die Sie heute im Simulationsspiel für sich erwerben konnten.

2. In der Klasse wird auf einem Tisch ein vergrößerter Ausdruck des Kompetenzquadrats platziert: Positionieren Sie sich an jener Seite des Quadrats, in dessen Bereich Sie den meisten Zuwachs für sich verzeichnen können.

3. Sehen Sie sich an, wo sich Ihre Mitstudierenden positioniert haben und diskutieren Sie darüber.

[siehe auch S. 26, Kompetenzquadrat mit Beschreibung]

METHODE — Portfolio

METHODE: Ausbildungsportfolio

① PORTFOLIO – die Methode

- für die Lehrkraft „Was Warum Wie", Definition - Ziele - Methodisches
- für die Lehrkraft: Vorlagen zu ③ METHODEN innerhalb der Portfolioarbeit
- für Studierende: Merkmale & Phasen der Portfolioarbeit, Ziele, Planung

② PORTFOLIO – der Workshop

- für Studierende, allgemeine Einführung

METHODE: Ausbildungsportfolio

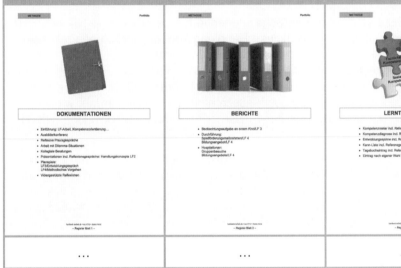

DOKUMENTATIONEN | BERICHTE | LERNTAGEBUCH | PRAXISTAGEBUCH

④ PORTFOLIO – die Inhalte

- für Studierende

Inhaltsverzeichnis
- 21 Registerblätter zu Inhalten (auf CD)
- Entwicklungsskala im Begleitpraktikum
- Kooperationsbericht Bildungs-/Erziehungspartnerschaft
- Praktikumsvereinbarung und Revision
- Institutionsbericht
- Sozialraumorientierung
- Videogestützte Praxisreflexion
- Dokumentation von Praxisgesprächen
- Reflexives Praxistagebuch
- Reflexiver Wochenrückblick
- Reflexives Schreiben
- Checkliste: Planung eines Bildungsangebots
- Arbeit mit Dilemma-Situationen

③ PORTFOLIO – Methoden innerhalb der Portfolioarbeit

- für Studierende
- für die Lehrkraft, Einführung der Klasse *(bereit halten: die Vorlagen Portfolio-Planer, Portfolio-Workshop, Portfolio-Konferenz ff. von S. 173–189)*

PORTFOLIO
– die Methode

Das Portfolio leitet sich von dem Lateinischen „folium" (Blatt) und „portare" (tragen) ab: Portfolios sind Mappen, in denen Arbeitsergebnisse, Dokumente, Visualisierungen und alle Arten von Präsentationen bis hin zu audio-visuellen Dokumentationen oder Kunstwerken eigenständig von Studierenden gesammelt und gesondert reflektiert werden.

Portfolios wurden insbesondere aus der Sicht einer konstruktivistisch orientierten Lerntheorie entwickelt. Hier wird erkannt und vorausgesetzt, dass Lerner sich in einem aktiven Handlungsprozess ihr Wissen rekonstruieren/dekonstruieren/konstruieren und die Welt nicht einfach abbilden. Insoweit erscheint es als sinnvoll, die eigenen Versuche von Weltaneignung als Konstruktion verschiedener Versionen von Wirklichkeiten zu dokumentieren und auf ihre Viabilität (Passung für mich und andere) hin zu reflektieren. Dabei sollte eine solche Reflexion aber nicht allein selbstbezüglich oder bloß subjektivistisch bleiben, sondern immer wieder auf Verständigungs- und Verständnisprozesse mit anderen (mit der Klasse oder anderen Sichtweisen, wie sie z. B. fachlich vertreten werden) bezogen sein.

Portfolios sind in der Regel dabei immer sowohl produkt- als auch prozessorientiert. Es werden Produkte und Prozesse dokumentiert und reflektiert, die Bemühungen, Ergebnisse und möglichst Fortschritte von Lernern darstellen helfen. So kann eine Analyse des Lernprozesses einsetzen, die das Lernen selbst zum Gegenstand einer Reflexion nimmt, um eine methodische Lernkompetenz auszubilden und kontinuierlich zu verbessern.

- **Arbeitsportfolios** zeigen die Arbeitsergebnisse eines bestimmten Zeitraums und dokumentieren den Fortschritt, der dabei gemacht wurde. Die Dokumentation kann aus einfachem Brainstorming bis hin zu fertigen Präsentationen bestehen. Dabei können gute als auch schlechtere Arbeiten aufgenommen sein. Wichtig ist es, dass eine begleitende Reflexion der Arbeiten durch den Lerner stattfindet.

- **Prozessportfolios** sammeln Dokumente, in denen möglichst zahlreiche Facetten und Phasen des Lernprozesses erfasst sind. Hier kommt es darauf an, das Vorher und Nachher deutlich unterscheiden und die gemachten Fortschritte thematisieren zu können. Dazu gehört in jedem Fall eine auch zwischendurch immer wieder eingebaute Reflexion des Lerners auf seinen Lernprozess.

- **Präsentations- oder Abschlussportfolios** dienen vor allem der abschließenden und zusammenfassenden Beurteilung eines Lerners in einem Lernabschnitt, einem Ausbildungsteil oder einer gesamten Ausbildungszeit (was sich dann durchaus mit Arbeits- und Prozessportfolios mischen kann). Hier sollen möglichst die besten Arbeiten erfasst werden, die der Lerner in das Portfolio aufnehmen will oder muss, wobei dies die Lehrkraft oder Ausbildende nach Plan vorgeben muss. Nur fertige Ergebnisse sollten hier dokumentiert werden. Die Auswahl und die Ergebnisse sind vom Lerner zu reflektieren.

| METHODE | Portfolio |

Das Portfolio dokumentiert also den Lernprozess und kann über diese Auseinandersetzung mit den prozessualen Abläufen, Lernwegen, Kooperationen (u.a.) die Selbstbildungsprozesse des Studierenden stärken: „Die Kompetenzorientierung der Ausbildung an Fachakademien folgt einer gedanklichen Linie von Grundlegung, Erweiterung, Vertiefung und Profilbildung im Hinblick auf die Entwicklung von Wissen, Fertigkeiten, Sozialkompetenzen und Selbstständigkeit" (Länderübergreifender Lehrplan Erzieher, S. 12) – die sich im Portfolio abbilden und wozu das Portfolio seinen Beitrag leisten kann. Im Gespräch mit dem Lehrer als Lernbegleiter, den Kollegen/Kolleginnen, den außerschulischen Kooperationspartnern soll die Entwicklung dialogisch bzw. aus verschiedenen Perspektiven betrachtet und ein individueller Lernweg gestaltet werden:

„Das Portfolio soll während der Ausbildungs- oder Lernphase dazu anhalten, wichtige Inhalte, Methoden und Ergebnisse (pieces of evidence) gezielt zu beobachten und schriftlich oder in anderer Form dokumentiert festzuhalten. Gleichzeitig soll dieser Vorgang gezielt reflektiert werden, um vor schematischen Übernahmen zu schützen und eigenständige Urteile zu fördern. Portfolios sind in der Regel dabei immer sowohl produkt- als auch prozessorientiert. Es werden Produkte und Prozesse dokumentiert und reflektiert, die Bemühungen, Ergebnisse und möglichst Fortschritte von Lernern darstellen helfen. So kann eine Analyse des Lernprozesses einsetzen, die das Lernen selbst zum Gegenstand einer Reflexion nimmt, um eine methodische Lernkompetenz auszubilden und kontinuierlich zu verbessern." (Reich, Methodenpool)

Wesentliche Ziele der Portfolio-Arbeit sind hierbei:
- Eine individuelle Dokumentation erbrachter Leistungen, um den Sinn von Lernproduktionen durch Präsentation zu veranschaulichen.
- Die Ermöglichung der Auswahl eigener Lernresultate und deren systematische Reflexion, um die Lern- und Methodenkompetenz zu erhöhen.
- Eine Veränderung der Leistungsbeurteilung, um die Gültigkeit der Bewertung zu verobjektivieren, indem der Lerner aktiv in die Auswahl und Interpretation seiner Lernfortschritte eingreifen und diese dokumentieren kann.
- Eine Verbesserung des Unterrichts, indem nicht nur sporadisch und gezielt für Klassenarbeiten gelernt wird, sondern kontinuierlich Lernfortschritte ausgewiesen und reflektiert werden.
- Eine Verbesserung der Möglichkeiten, Bewertungen auch beim Einsatz von handlungsorientierten Methoden sinnvoll vornehmen zu können.
- Eine Erhöhung der Chancen, Bewertungen auf besondere Formen individueller oder kollektiver Leistungsbeurteilung abstimmen zu können, diese mit Ziel- und Fördergesprächen zu verbinden und dabei insgesamt eine gute Feedbackkultur zu entfalten. (Reich, Methodenpool)

Portfolios brauchen einen klaren Rahmen: Ziele, Verbindlichkeit, Umfang und Erwartungen, Bewertungen und ihre Konsequenzen. Außerdem sollten die Studierenden eine gute Einführung in die Portfolio-Arbeit erhalten, vor allem dann, wenn sie noch unerfahren sind in dieser Arbeitsstruktur. Ferner braucht der Umgang mit dem Portfolio eine regelmäßige Begleitung durch die Lehrkraft, wenigstens aber eine vereinbarte Erreichbarkeit bei Rückfragen, z. B. im Rahmen von allgemeinen Sprechzeiten. Das Vorgehen wie die Ziele verlangen Transparenz.

Der Lehrplan Erzieher (Seite 13) benennt als Merkmale handlungsorientierten Unterrichts die **Orientierung an den Lernenden:** „Zunehmende Steuerung des Lernprozesses durch die Lernenden, Beteiligung an der Planung und Gestaltung des Unterrichts, Selbststeuerung und Zurücknahme der Fremdsteuerung" sowie **Metakommunikation und -kognition:** „Lernen, das eigene Handeln zu thematisieren, kognitiv nachzuvollziehen und das Lernen in Gruppen zum Gegenstand der Reflexion und Beurteilung im Team zu machen."

„Dies kann nur hinreichend gelingen, wenn die Lerner dabei an der Auswahl der Inhalte und der Art der Darstellungsmöglichkeiten, der Festlegung der Beurteilungskriterien und dem Beurteilungsprozess aktiv beteiligt werden. Eine aktive Beteiligung setzt immer voraus, dass eingehende Gespräche von Lernenden und Lehrenden über das Portfolio in kooperativer Form geführt werden. Dabei müssen Lehrende insbesondere auch auf eine angemessene Beziehungsseite ihrer Kommunikation achten!" (Reich, Methodenpool)

Das Portfolio wird für die Studierenden **zugänglich** aufbewahrt (z. B. in einem Regal stehend im Klassenzimmer), um für die Dokumentation von Lernprozessen präsent zu sein.

Das Portfolio hat ein **Inhaltsverzeichnis** und eine **innere Ordnung**, die die Inhalte strukturiert und übersichtlich macht. Es soll eine chronologische Einordnung erfolgen, die die Prozessorientiertheit verdeutlicht – eine Zeitleiste ist dabei hilfreich. Portfolio-Arbeit ist grundsätzlich medienoffen.

METHODE Portfolio

Vorlagen (für ③ METHODEN)

Was ist (m)ein Ausbildungsportfolio?

Ihr Ausbildungsportfolio soll Ihre persönlichen Arbeitsergebnisse, Ihre Anstrengungen, Ihre Fortschritte und Leistungen innerhalb Ihrer beruflichen Ausbildung dokumentieren. Die Auswahl der Arbeiten treffen Sie weitgehend selbst.

Folgende Merkmale sind charakteristisch für Portfolios:

- Portfolios ermöglichen Ihnen eine **Selbstreflexion** und die Reflexion über die Art des eigenen Lernens.
- Sie verlangen Ihre Beteiligung bei der **Auswahl von Unterlagen**, denn es wird eine **persönliche Geschichte** erzählt.
- Sie geben **Einsicht in Ihre Arbeit** und zeigen **Entwicklungsschritte** innerhalb der Schule aber auch außerhalb, wenn Beschäftigungen in der Freizeit dokumentiert werden.
- Alle Portfolios enthalten Informationen, die zeigen, welche **Fortschritte** in Bezug auf die Lernziele gemacht wurden.
- Sie werden nur dann mit **Prüfungen** ergänzt, wenn diese unberücksichtigte Informationen enthalten und für die Interpretation wichtig sind.
- Im Laufe des Jahres wechselt die Zusammensetzung des Portfolios. Während des Jahres sind auch **unfertige und misslungene Arbeiten** darin. In Absprache mit Ihrem Lernbegleiter bestimmen Sie selbst, was Sie hinterher in Ihrem **Präsentations-Portfolio** behalten möchten.

(Von Raben 2010, S. 85)

METHODE Portfolio

Die Phasen Ihrer Portfolio-Arbeit in der Ausbildung

	Was?	Wie?	Warum?
Phase I	Was hat das Thema mit mir zu tun?	Subjektorientierten Zugang ermöglichen	Ich lege mein Portfolio als persönliches Produkt an.
	Lerninhalte	Lernziele transparent machen	Portfolio-Arbeit
Phase II	Ich erwerbe fachliche Grundlagen.	Basiswissen aufbauen	Ich erweitere mein Methodenrepertoire.
Phase III	Mein Lernbegleiter (Lehrer) gibt nur noch Impulse.	Wechsel von kollektiven und individuellen Lernphasen	Die Portfolio-Arbeit begleitet und unterstützt mein Lernen.
Phase IV	Ich verfolge meine selbst gesetzten Lernziele	Individualisiertes Lernen	Ich führe mein Portfolio selbstständig.
	Andere profitieren von meiner und ich von deren Arbeit.	Präsentation	Ich bereite meine Arbeitsergebnisse adressatengerecht vor.
	Was kann ich, was will ich noch können?	Bilanzierung des Lernprozesses	Wie habe ich gearbeitet? Was kann ich das nächste Mal besser machen?

(Von Raben 2010, S. 89)

METHODE

Portfolio

MEIN AUSBILDUNGSPORTFOLIO

Ziele

- ☐ **SELBSTORGANISATION**
- ☐ Verbindliche Lernziele und -inhalte
- ☐ Individualität

„Der Mensch soll lernen, nur die Ochsen büffeln." *(Erich Kästner)* [Rot]

- O Individuelle Lernwege
- O Individuelle Lernerfolge und -ergebnisse

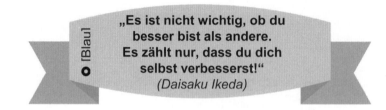

„Es ist nicht wichtig, ob du besser bist als andere. Es zählt nur, dass du dich selbst verbesserst!" *(Daisaku Ikeda)* [Blau]

- ◆ Wissen in Können verwandeln
- ◆ Berufliche Handlungskompetenz

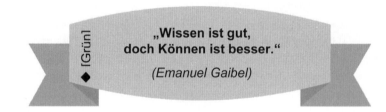

„Wissen ist gut, doch Können ist besser." *(Emanuel Gaibel)* [Grün]

Lesen Sie die Zitate zum Thema Lernen. Was wollen Ihnen die 3 zitierten Autoren über das Lernen sagen? Ordnen Sie die Inhalte zu, interpretieren Sie und ergänzen Sie mit persönlichen Erfahrungen.
Die Symbole und farbigen Stichworte geben Ihnen Anhaltspunkte!
Schreiben Sie je nach Stichwort in ☐ rot, O blau und ◆ grün.

→ _____

→ _____

→ _____

METHODE

Portfolio-Planer

Wer Ziele verfolgt, braucht einen Weg. Planen Sie deshalb Ihr Vorgehen möglichst konkret in den Dimensionen Zeit/Dauer, Ort, Inhalte, Zielkontrolle.

Datum, Ort	Aufgabe Daran will ich arbeiten …	Ziel Das habe ich erreicht …	Arbeitszeit in Minuten

| METHODE | Portfolio [Workshop] |

PORTFOLIO – der Workshop

→ Siehe dazu die Seiten 190–195 zur Bearbeitung.

Regelmäßig sollen Sie Zeit erhalten für Ihre Portfolio-Arbeit bzw. einen Austausch oder eine Reflexion im Team über diese Arbeit. Dafür stehen Ihnen folgende verschiedene Arbeitsmethoden zur Verfügung, die Sie nach fachlichen Zielen (was brauche ich noch, um meine fachlichen Kompetenzen zu erweitern) und persönlichen, also individuellen Schwerpunkten (wo liegen meine besonderen Ressourcen, individuelle Lernzugänge) auswählen können.
(siehe nachfolgende Seiten 173–189):
- Portfolio-Konferenz
- Schreibkonferenz
- Reflexionsbogen
- Fachgespräch über das Portfolio mit dem Lernbegleiter
- Kompetenzdiagramm
- Die Bewertung
- Portfolio-Galerie

Portfolio-Konferenz

Sie gibt Ihnen Zeit für einen Austausch im Team über Ihre Portfolio-Arbeit:

- Bilden Sie ein Team mit 3–5 Studierenden. Sie wählen eine/n Diskussionsleiter/-in.

- Sie wählen eine Aufgabe aus Ihrem Portfolio (vgl. INHALTE, z.B. ein durchgeführtes Bildungsangebot, einen Bericht), die Sie vorstellen möchten.

- Jetzt diskutieren die Teammitglieder über den Text/die Aufgabe, während der betroffene Autor, also Sie, zum Zuhörer bzw. Beobachter wird. Mögliche Aspekte sind
  – Was haben wir gehört?
  – Was ist gut gelungen?
  – Was ist unklar geblieben?
  – Wo sind Verbesserungsvorschläge möglich?

- Die Diskussionsleitung fasst kurz zusammen. Sie können sich im Rahmen eines Protokolls Notizen machen.

- Sie habe jetzt die Möglichkeit, Rückfragen zu stellen – bitte keine Rechtfertigungen abgeben und in keine Diskussion eintreten.

- Ist noch Zeit vorhanden, wiederholen Sie die Vorgehensweise, indem ein weiterer Studierender seine Arbeit präsentiert.

- Am Ende soll in einer kurzen Reflexionsrunde erörtert werden, wie es Ihnen als Beobachter und Zuhörer erging, z.B. mit einem Blitzlicht. Sie ergreifen damit die Metaebene.

- Achten Sie immer auf die verbindlichen Regeln zum **Feedback**! *(s. Anlage 1 Feedback-Regeln)*

Anlage 1

Feedback-Regeln

Feedback ist eine Rückmeldung zu einer Äußerung oder einem gezeigten Verhalten, das über die reine Wiedergabe der Information hinausgeht, indem es die Wirkung der Botschaft auf den Empfänger einschließt.

Ein Feedback hat 2 Komponenten:
- → Feedback geben, d.h. Sie teilen dem Kollegen/der Kollegin mit, wie Sie deren Arbeit wahrnehmen, um ihm/ihr die Möglichkeit der Verbesserung einzuräumen.
- → Feedback empfangen, d.h. Sie bekommen die Möglichkeit, zu hören, wie Ihre Arbeit auf andere wirkt, um sie ggf. zu verbessern.

Damit dieser Prozess möglichst reibungslos verläuft, sind folgende Regeln einzuhalten:

Feedback geben

- Geben Sie Feedback nur, wenn es erwünscht ist, d.h. wenn Sie darum gebeten wurden oder zuvor gefragt haben.
- Beginnen (und beenden) Sie Ihr Feedback damit, dass Sie **positive Aspekte** benennen.
- Sprechen Sie per „ich" und nicht per „man" und „wir", denn Sie formulieren Ihre subjektive Wahrnehmung.
- Beschreiben Sie so konkret wie möglich, was Sie wahrnehmen. Bewerten Sie (das Produkt) nicht pauschal, und vermeiden Sie Verallgemeinerungen.
- Machen Sie konstruktive Vorschläge. Feedback soll dazu dienen, sich zu verbessern. Dazu muss Ihr Mitschüler wissen, was und wie er sich verbessern kann.
- Bleiben Sie sachlich. Es geht um die Arbeit eines Menschen, nicht um seine Persönlichkeit.

Feedback annehmen

- Hören Sie Ihrem Mitschüler aufmerksam zu, ohne ihn zu unterbrechen.
- Versichern Sie sich anschließend durch Rückfragen, ob Sie die Ausführungen richtig verstanden haben.
- Rechtfertigen und verteidigen Sie sich bzw. Ihre Arbeit nicht.
- Seien Sie sich bewusst, dass Sie niemand angreifen möchte, sondern Ihnen die Chance gibt, sich zu verbessern. Feedback ist ein Geschenk an Sie.
- Sie müssen nicht unkritisch alles annehmen und umsetzen, was Ihnen gesagt wird.
- Teilen Sie Ihrem Gegenüber mit, wie das Feedback bei Ihnen ankam.
- Bedanken Sie sich für das Feedback.

(Von Raben 2010, S. 97)

METHODE — Portfolio [Workshop]

Schreibkonferenz

Sie können auch einen schriftlichen Austausch über Ihre Portfolio-Arbeit mit Ihren Mitstudierenden suchen, um ein Feedback zu bekommen:

- Bilden Sie ein Team mit 3-5 Studierenden.
- Haben Sie Ihren eigenen Portfolio-Text oder die Aufgabe (den/die Sie reflektieren wollen) ausgedruckt zur Hand. Ein Ausdruck reicht.
- Sie benötigen außerdem 4-6 Kopien/Ausdrucke des Rückmeldebogens (*Anlage 2*): Jeder Teilnehmer erhält auch einen Bogen.
- Geben Sie nun Ihren eigenen Portfolio-Text/die Aufgabe sowie den Rückmeldebogen an Ihren rechten Sitznachbarn weiter.
- Jetzt lesen alle die Texte/Aufgaben im Hinblick auf Stärken und Schwächen und füllen den Rückmeldebogen aus. Arbeiten Sie mit vorab vereinbarten Satzanfängen wie
  – Ich denke, dir ist gut gelungen …
  – Verbessern könntest du aus meiner Sicht …
  – Mir ist aufgefallen, dass …
- Dann werden die Texte/Aufgaben wie auch die Rückmeldebögen wieder an den rechten Nachbarn weitergegeben.
- So wird weiter verfahren, bis der Text/die Aufgabe wieder beim ursprünglichen Autor angekommen ist.

Hinweise:
- Während der Schreibkonferenz wird nicht gesprochen.
- Es gelten uneingeschränkt die Feedback-Regeln (*Anlage 1*).
- Sie können das Vorgehen auch variieren: Bei einem Text, der nicht länger als eine Seite ist, kann dieser auch mittig auf einen vergrößerten Rückmeldebogen (Format A3) geklebt werden. Die Rückmeldungen werden dann rundherum vermerkt.

METHODE Portfolio [Workshop]

Anlage 2: Rückmeldebogen zur Schreibkonferenz

Rückmeldebogen

Rückmeldung von: _____ an: _____

Zur Portfolio-Arbeit: _____ am: _____

Aus meiner Sicht ist dir besonders gut gelungen …

Verbessern könntest du ….

Mir ist aufgefallen …

Was ich dir noch sagen wollte …

METHODE Portfolio [Workshop]

Reflexionsbogen

Sie können auch für sich selbst Ihre Arbeit reflektieren – mit diesem Reflexionsbogen:

Name: _____ Datum: _____

Portfolio-Aufgabe: _____

Ich habe die Aufgabe folgendermaßen erarbeitet:
Folgende Kompetenzen habe ich fokussiert und erreicht/nicht erreicht:
Gut gelungen ist mir …
Folgende Inhalte werde ich überarbeiten, weil …
Diese Aufgabe ist für meine pädagogische Arbeit wichtig, weil …

METHODE

Fachgespräch mit dem Lernbegleiter

Sie können mit Ihrem Lernbegleiter in einen fachlichen Austausch über eine Portfolio-Arbeit gehen. Ihr Lernprozess kann durch geeignete Rückmeldungen, Beratung, Verbesserungsvorschläge, fachliche Diskussionen u.a. bereichert werden.

Zum Vorgehen

- Vereinbaren Sie mit dem Lernbegleiter einen Gesprächstermin (beachte evtl. Sprechzeiten).
- Bereiten Sie sich fachlich auf das Gespräch vor, achten Sie auf die Bewertungskriterien und verwenden Sie die Protokollvorlage (*Anlage 3*).

Vorbereitung

- **Selbsteinschätzung mit Hilfe des Kompetenzdiagramms und/oder dem Selbsteinschätzungsbogen:** Sie müssen Ihre Einschätzung während des Gesprächs anhand von Portfolio-Produkten begründen können. Worauf sind Sie besonders stolz? Zu welchem Produkt gibt es eine für Sie interessante Entstehungsgeschichte?
- **Fragen vorbereiten:** Wo ist etwas unklar geblieben? Was fällt Ihnen besonders schwer? Wo brauchen Sie Beratung und Unterstützung?
- **Ziele setzen:** Überlegen Sie, was Sie in welchem Zeitraum noch erreichen möchten. Was interessiert Sie besonders, was möchten Sie vertiefen, was verbessern?
- **Feedback und Anregungen für und an den Lernbegleiter überlegen:** Wie kommen Sie mit der Struktur des Unterrichts zurecht? Wünschen Sie sich mehr Unterricht in einer bestimmten Sozialform? Sollte ein bestimmtes Thema intensiver bearbeitet werden?

(Von Raben 2010, S. 98)

Danach erfolgt das Gespräch wie folgt:

Gesprächsablauf

- Sie haben als erstes das Wort und äußern sich allgemein zu ihrem Portfolio und/oder Ihren bisherigen Erfahrungen damit.
- Anhand des Kompetenzrasters und der Inhalte des Portfolios werden dessen Stärken und Schwächen besprochen. Hier ist auch Gelegenheit, um über Bedingungen des Lernens zu sprechen und Fragen zu stellen.
- Sie verabreden gemeinsam, wie Sie weiterarbeiten werden und wie Sie dabei unterstützt werden können.
- Nach dem Gespräch werden die wesentlichen Punkte, die Sie besprochen haben, in einem Protokoll festgehalten.

(Von Raben 2010, S. 98)

| METHODE | Portfolio [Workshop] |

Anlage 3: Protokollvorlage

Protokoll zum Fachgespräch

am: _____ von: _____ bis: _____

zwischen: _____ und: _____
           Studierende/r   *Lernbegleiter/-in*

Inhalte des Gesprächs

Stellungnahme des Autors/der Autorin

Gut gelungene Aufgaben innerhalb der Portfolio-Arbeit

Weitere Gesprächsinhalte

Weiteres Vorgehen

(Mit Unterschrift bestätigt)

_____ _____
Studierende/r   *Lernbegleiter/-in*

| METHODE | Portfolio [Workshop] |

Kompetenzdiagramm

Eine weitere Möglichkeit, Ihre Portfolio-Arbeit zu reflektieren, ist das Kompetenzdiagramm. Welche fachlichen, methodischen, personalen oder sozialen Kompetenzen wollten Sie erreichen?

- Orientieren Sie sich an bekannten Kompetenzmessinstrumenten (vgl. Lerntagebuch) wie dem Kompetenzquadrat, dem Kompetenzraster, Kompetenzdiagnose u.a.: Dort finden Sie Kompetenzen differenziert in Lernzielen im Überblick.
- Achten Sie auf eine Reflexion und Dokumentation aller Kompetenzbereiche.
- Sie können das Kompetenzdiagramm regelmäßig für die einzelnen Portfolio-Aufgaben anwenden.
- Dabei kann eine Portfolio-Aufgabe durchaus mehrere Kompetenzbereiche bedienen.
- Die Portfolio-Aufgaben sind „Produkte", die Ihre Kompetenzen belegen.
- Bei der Bewertung dieser Aufgaben zählen
  – die Vollständigkeit der Inhalte,
  – die fachliche Qualität dieser,
  – die Fähigkeiten bzgl. Planung und Reflexion der einzelnen Aufgaben,
  – die Kontinuität der Portfolio-Arbeit insgesamt.
- Ziel des Kompetenzdiagramms ist es, Ihren Lernprozess zielorientiert zu dokumentieren, Kompetenzen/Ziele zu reflektieren, Ihre Arbeitsplanung transparent zu machen und Arbeitsschritte zu konkretisieren.
- Das Kompetenzdiagramm wird mit einer Vorlage erarbeitet (*Anlage 4*).

| METHODE | Portfolio [Workshop] |

Anlage 4

Kompetenzdiagramm

für: _____ am: _____

Belegt durch Portfolio-Ergebnis:
_____

Belegt durch Portfolio-Ergebnis:
_____

Belegt durch Portfolio-Ergebnis:
_____

Kompetenzbereich:

Belegt durch Portfolio-Ergebnis:
_____

Belegt durch Portfolio-Ergebnis:
_____

Belegt durch Portfolio-Ergebnis:
_____

(Von Raben 2010, S. 88)

handwerk-technik.de • aus 4712 • Hanna Heinz

| METHODE | Portfolio [Workshop] |

Die Bewertung

Am Ende eines Semesters erfolgt eine Bewertung Ihres Portfolios. Die nachstehenden Kriterien verschaffen Ihnen von Anfang an eine Orientierung und können je nach Ausbildungsstand und -zeitpunkt eine unterschiedliche Gewichtung erfahren.

Bewertungskriterien für das Portfolio

Qualität der Beiträge:	Die Beiträge **weisen Fach- und Methodenkompetenz** nach. Die **Inhalte** sind **fachlich/sachlich richtig**, die gewählten **Methoden** werden **sachgerecht** angewandt. Anhand der Beiträge wird das **Erreichen bestimmter Niveaustufen** im **Kompetenzdiagramm** nachgewiesen.
Reflexionen:	Eine Reflexion hat eine gute Qualität, wenn durch sie der Lernprozess sichtbar wird, mit allen möglichen Hürden oder Umwegen. Eine Reflexion kann auch dann gut sein, wenn sie einen missglückten Lernprozess beschreibt und daraus ein Fazit gezogen wird. Das bedeutet: Ein ungenügendes bis mangelhaftes Portfolio ist eine Sammelmappe, in der sich **unkommentierte Pflichtarbeiten** befinden. Ein ausreichendes bis befriedigendes Portfolio ist eine Mappe, die an **einigen Stellen Hinweise auf den Lernprozess** gibt. Ein gutes bis sehr gutes Portfolio ist eines, **welches in allen Teilen den Lernprozess** verdeutlicht.
Gestaltung:	Das Portfolio ist **passend zur Ausbildung** und zur Person ansprechend gestaltet. Eine **sorgfältige Führung** ist zu erkennen. Es ist **übersichtlich** gegliedert.
Formale Aspekte:	**Ausdruck und Stil** sind flüssig (keine Stichworte) und angemessen. Es wird **Fach- statt Umgangssprache** verwendet. **Satzbau, Rechtschreibung und Zeichensetzung** sind fehlerfrei. Es wird **richtig zitiert**, und Quellen werden korrekt angegeben.
Vollständigkeit:	Das Portfolio beinhaltet alle **Pflichtteile** sowie **selbst gewählte Beiträge**. Also: **Mappe, Deckblatt, Einführung für den Leser** bzw. **Portfolio-Brief, Inhaltsverzeichnis, Arbeiten zu den einzelnen Kompetenzbereichen** sowie **Reflexionen** bzw. **Lerntagebücher** zu den einzelnen Produkten. Im Präsentations-Portfolio finden sich eine **Abschlussreflexion** und **Begründungen der Auswahl der Werke**.

(Von Raben 2010, S. 98)

METHODE Portfolio [Workshop]

Anlage 5

Portfoliobewertung Solo I

Zunächst sollte eine **Selbsteinschätzung** der Portfolio-Arbeit erfolgen, welche dann Grundlage eines Bewertungsgesprächs mit dem Lernbegleiter sein kann.

für: _____ am: _____

Beurteilungskriterien	Einschätzung
Vollständigkeit. Mein Portfolio besteht aus ... • einem selbst gestalteten Ordner mit Titelblatt • einem Inhaltsverzeichnis • einer Einführung für den Leser • Produkten zu allen Kompetenzbereichen • Lerntagebuch-, Reflexions- u. Rückmeldebögen • Verfasser- und Quellennachweisen	Ja ☐ ☐ ☐ ☐ ☐ Nein ☐
Qualität der Beiträge. Deutlich wird ... • eine intensive Auseinandersetzung mit den Lerngegenständen • eine insgesamt sehr gute inhaltliche bzw. fachliche Qualität	Ja ☐ ☐ ☐ ☐ ☐ Nein ☐ ☐ ☐ ☐ ☐
Qualität der Reflexionen. Deutlich wird ... • wie der Lernprozess vonstatten ging • welche Kompetenzen zum Tragen kommen • dass ich in der Lage bin, Berufsbezug herzustellen	Ja ☐ ☐ ☐ ☐ ☐ Nein ☐ ☐ ☐ ☐ ☐ ☐ ☐ ☐ ☐ ☐
Gestaltung, Kreativität. Das Portfolio ist ... • passend zum Thema und ansprechend gestaltet • sorgfältig geführt • übersichtlich gegliedert	Ja ☐ ☐ ☐ ☐ ☐ Nein ☐ ☐ ☐ ☐ ☐ ☐ ☐ ☐ ☐ ☐
Formale Aspekte • Der Ausdruck ist flüssig, angemessen und korrekt. Ich habe die entsprechenden fachsprachlichen Ausdrücke und keine Umgangssprache verwandt. • Satzbau, Rechtschreibung und Zeichensetzung sind korrekt. • Quellenangaben und Zitate sind korrekt.	Ja ☐ ☐ ☐ ☐ ☐ Nein ☐ ☐ ☐ ☐ ☐ ☐ ☐ ☐ ☐ ☐

(Von Raben 2010, S. 100)

Anmerkungen:

METHODE Portfolio [Workshop]

Portfoliobewertung Team II

Der Lernbegleiter erstellt ebenfalls als Basis eines anstehenden Bewertungsgesprächs die Portfolio-Arbeit nach einem kompatiblen Raster (**Fremdbeurteilung**).

für: _____ am: _____

%	Beurteilungskriterien	Einschätzung
	Vollständigkeit. Mein Portfolio besteht aus ... • einem selbst gestalteten Ordner mit Titelblatt • einem Inhaltsverzeichnis • einer Einführung für den Leser • Produkten zu allen Kompetenzbereichen • Lerntagebuch-, Reflexions- u. Rückmeldebögen • Verfasser- und Quellennachweisen	Ja ☐ ☐ ☐ ☐ ☐ Nein
	Qualität der Beiträge. Deutlich wird ... • eine intensive Auseinandersetzung mit den Lerngegenständen • eine insgesamt sehr gute inhaltliche bzw. fachliche Qualität	Ja ☐ ☐ ☐ ☐ ☐ Nein
	Qualität der Reflexionen. Deutlich wird ... • wie der Lernprozess vonstatten ging • welche Kompetenzen zum Tragen kommen • dass der Schüler/die Schülerin in der Lage ist, Berufsbezug herzustellen	Ja ☐ ☐ ☐ ☐ ☐ Nein
	Gestaltung, Kreativität. Das Portfolio ist ... • passend zum Thema und ansprechend gestaltet • sorgfältig geführt • übersichtlich gegliedert	Ja ☐ ☐ ☐ ☐ ☐ Nein
	Formale Aspekte • Der Ausdruck ist flüssig, angemessen und korrekt. Es werden die entsprechenden fachsprachlichen Ausdrücke und keine Umgangssprache verwandt. • Satzbau, Rechtschreibung und Zeichensetzung sind korrekt. • Quellenangaben und Zitate sind korrekt.	Ja ☐ ☐ ☐ ☐ ☐ Nein

(Von Raben 2010, S. 101)

Gesamteindruck/Anmerkungen:

für den Lernbegleiter: _____

METHODE Portfolio [Workshop]

Portfoliobewertung Referenz III

Abschließend erstellt der Lernbegleiter in einer **Referenz** eine Bewertung des Portfolios.

Portfolio-Bewertung für: _____

am: _____   von: _____

Bewertungskriterium	Einschätzungen	sehr gut bis gut	zufriedenstellend bis verbesserungsfähig	Verbesserungswürdig bis unzureichend
Fachliche Qualität der Beiträge				
Qualität der Reflexionen				
Vollständigkeit				
Ästhetische Gestaltung/ Kreativität				
Formale Aspekte				
Reflexionsgespräch				

Bemerkung

Note

_____   _____
Datum   *Unterschrift Lernbegleiter/-in*

METHODE Portfolio [Workshop]

Schlussbewertung der Portfolio-Arbeit (Solo) IV

Zum Ende jeden Schuljahres wird die Portfolio-Arbeit als solche von Ihnen bewertet. Nachfolgender Bogen ermöglicht Ihnen eine individuelle Einschätzung dieser Arbeit, indem Sie die vorgegebenen Satzanfänge für sich ergänzen. Begründen Sie Ihre Aussagen.

am: _____ für: _____

1. Ein Portfolio zu führen ist …

2. Ich halte Portfolio-Arbeit für mich persönlich sinnvoll/nicht sinnvoll, weil …

3. Die Portfolio-Arbeit hat sich (positiv/negativ) ausgewirkt auf (z. B. meine Lernmotivation/meine Lernkompetenzen/Selbstständigkeit usw.), und zwar …

4. Der Austausch mit anderen über deren oder meine Lernprodukte ist …

5. Bewertungskriterien festzulegen und auszuhandeln ist …

6. Die Arbeit mit dem Kompetenzdiagramm finde ich …

7. Das Portfolio-Gespräch mit meinem Lernbegleiter war …

(Von Raben 2010, S. 104)

METHODE   Portfolio [Workshop]

Schlussbewertung der Portfolio-Arbeit (Team) V

Zum Ende jeden Schuljahres wird die Portfolio-Arbeit als solche von Ihnen bewertet. Das können Sie auch im Team tun. Verwenden Sie folgende Entwicklungsspinne und bewerten Sie mit Klebepunkten in den einzelnen Bereichen. Je weiter Sie die Punkte im Zentrum der Spinne anordnen, desto zufriedener sind Sie mit der Arbeit in Bezug auf die 8 Aspekte.

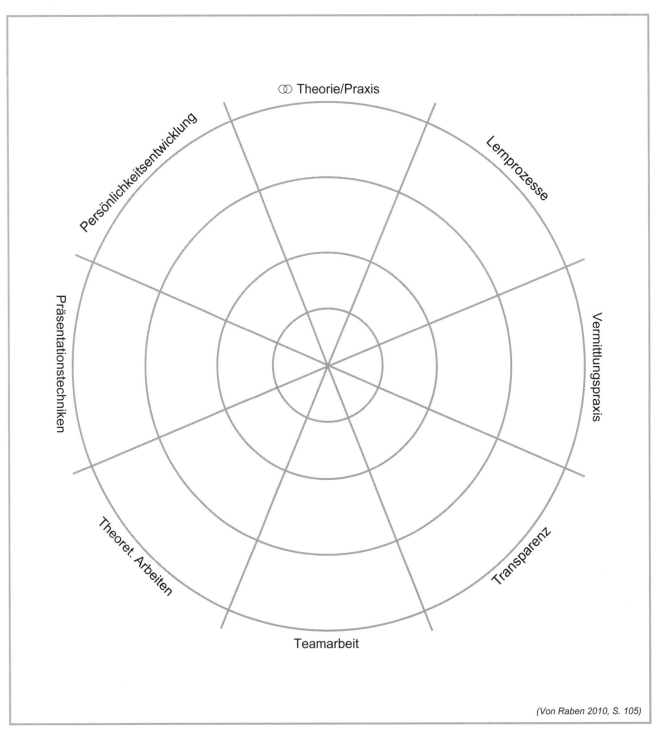

(Von Raben 2010, S. 105)

Im Team
_____

_____   am: _____

METHODE Portfolio [Workshop]

Portfolio-Galerie

Am Ende jeden Schuljahres erfolgt eine **Präsentation Ihres Portfolios** für die Schulgemeinschaft und in Zusammenarbeit mit anderen Klassen der Schule.

Dazu präsentieren Sie im Schulhaus an verschiedenen Plätzen Ihre Portfolio-Ordner und geben den Mitstudierenden und Schulkollegen Einblick in Ihre Arbeit. Zu bestimmten vereinbarten Zeiten stehen Sie für Auskünfte und fachliche Gespräche zur Verfügung

- Überprüfen Sie Ihre Portfolio-Arbeit auf ihre Qualität (Anlage 5, div. Bewertungsvorlagen).
- Überlegen Sie, wo und in welcher Form Sie Ihre Arbeit vorteilhaft und ansprechend zeigen können (Tisch, Tischständer, beachten Sie z. B. Hinweisschilder/-pfeile, Lichtquellen u.a.).
- Was sind Ihre Highlights, die Sie besonders gern anbieten und zeigen wollen?
- Können Sie ein interaktives Angebot anbieten?
- Stellen Sie mit Ihrem Namensschild und der Klassenbezeichnung aus.
- Tragen Sie ein Namensschild während der Präsentation.

PORTFOLIO – der Workshop

Liebe Studierende, neben den verschiedenen Praktika werden Sie im Rahmen Ihrer Ausbildung ein Portfolio erarbeiten. Das Portfolio dokumentiert die Arbeitsaufgaben, die den fachbezogenen Unterricht einerseits mit dem Praxisgeschehen andererseits verbindet.

Ihre Aufgaben

1. Finden Sie sich in einem Team von 4 Studierenden zusammen.

2. Füllen Sie ein Placemat aus (Anlage 1). Jede von Ihnen sitzt an einer Tischseite und füllt das Placemat von ihrer Seite her aus, also zu der dortigen fachlichen Fragestellung:

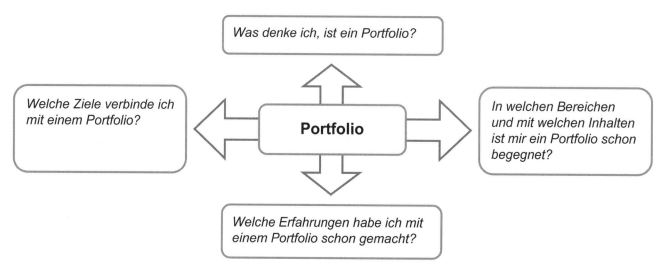

3. Nachdem alle ihr Feld ausgefüllt haben, drehen Sie das Placemat weiter, sodass jede von Ihnen eine andere Frage vorfindet.

4. Lesen Sie, was dort bereits steht, und ergänzen Sie mit eigenen Gedanken.

5. Sind alle 4 Fragen rundum gegangen, tauschen Sie sich über die niedergeschriebenen Gedanken aus. So entwickeln Sie Ihre _Fachkompetenz_. [TIPP: siehe Überblick über Kompetenzen in *Anlage 4*]

1. Gehen Sie jetzt in ein neues Team und vertiefen Sie Ihre Fachkompetenz, indem Sie sich mit 4 Studierenden für die Bearbeitung einer der 4 Fragestellungen zusammenfinden.

2. Recherchieren Sie mögliche Antworten zu den gestellten Fragen in Einzelarbeit und notieren Sie jeweils Ihre Erkenntnisse auf einem Blatt Papier.

3. Treffen Sie sich anschließend im Team, um die Inhalte der Antworten zu vergleichen.

4. Fassen Sie dann gemeinsam auf den ausliegenden Dokumentationsbögen (*Anlage 2*) Ihre zentralen Aspekte auf die 4 Fragen zusammen. Präsentieren Sie diese im Klassenzimmer.

| METHODE | Portfolio [Workshop] |

--- ---

1. Vertiefen Sie jetzt aktiv Ihre *Personalkompetenz*, indem Sie Ihr persönliches, individuelles **Ausbildungsportfolio** anlegen.

2. Dafür brauchen Sie eine schöne **Portfolio-Mappe**, in der alle Ihre Arbeitsaufgaben Ihrer Schuljahre zur Erzieherausbildung Platz finden werden.

3. Gestalten Sie ein Ihnen gefälliges **Register**, das als Trennung fungiert zwischen
   - der Methodik der Portfolio-Arbeit und
   - den Arbeitsaufgaben während der Ausbildung.

4. Verschaffen Sie sich einen Überblick über die möglichen verfügbaren **Methoden**, die Ihnen für die Portfolio-Arbeit zur Verfügung stehen (Sozialraumanalyse, videogestützte Praxisreflexion u.a., vgl. die diversen Vorlagen zu „Portfolio-Methoden") und drucken Sie die Liste aus. So entwickeln Sie *Methodenkompetenz*.

5. Formulieren Sie mögliche Fragestellungen zur Portfolioarbeit auf dem Fragezettel (*Anlage 3*).

--- ---

1. In einem nächsten Arbeitsschritt legen Sie die notwendigen Registerblätter für mögliche fachliche Aufgabenstellungen an:
   Sie können dafür die Vorlagen Ihrer Lehrkraft [💿 vgl. CD, Registerblätter] ausdrucken oder eigene Registerblätter im A4-Format gestalten. Jeder Abschnitt des Portfolios erhält ein eigenes Deckblatt!

2. Vielleicht haben Sie noch Zeit, Ihren Portfolio-Ordner künstlerisch-ästhetisch zu gestalten. Er soll Ihnen gefallen und sich mit Ihnen verbinden.

3. Wenn alles fertig ist, werden die Portfolio-Ordner (noch ohne Inhalte) in einer ersten kleinen Präsentation im Klassenzimmer ausgestellt.

Jetzt können Sie richtig loslegen…

Regelmäßig in den Stunden der Klasse _____
(und nicht nur dann, sondern auch im Praktikum, vgl. Praxisaufgaben) werden Sie nun mit Ihrem Portfolio arbeiten.

METHODE Portfolio [Workshop]

Anlage 1: Placemat

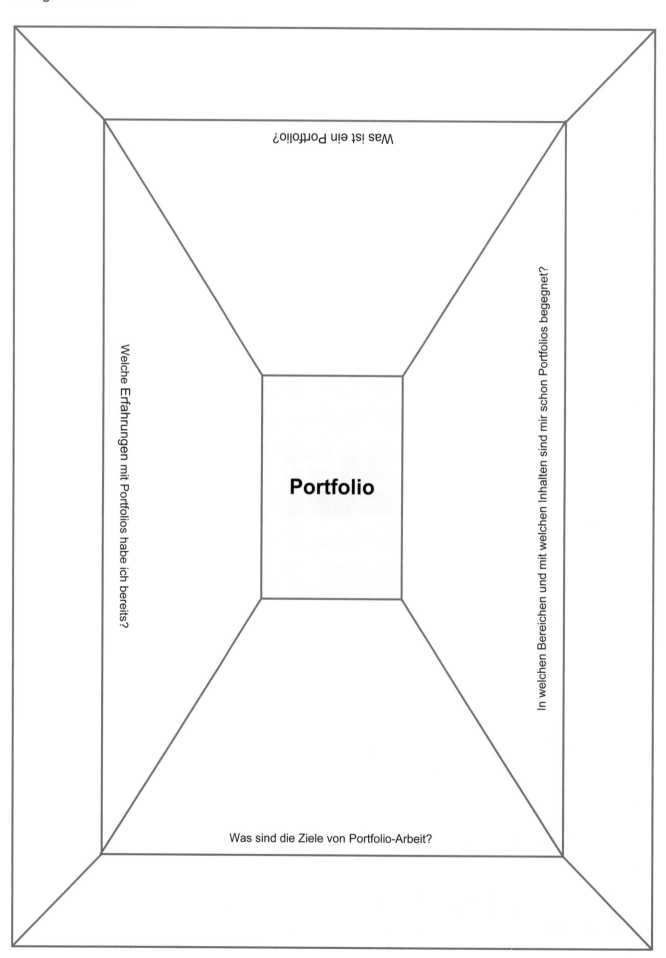

METHODE *Portfolio [Workshop]*

Anlage 2: Dokumentationsbogen

Dokumentationsbogen

Thema: _____

von (Name): _____ am (Datum): _____

- ...

- ...

- ...

- ...

- ...

| **METHODE** | Portfolio [Workshop] |

Anlage 3: Fragezettel

Fragen über Fragen

Thema: _____

von (Name): _____ am (Datum): _____

? ...

? ...

? ...

? ...

? ...

METHODE Portfolio [Workshop]

Anlage 4: Die Kompetenzen

Die Kompetenzen

Die Elemente meiner erzieherischen Handlungskompetenz sind

ICH-Kompetenz (Selbst-, Personal-)	Fachkompetenz	Methodenkompetenz	Sozialkompetenz
kennt eigene Stärken und Schwächen	hat fachtheoretisches Wissen, z. B. Entwicklungspsychologie	arbeitet zielgerichtet	zeigt angemessene Wahrnehmung Dritter
reflektiert eigene biografische Zusammenhänge	erkennt erzieherische Aufgaben und Problemstellungen	wendet unterschiedliche Methoden an	kommuniziert mit am Erziehungsprozess Beteiligten angemessen
übernimmt Verantwortung	entwickelt Fertigkeit, fachliche Aufgaben umzusetzen	analysiert berufliche Situationen angemessen	hat Fähigkeit, mit anderen z. B. im Team zu kooperieren
hat eine Wahrnehmung von sich und eigenem Handeln	entwickelt sich in erzieherischen Grundfragen weiter durch fachliche Reflexion	wendet Verfahren flexibel an	kann Konflikte konstruktiv bearbeiten
ist selbstständig im Umgang mit Herausforderungen	angemessener Umgang mit Fachsprache	wendet Lern- und Arbeitstechniken an	ist empathisch und wertschätzend im Umgang mit Dritten
organisiert sich und beruflichen Alltag angemessen	ist fähig zu professioneller Beobachtung	macht sich eigene Lernstrategien zu eigen	gestaltet Arbeitswelt aktiv mit
reflektiert eigene Wertvorstellungen im Zusammenhang mit beruflichen Aufgaben	strukturiert nach methodisch-didaktischen Grundsätzen	wendet Gesprächsführungsmethoden an	übernimmt angemessen Führung
entwickelt berufliche und persönliche Ressourcen weiter	plant pädagogische Arbeit zielgerichtet		zeigt situationsgerechtes Auftreten und Handeln
hat angemessene Frustrationstoleranz			stellt sich gesellschaftlichen Herausforderungen

METHODE
Portfolio [Methoden]

PORTFOLIO – Methoden innerhalb der Portfolioarbeit

Es handelt sich hierbei um eine lehrergeführte unterrichtspraktische Einführung in die unterschiedlichen Methoden innerhalb der Portfolio-Arbeit. Die Lehrkraft kann zum Einstieg die Hintergrundinformationen nutzen, die ihr unter ① „Portfolio – die Methode" zur Verfügung stehen.

Die Studierenden tragen sich in den Plan zu den einzelnen Methoden ein. Dann studieren sie sie anhand der von der Lehrkraft kopierten Informationen zu den Methoden (Vorlagen in ①). Um das erworbene Wissen in neuer Weise präsent zu machen (individualisierter Zugang) sieht die folgende Sequenz vor, dass die Lernenden pro Methode eine sorgsam ausgearbeitete **Karteikarte** erstellen (die später gemeinsam überabeitet wird). Die Sammlung aller Karteikarten ergibt in einer Box die „Methoden-Kartei", die für alle zugänglich bleibt.

Es folgen das Vortragen im Plenum und eine Optimierungsphase der Karten, sodass die gesamte Klasse am Ende einen Ein- bzw. Überblick über mögliche, verfügbare Methoden hat.

Benötigtes Material

- große Karteikarten (mind. A5-Format)
- Box zum Aufbewahren der fertigen Karteikarten, dies wird die „Methoden-Kartei"
- Kopien der Vorlagen zu den Methoden (siehe Kasten)

> **Hinweis Kopiervorlagen:**
> Die Sequenz Portfolio-Workshop: ist zu finden in diesem Lehrerhandbuch auf den Seiten 190–195, als Kopiervorlage für die Schülerhand.
> Die Schülermaterialien zu den Sequenzen Portfolio-Planer, Portfolio-Konferenz, Schreibkonferenz, Reflexionsbogen, Fachgespräch mit dem Lernbegleiter, Kompetenzdiagramm, Portfoliobewertung (div.) und Portfolio-Galerie finden sich als Vorlagen auf den Seiten 173–189, in ① „Portfolio – die Methode".

| METHODE | Portfolio [Methoden] |

METHODEN
in der ausbildungsbezogenen Portfolio-Arbeit

Themenliste *	Verantwortlich für Erarbeitung
Was ist (m)ein Ausbildungsportfolio?	Lehrkraft
Phasen Ihrer Portfolio-Arbeit in der Ausbildung	Lehrkraft
Portfolio-Workshop	• ...
Portfolio-Planer	• ... • ...
Portfolio-Konferenz	• ... • ... • ...
Schreibkonferenz	• ... • ...
Reflexionsbogen	• ... • ...
Fachgespräch mit dem Lernbegleiter	• ... • ... • ...
Kompetenzdiagramm	• ... • ...
Portfoliobewertung Solo I	• ... • ... • ...
Portfoliobewertung Team II	• ... • ...
Portfoliobewertung Referenz III	• ... • ...
Schlussbewertung der Portfolio-Arbeit Solo IV	• ... • ...
Schlussbewertung der Portfolio-Arbeit Team V	• ... • ...
Portfolio-Galerie	• ... • ...

*(*vgl. dazu die Inhalte in diesem Lehrerhandbuch S. 173–189)*

METHODE Portfolio [Methoden]

METHODEN

ZUM AUSBILDUNGSPORTOFLIO

METHODE   Portfolio [Methoden]

Arbeitsauftrag

1. Ziehen Sie eine der ausgeschnittenen **Methodenkarten** (Anlage 2) und erfahren Sie damit,
   - welche Methode Sie bearbeiten und
   - mit wem Sie kooperieren werden.

   Ihr Name wird in die Themenliste unter „Verantwortlich für Erarbeitung" eingetragen.

2. Erarbeiten Sie kollegial/zu zweit oder im Team mit den in den Tischvorlagen zur Verfügung gestellten Arbeitsunterlagen diese eine Methode des Ausbildungsportfolios.

3. Nehmen Sie eine der Blanko-Karteikarten und dokumentieren Sie Ihre Ergebnisse gut leserlich und fachadäquat: Sie wird in einer **Methodenkartei** abgelegt werden, um Ihnen während Ihrer Ausbildung immer verfügbar zu sein.

4. Stellen Sie diese Methode Ihren Mitstudierenden **im Plenum** möglichst anschaulich und inhaltlich prägnant vor.

5. Im Plenum: Machen Sie sich als Zuhörende Notizen zu den einzelnen Methoden.

Optimierung der Karten

6. Formulieren Sie Ihre Fragen zu den einzelnen Methoden auf den kleinen Zetteln (z. B. Format A5) und heften Sie diese hinter die jeweilige Methodenkarte.

7. Ergänzen Sie eigenständig bis zum Beginn des „Portfolio-Workshops" die Methoden mit Ihrer individuellen Aufzeichnung (als Notizen in Ihrem Ordner).

8. Diskutieren Sie zu Beginn der ersten „Portfolio-Konferenz" Ihre Fragen, Ergänzungen u.a. Mit den Ergebnissen optimieren Sie dann die Methoden-Karteikarten in der Methoden-Kartei.

| METHODE | Portfolio [Methoden] |

Anlage 1

Was ist (m)ein Ausbildungsportfolio?

Es dokumentiert Ihre persönlichen
praxisbezogenen Arbeitsergebnisse.

Es reflektiert Ihre Anstrengungen,
Ihre Fortschritte und Leistungen
innerhalb Ihrer beruflichen Ausbildung.

Es vernetzt fachtheoretische Inhalte mit
praxisnahen Erfahrungen.

Es stärkt Ihre Selbstverantwortung
für die berufliche Ausbildung.

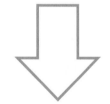 Es 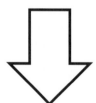 ist

produktorientiert　　**prozessorientiert**　　**selbstorientiert**

ERGEBNIS　　PROZESS　　SELBSTORGANISATION

METHODE Portfolio [Methoden]

Anlage 2: Methodenkarten

Portfolio-Workshop	Portfolio-Planer
Portfolio-Konferenz	Portfolio-Planer
Portfolio-Konferenz	Portfolio-Konferenz
Schreibkonferenz	Fachgespräch mit dem Lernbegleiter
Schreibkonferenz	Fachgespräch mit dem Lernbegleiter

METHODE Portfolio [Methoden]

Reflexionsbogen	Fachgespräch mit dem Lernbegleiter
Reflexionsbogen	Kompetenzdiagramm
Portfoliobewertung Solo	Kompetenzdiagramm
Portfoliobewertung Solo	Portfoliobewertung Team
Portfoliobewertung Solo	Portfoliobewertung Team

METHODE — Portfolio [Methoden]

Portfoliobewertung Referenz	Schlussbewertung der Portfolio-Arbeit (Solo)
Portfoliobewertung Referenz	Schlussbewertung der Portfolio-Arbeit (Solo)
Schlussbewertung der Portfolio-Arbeit (Team)	Schlussbewertung der Portfolio-Arbeit (Team)
Portfolio-Galerie	Portfolio-Galerie

PORTFOLIO – DIE INHALTE

Inhaltsverzeichnis

Dokumentationen zu

- Einführung in Lernfeldarbeit/Kompetenzorientierung
- Ausbilderkonferenz
- Reflexive Praxisgespräche
- Arbeit mit Dilemma-Situationen
- Kollegiale Beratungen
- Präsentationen incl. Reflexionsgespräche (Handlungskonzepte Lernfeld 2 u.a.)
- Planspiele: Lernfeld 3/Entwicklungsgespräch; Lernfeld 4/Methodisches Vorgehen
- Videogestützte Reflexionen
- Rückmeldungen/Feedbacks

Berichte zum Begleitpraktikum

- Beobachtungsaufgabe an einem Kind (Lernfeld 3)
- Durchführung Spielbegleitende Maßnahme und Bildungsangebot (Lernfeld 4)
- Hospitationen: Gruppenbesuche/Bildungsangebote (Lernfeld 4)

Lerntagebuch zu den Lernfeldern

- Kompetenzraster inkl. Referenzgespräch (Lernfeld 1)
- Kompetenzdiagnose inkl. Referenzgespräch (Lernfeld 2)
- Entwicklungsspinne inkl. Referenzgespräch (Lernfeld 3)
- Kann-Liste inkl. Referenzgespräch (Lernfeld 4)
- Tagebucheintrag inkl. Referenzgespräch (Lernfeld 5)

Praxistagebuch

- Expertise zu biografischer Selbstreflexion (Lernfeld 1)
- Berufliche Identität entwickeln (Lernfelder 1 und ff.)
- Reflexives Praxistagebuch
- Reflexive Wochenrückblicke im Blockpraktikum

Bericht zum Schulpraktikum (Lernfeld 1)
Bericht zum Projektpraktikum (Lernfeld 4)
Praktikumsvereinbarungen
Praxisplaner
Praxisnachweise
Arbeits- und Berufsfelderkundungen (Lernfeld 2)/Handlungskonzepte/Berufspraktikum
Ausbildungsplan

METHODE Portfolio [Inhalte]

Entwicklungsskala im Praktikum

Meine Entwicklung im Praktikum entsprechend den Zielsetzungen in den Phasen (Fachkompetenz, Personalkompetenz, Sozialkompetenz)

Für: _____

Orientierungsphase	Erprobungsphase	Vertiefungs-/ Verselbstständigungsphase	Abschluss & Rückblick
• Kennenlernen sozialpädagogischer Arbeitsfelder • Rechtliche, institutionelle, finanzielle Regelungen erfahren • Sozialpädagogisch handeln können • Zusammenhänge von Theorie und Praxis erkennen • Kollegial reflektieren und kritisch handeln können • Vorerfahrungen und Erwartungen reflektieren • Lernsituationen beobachten, beurteilen lernen • Einrichtungsspezifische Konzeption kennen und verstehen	• Sich mit Fragen des beruflichen Alltags auseinandersetzen • Sozialpäd. Grundhaltung entwickeln • Sich planvoll mit Aspekten und Aktivitäten der Praxis auseinandersetzen • Beobachten, Beschreiben, Analysieren lernen, Arbeit mit Beobachtungsbuch • Pädagogische Angebote entwickeln, konkretisieren, erproben und üben • Reflektieren, verbessern, ausprobieren und dokumentieren • Konzeptionelle, inhaltliche, methodische Vorstellungen entwickeln	• Fallbesprechung/Teilhabe an Bildungspartnerschaft • Kollegiale Beratung • Teilhabe an gruppenübergreifenden Prozessen und Aktivitäten der Gesamteinrichtung (Teamarbeit, Konzeptionelles, Feste, Vernetzung mit Kooperationspartnern u.a.) • Berichte/Beobachtungen zu spielbegleitenden Maßnahmen, Bildungsangeboten, Hospitationen bilden zunehmend Ausgangspunkt für Reflexionsgespräche	• Reflexion des Gesamtprozesses • Konstruktiver Abschluss: Resümee • Ablösung von Kindern, Mitarbeitern, Anleitung

PRAKTIKUM – PRAKTIKUM – PRAKTIKUM – PRAKTIKUM

[Beachte dabei: Fachkompetenz, Personalkompetenz, Sozialkompetenz]

Praxisstelle: _____

Individuelle Entwicklungsprozesse	Individuelle Entwicklungsprozesse	Individuelle Entwicklungsprozesse	Individuelle Entwicklungsprozesse

[Blatt bei Bedarf verlängern]

Lernort-kooperation

| METHODE | Portfolio [Inhalte] |

Kooperationsbericht Erziehungs- und Bildungspartnerschaft

Arbeitsauftrag

1. Erstellen Sie eine Mindmap (Vorlage Seite 207) zu den Formen von Erziehungs- und Bildungspartnerschaft, die an Ihrer Praxiseinrichtung angeboten werden. Gleichen Sie ab mit den möglichen Formen, die in der Tabelle vom Bayerischen Staatsministerium (Anlage 1) genannt werden.

2. Suchen Sie sich in Zusammenarbeit mit Ihrer Ausbilderin/Ihrem Ausbilder eine Form der Erziehungs- und Bildungspartnerschaft aus, an der Sie im Rahmen Ihres Praktikums partizipieren und mitwirken können.

3. Stellen Sie dar (Vorlage Seite 208), wie diese Form von Erziehungs- und Bildungspartnerschaft praktiziert wird:
   - pädagogische Zielsetzungen
   - beteiligte Personen
   - zeitliche Abläufe
   - räumliche Skizzierung
   - Dokumentationsformen
   - Reflexionsmöglichkeiten, z.B. im Team

4. Dokumentieren Sie (Vorlage Dokumentation Seite 209–211) einen Anteil Ihrer Mitarbeit dabei:
   - Beschreiben Sie, welche Maßnahme (auch in Teilen) der Form von Erziehungs- und Bildungspartnerschaft Sie übernehmen können.
   - Erläutern Sie begründet Ihre (SMARTEN) Zielsetzungen.
   - Machen Sie konkrete Angaben zur Planung der Rahmenbedingungen (Raum und Zeit).
   - Welche Kooperationen können nützen, welche können Sie anbahnen?
   - Legen Sie dar, wie Sie die Maßnahme dokumentieren werden: Gestalten Sie einen ergänzenden Dokumentationsentwurf, z.B. ein Protokoll, eine sprechende Wand o.Ä.
   - Reflektieren Sie mit Ihrer Ausbilderin/Ihrem Ausbilder die Maßnahme mithilfe der Dokumentation eines Praxisgesprächs (vgl. Vorlage Seite 212f.).

| METHODE | Portfolio [Inhalte] |

Kooperationsbericht

Eltern- und Familienkooperation sind alle Kontakte zwischen Eltern und pädagogischen Mitarbeitern. Dabei schätzen sich Eltern und Pädagogen gleichermaßen als gleichwertige Erziehungspartner. Sie verbinden sich im Sinne der Erziehungsaufgabe mit dem vornehmlichen Ziel, dem Wohl des Kindes zu dienen. Dabei bringen die Eltern als Basis pädagogischen Wirkens ihre Erfahrungen, ihr Wissen um die Lebensumstände, ihre persönlichen Einschätzungen etc. in die gemeinsame Arbeit ein.

Die pädagogischen Mitarbeiter geben Einblick in Strukturen und Inhalte ihrer Arbeit innerhalb der Einrichtung; sie schildern Verhaltensweisen des Kindes in der Einrichtung, vermitteln Kontakte zu anderen hilfreichen Erziehungsinstanzen oder beratenden Stellen; sie stehen den Eltern in Erziehungsfragen zur Seite. Dabei bedienen sie sich verschiedenster Methoden und Formen:

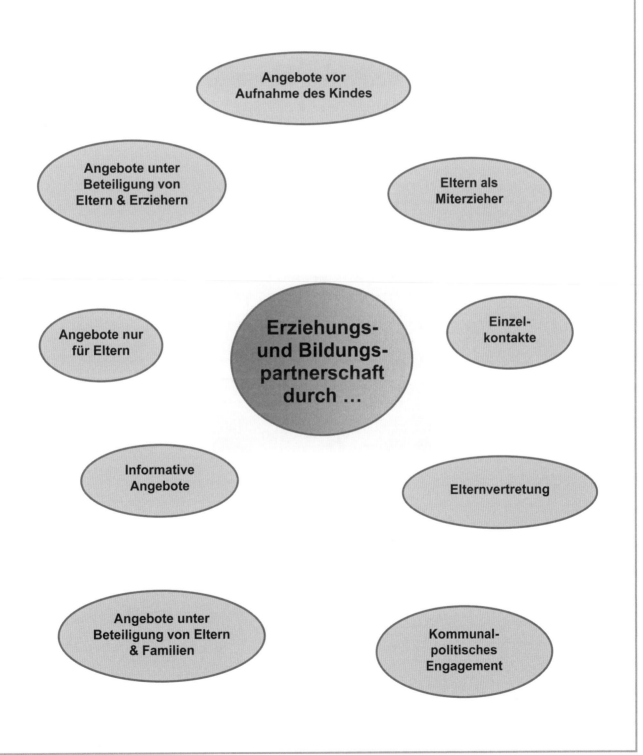

METHODE

Portfolio [Inhalte]

DOKUMENTATION
einer Form von Erziehungs- und Bildungspartnerschaft an meiner Praxisstelle

Name: _____

Ziele

Beteiligte Personen/Personengruppen

- …
- …
- …

- …
- …
- …

Rahmenbedingungen

| Zeit | Raum |

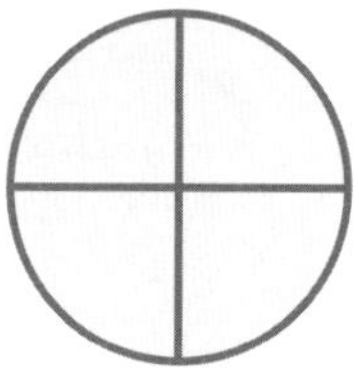

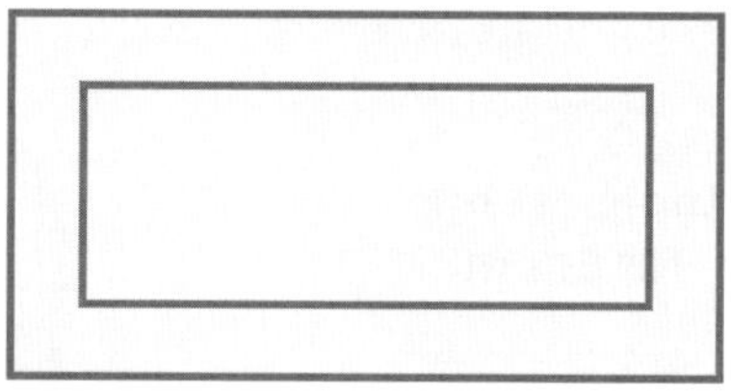

Kooperationen

Dokumentation | Reflexion

METHODE Portfolio [Inhalte]

DOKUMENTATION
Meine Partizipation an dieser Form der Erziehungs- und Bildungspartnerschaft

Zielsetzungen _____

_____

_____

_____

_____

_____

_____

_____

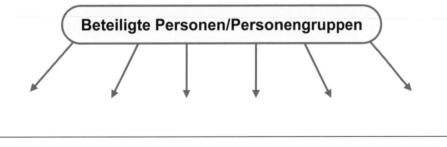

_____

_____

_____

_____

_____

_____

_____

METHODE Portfolio [Inhalte]

Rahmenbedingungen

Zeitliche Planung

_____
_____
_____
_____
_____
_____
_____
_____
_____

Räumliche Planungen

METHODE

Portfolio [Inhalte]

Dokumentation
evtl. mit Anlage (z. B. Elternbrief, Einladung)

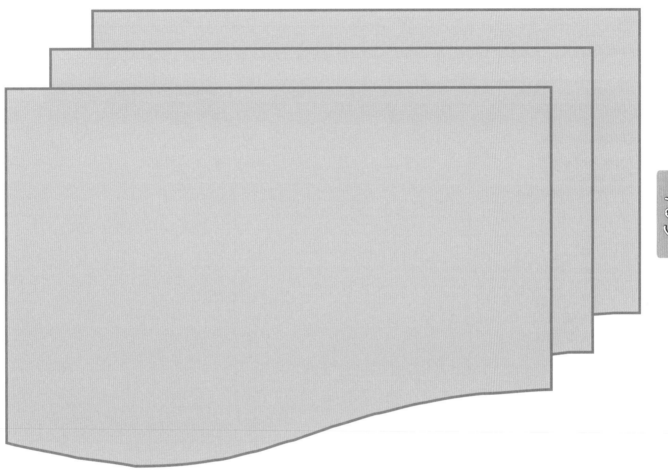

Reflexionsmöglichkeiten

Schriftlich	kollegial/zu zweit	Im Team

METHODE Portfolio [Inhalte]

Dokumentation eines Praxisgesprächs
zur Kooperation mit am Erziehungsprozess Beteiligten

am: _____ von: _____ bis: _____

anwesend: _____

Kompetenzbereiche	Selbst- und Fremdwahrnehmung. Entwicklungspotenziale	Zielvereinbarung(en). Handlungsschritt(e)
Fachkompetenz		
Fachkenntnisse, Fachsprache, Zielformulierungen u.a.		→ ✓ … ✓ …
Methodenkompetenz		
Methodenwahl, Strukturen (Raum, Zeit u.a.), Planung, Materialien/Medien, Binnendifferenzierung u.a.		→ ✓ … ✓ …

handwerk-technik.de • aus 4712 • Hanna Heinz

METHODE		Portfolio [Inhalte]
Kompetenzbereiche	Selbst- und Fremdwahrnehmung. Entwicklungspotenziale	Zielvereinbarung(en). Handlungsschritt(e)
Personale Kompetenz		
Authentizität, Offenheit, Sprache/Gesprächsführung u.a.		→ ✓ ... ✓ ...
Soziale Kompetenz		
Beziehungen, wertschätzende Haltung, Erziehungsmittel u.a.		→ ✓ ... ✓ ...
Reflexionskompetenz		

für das Protokoll

am: _____

_____   _____
Praktikant/in   *Ausbilder/-in*

METHODE

Portfolio [Inhalte]

KORREKTURBLATT zum Kooperationsbericht

für (Name): _____ Klasse: _____ Abgabetermin: _____

	Sehr gut bis gut	zufriedenstellend bis verbesserungsfähig	verbesserungswürdig bis unzureichend
Mindmap (Vollständigkeit, Vielfalt, Differenzierung u.a.)			
Darstellung einer Form der Erziehungs- und Bildungspartnerschaft (Vielseitigkeit und Begründetheit operationaler Ziele, Konkretisierung von Rahmenbedingungen, Dokumentationsbeschreibung, Reflexionsmöglichkeiten u.a.)			
Planung & Organisation eigener Maßnahme (Raum-, Sitzordnung, zeitliche Planung, Materialvorbereitung, Absprachen u.a. – in Bezug zur Aufgabe)			
Dokumentation der Maßnahme (Eignung und Begründetheit der Methode, Differenzierung, Transparenz u.a.)			
Reflexion (Rahmenbedingungen, Ziele, Sozialformen, Weiterführung, Feedback zum Verlauf u.a.)			
Praxisgespräch (Selbst- und Fremdwahrnehmung in den unterschiedlichen Kompetenzbereichen, Zielvereinbarungen, Handlungsschritte, Reflexionskompetenz u.a.)			

Zusammenfassende Bewertung/Bemerkung an den Verfasser	Note

_____ _____
Datum Unterschrift Lehrkraft

METHODE   Portfolio [Inhalte]

Anlage 1

Formen der Elternarbeit – eine Übersicht

1 Angebote vor Aufnahme des Kindes	<ul><li>erster Kontakt zu Eltern</li><li>Anmeldegespräch</li><li>Vorbesuche in der Gruppe</li><li>regelmäßige Besuchsnachmittage</li></ul>	<ul><li>Einführungselternabend</li><li>Elterncafé zu Beginn des Kindergartenjahres</li><li>Hausbesuche oder Telefonanrufe vor Beginn des Kindergartenjahres</li></ul>
2 Angebote unter Beteiligung von Eltern und Erzieherinnen	<ul><li>Elternabende, Gruppenelternabende, Elterngruppen (mit/ohne Kinderbetreuung)</li><li>themenspezifische Gesprächskreise</li><li>Treffpunkt für Alleinerziehende, Vätergruppe, Treffpunkt für Aussiedler/Ausländer</li></ul>	<ul><li>Gartenarbeit, Kochen für Kinder</li><li>Spielplatzgestaltung, Renovieren/Reparieren, Büroarbeit, Buchhaltung, Elternbefragung</li></ul>
3 Angebote unter Beteiligung von Familien und Erzieherinnen	<ul><li>Feste und Feiern, Bazare, Märkte, Verkauf von Second-Hand-Kleidung</li><li>Freizeitangebote für Familien (z.B. Wanderungen, Ausflüge)</li><li>Bastelnachmittage</li></ul>	<ul><li>Spielnachmittage, Kurse (z.B. Töpfern)</li><li>Familiengottesdienste</li><li>Vater-Kind-Gruppe/-angebote</li><li>Familienfreizeiten</li></ul>
4 Eltern als Miterzieher	<ul><li>Mitwirkung von Eltern bei Gruppenaktivitäten, Beschäftigungen und Spielen</li><li>Begleitung der Gruppe bei Außenkontakten</li><li>Einbeziehung in die Entwicklung von Jahres- und Rahmenplänen, die Planung von Veranstaltungen und besonderen Aktivitäten, die Gestaltung von Spielecken usw.</li></ul>	<ul><li>Kita-Projekte unter Einbeziehung der Eltern (z.B. Besuche am Arbeitsplatz, Vorführung besonderer Fertigkeiten)</li><li>Kurse für Kinder oder Teilgruppen (z.B. Sprachunterricht, Schwimmkurs, Töpferkurs)</li><li>Einspringen von Eltern bei Abwesenheit von Fachkräften (z.B. wegen Erkrankung, Fortbildung)</li></ul>
5 Angebote nur für Eltern	<ul><li>Elternstammtisch</li><li>Elternsitzecke (auch im Garten)</li><li>Elterncafé</li><li>Treffpunktmöglichkeiten am Abend oder Wochenende</li><li>Elterngruppe/-arbeitskreis (allgemein, themen-/aktivitätenorientiert, Hobbygruppe)</li></ul>	<ul><li>Väter-/Müttergruppen</li><li>Angebote von Eltern für Eltern</li><li>Elternselbsthilfe (z.B. wechselseitige Kinderbetreuung)</li></ul>
6 Einzelkontakte	<ul><li>Tür- und Angelgespräche</li><li>Termingespräche</li><li>Telefonkontakte (regelmäßig oder nur bei Bedarf)</li><li>Mitgabe/Übersendung von Notizen über besondere Ereignisse</li></ul>	<ul><li>Tagebücher für jedes einzelne Kind</li><li>Beratungsgespräche (mit Mutter, Eltern, Familie; unter Einbeziehung von Dritten), Vermittlung von Hilfsangeboten</li><li>Hospitation</li><li>Hausbesuche</li></ul>
7 Informative Angebote	<ul><li>schriftliche Konzeption der Kindertageseinrichtung</li><li>Elternbriefe/-zeitschrift</li><li>schwarzes Brett</li><li>Rahmenplanaushang</li><li>Tagesberichte</li></ul>	<ul><li>Fotowand</li><li>Buch- und Spielausstellung</li><li>Ausleihmöglichkeit (Spiele, Bücher, Artikel, Musikkassetten)</li><li>Beratungsführer für Eltern</li><li>Auslegen von Informationsbroschüren</li></ul>
8 Elternvertretung	<ul><li>Einbeziehung in die Konzeptionsentwicklung</li><li>Besprechung der Ziele und Methoden der pädagogischen Arbeit</li><li>Einbindung in Organisation und Verwaltungsaufgaben</li></ul>	<ul><li>gemeinsames Erstellen der Jahres- und Projektpläne</li><li>Einbeziehung in die Planung, Vorbereitung und Gestaltung besonderer Aktivitäten und Veranstaltungen</li></ul>
9 Kommunal-politisches Engagement	<ul><li>Eltern als Fürsprecher der Kindertageseinrichtung</li><li>Eltern als Interessensvertreter für Kinder</li></ul>	<ul><li>Zusammenarbeit mit Elternvereinigungen, Initiativgruppen, Verbänden und Einrichtungen der Familienselbsthilfe</li></ul>

(Bayerisches Staatsministerium für Arbeit und Sozialordnung, Familie und Frauen (Hrsg.)/Textor/Blank 2004, S. 13 f.)

METHODE Portfolio [Inhalte]

Praktikumsvereinbarung (und Vereinbarungsrevision)

zwischen: _____
Ausbilder/Ausbilderin

und: _____
Praktikant/Praktikantin

Liebe Praktikantin, lieber Praktikant:

Welche Erwartungen haben Sie an das bevorstehende Praktikum?
_____
_____

Welche Aufgaben sind jetzt zu erfüllen in der Orientierungsphase, was möchten Sie in den ersten Praktikumswochen erreichen? Welche Aufgaben haben Sie in der Erprobungsphase?
In der Vertiefungs-/Verselbstständigungsphase?
_____
_____
_____

Was erwarten Sie von mir als Ausbilder/-in? Was erwarte ich von Ihnen als Praktikant/-in?
_____
_____

Was werden Sie dazu beitragen, dass die vereinbarten Ziele erreicht werden können?
_____
_____

Welche Befürchtungen haben Sie? Gibt es etwas, was das Erreichen der Ziele behindern könnte? Haben Sie Ideen für Lösungsansätze?
_____
_____

Welche Vereinbarungen helfen uns, in der Orientierungsphase des Praktikums einen regelmäßigen Austausch zu finden?
_____
_____

[Bei der nächsten Ausbilderkonferenz erfolgt eine Vereinbarungsrevision – bitte wieder mitbringen.]

METHODE   Portfolio [Inhalte]

Wir vereinbaren somit:

- _____

- _____

- _____

Merkmale „nützlicher" Verträge
(vgl. Hennig/Pelz 2002)

- eindeutig (nichts zwischen den Zeilen)
- kurz (ohne Bedingungen und Nebensätze)
- positiv formuliert (enthält keine Verneinungen)
- überprüfbar (die Beteiligten und auch Außenstehende können die Entwicklungsfortschritte wahrnehmen)
- erfüllbar (angesichts der Zeit und Möglichkeiten von Anleiter/-in und Praktikant/-in)

_____   _____
Datum   *Unterschrift Praktikant/-in*

_____   _____
Datum   *Unterschrift Ausbilder/-in*

[Bitte im Laufe der Blockpraktikumswoche bei einem Ausbildungsgespräch mit der Anleitung thematisieren und gemeinsam nach den „Merkmalen nützlicher Verträge" (siehe Kasten) ausfüllen. Bei der nächsten Ausbilderkonferenz erfolgt eine Vereinbarungsrevision – bitte wieder mitbringen.]

METHODE

Vereinbarungsrevision

zwischen: _____
Ausbilder/Ausbilderin

und: _____
Praktikant/Praktikantin

→ Welche der vereinbarten Erwartungen wurden **erfüllt** (grün) / **teilweise erfüllt** (gelb) / **nicht erfüllt** (rot)?

_____
_____
_____
_____

→ Welche Ziele bleiben bezogen auf die einzelnen Kompetenzfelder bestehen?

_____
_____
_____
_____

→ Was erwartest du von mir als Ausbilder/-in in der Vorbereitung auf die praktische Prüfung? Was erwarte ich von dir als Praktikant/-in?

_____
_____
_____
_____

→ Was wirst du dazu beitragen, dass die vereinbarten Ziele erreicht werden können?

_____
_____
_____
_____

→ Welche Befürchtungen hast du? Gibt es etwas, das das Erreichen der Ziele behindern könnte?

_____
_____
_____
_____

METHODE Portfolio [Inhalte]

➔ Woran werden du und andere merken, dass die vereinbarten Ziele erreicht sind?

_____
_____
_____

Wir vereinbaren somit:

- _____
_____
_____
_____
_____

- _____
_____
_____
_____
_____
_____
_____

- _____
_____
_____
_____
_____

_____   _____
Datum   *Unterschrift Praktikant/-in*

_____   _____
Datum   *Unterschrift Ausbilder/-in*

| METHODE | Portfolio [Inhalte] |

Der Institutionsbericht

Der Institutionsbericht setzt sich aus verschiedenen Analyseteilen zusammen, die möglichst unter Bezugnahme auf die Lernfelder in der sozialpädagogischen Praxis und in der Kooperation mit dem Lernort Praxis umgesetzt werden:

- **Die Einrichtung**
  Lernfeld 1: Arbeitsfelder erschließen
  Lernfeld 2: Unterschiedliche Handlungskonzepte

- **Die Gruppe**
  Lernfeld 2: Mit Gruppen pädagogisch arbeiten
  Lernfeld 3: Lebenswelten und Diversität wahrnehmen, verstehen und Inklusion fördern

- **Das Spielmaterial**
  Lernfeld 4: Sozialpädagogische Bildungsarbeit professionell gestalten

- **Die Kooperationen**
  Lernfeld 5: Erziehungs- und Bildungspartnerschaft mit Eltern
  Lernfeld 6: Institution und Team entwickeln sowie in Netzwerken kooperieren

INSTITUTIONSANALYSE Teil I – Die Einrichtung

Die Institutionsanalyse ist Teil des Institutionsberichts: Sie erlaubt der Praktikantin/dem Praktikanten einen Einblick in verschiedene Bereiche der Praxiseinrichtung in der sie oder er das Praktikum absolviert. Als solches steckt die Institutionsanalyse die Rahmenbedingungen der Erziehungs- und Bildungsarbeit der Einrichtung, ihre Strukturen, Kooperationen auf der Basis der Konzeption ab.

1. Name der Einrichtung
2. Art der Einrichtung
3. Trägerschaft
4. Gründung
5. Konzeption (Zusammenfassung)
6. Organisation
    6.1 Leitung der Einrichtung
    6.2 Größe der Einrichtung
7. Öffnungszeiten
8. Personelle Ausstattung
9. Räumliche Ausstattung
    9.1 Plan der gesamten Einrichtung (Kopie)
    9.2 Skizze des Gruppenraums/Nebenraums

METHODE — Portfolio [Inhalte]

INSTITUTIONSANALYSE Teil II – Die Gruppe

Die Gruppenanalyse ist Teil des Institutionsberichts. Sie gibt Einblick in die Zusammensetzung der Gruppe, ihre Heterogenitäten, ihre Verbindlichkeiten und ihre Entwicklung. Damit ist sie u.a. Basis für eine individualisierende und binnendifferenzierte Arbeit.

1. Name der Gruppe
2. Gruppenleitung – personelle Ausstattung
3. Gruppenzusammensetzung
   3.1 Größe der Gruppe
   3.2 Alterszusammensetzung
   3.3 Geschlechtszusammensetzung
   3.4 Nationalitäten
   3.5 Kinder mit besonderen Bedarfen
4. Gruppenentwicklung
   Entwicklungsphase der Gruppe: begründete Zuordnung
5. Gruppennormen
   Regeln, Rituale, Gruppenstrukturen u.a.
6. Soziogramm zur Gruppe
   Auf der Basis einer Soziomatrix erstelltes Soziogramm
7. Besondere Aufgaben, Ressourcen, Herausforderungen, pädagogische Schwerpunkte (vgl. Konzeption)

Institutionsanalyse Teil III – Die Spielmaterialliste

Die Spielmaterialliste ist Teil des Institutionsberichts und lässt einen Einblick zu über verfügbare Spielmaterialien und deren fachliche Zuordnung in Funktionsbereiche.

1. Spielmaterial zum Liebhaben (Teddybär u.a.)
2. Spielmaterial zum Rollenspiel (Puppenecke u.a.)
3. Spielmaterial zum Malen und Gestalten (Pinsel, Schere u.a.)
4. Spielmaterial zum Bauen und Konstruieren (LEGO-Steine® u.a.)
5. Spielmaterial zum Musizieren (Trommel u.a.)
6. Spielmaterial zur Sprachförderung (Bilderbücher u.a.)
7. Spielmaterial zur Förderung mathematisch-naturwissenschaftlicher Fähigkeiten
8. Spiele zum Miteinanderspielen/Regelspiele (Mensch ärgere dich nicht®, Memory® u.a.)

Institutionsanalyse Teil IV – Die Kooperationen

Kooperationen mit unterschiedlichen Partnern steigern eine qualifizierte Arbeit am Kind. Sie sind von der Institution getragen und prägen die pädagogische Arbeit.

1. Teamarbeit
   Formen, zeitliche und räumliche Planung, Inhalte, Ergebnisse
2. Fachliche Kooperationen
   Zusammenarbeit mit Fachdiensten, Integrationsbeauftragten, Therapeuten, Kinderärzten, spezifizierten Pädagogen u.a.
3. Elternkooperation
   Formen von Erziehungs- und Bildungspartnerschaft, zeitliche und räumliche Planungen u.a.
4. Kooperationen im Sozialraum
   Zusammenarbeit mit Vereinen, Schulen u.a.

Lernort-kooperation

| METHODE | Portfolio [Inhalte] |

SOZIALRAUMORIENTIERUNG

Definition Sozialraum
Kinder finden sich in ihrem Alltag häufig wieder in Institutionen wie Kinderkrippe, Kita, Schule. Der Lebensraum von Kindern reicht aber weit über das Leben in den Einrichtungen hinaus: Sie besuchen Spielplätze, ärztliche Praxen, öffentliche Büchereien oder Theater und sind in einem Musik- oder Sportverein.
Der Sozialraum erfasst das soziale und räumliche Umfeld, um mit dem Konzept der „Lebensweltorientierung" (Hans Thiersch), als Leitgedanken der Neuorientierung des Jugendhilfegesetzes, Kinder und ihre Familien entsprechend präventiv zu unterstützen.

Ziele der Sozialraumorientierung

Die Sozialraumorientierung soll

- Kinder/Jugendliche und deren Familien in ihrem alltäglichen räumlichen Umfeld wahrnehmen;

- Hilfs- und Unterstützungsangebote in räumlicher Nähe erfassen (Ressourcen nützen) bzw. solche bei Bedarf installieren;

- Bedürfnisse von Kindern/Jugendlichen bzw. deren Familien innerhalb ihres „Quartiers" (Wohnumfeld) erkennen bzw. abdecken. Dabei sind die Bedarfe abhängig von den Bedürfnissen der Menschen, die im Sozialraum leben, deren Alter, Geschlecht, kulturellem Hintergrund sowie den räumlichen und strukturellen Gegebenheiten des Quartiers;

- soziale Arbeit mit Menschen mit besonderen Bedürfnissen oder in besonderen Lebenslagen erleichtern;

- im Rahmen der Kinder- und Jugendhilfe „positive Lebensbedingungen für junge Menschen und ihre Familien sowie kinder- und familienfreundliche Umwelt erhalten oder schaffen" (§1 Abs. 3 Nr. 4 SGB VIII).

Sozialraumorientierung als Konzeptionsentwicklung
Vom einrichtungszentrierten Blick zum Lebensweltbezug

Ulrich Deinet (2013)

Eine sozialräumliche Konzeptionsentwicklung geht nicht wie die klassische Konzeptionsentwicklung allein von den institutionellen Rahmenbedingungen aus, sondern fragt aus der Analyse der Lebenswelten von Kindern nach Bedarfen und Anforderungen an die Kindertageseinrichtungen oder andere Institutionen.

Sozialraumorientierung bedeutet für Kitas einen Paradigmenwechsel: Die Kita wird quasi von außen betrachtet, als zentraler Ort für Kinder und Familien in der Lebenswelt. Sozialraumorientierung zeigt sich in der Arbeit mit den Kindern, durch Engagement über die Kita hinaus sowie im Aufbau einer Lobby für Kinder und Familien im Stadtteil.

[Die sozialräumliche „Wirkungen" werden berücksichtigt in der konzeptionellen Entwicklung. Außerdem werden die Grundlagen geschaffen für die Vernetzung unterschiedlicher Institutionen wie z. B. Kitas, Familienzentren, Schulen, Jugendhilfe, Beratungsstellen, ärztliche Dienste, kirchliche Angebote. Es entstehen Netzwerke, die den Familien und ihren Kindern präventiv zur Seite stehen. Sie ermöglichen Prävention, Partizipation, Integration und Inklusion. Damit wird u.a. den veränderten Anforderungen an die Familie Rechnung getragen: Eltern sind in Fragen ihrer Elternschaft oft verunsichert, teils überfordert durch Mehrfachbelastungen. Die Kinderbetreuung wird zu einer organisatorischen Herausforderung. Familiäre Konstellationen sind zunehmend weniger stabil, Ein-Kind-Familien nehmen zu. Gemeinsame Familienzeiten und -erlebnisse werden geringer. Das Armutsrisiko für Familien steigt.

Voraussetzung für Sozialraumorientierung ist somit eine Analyse örtlicher Gegebenheiten *sowie* der Bedürfnisse der Familie. Dann erst können Ressourcen erkannt und genützt bzw. die Entwicklung sozialer Angebote angestoßen werden. (Anm. d. Autorin)]

Für die meisten Kindertageseinrichtungen beginnt Sozialraumarbeit nicht bei null, sondern ist eine Weiterentwicklung ihres bestehenden Konzeptes und Angebotes. Oft arbeiten Kitas schon lange im Stadtteil und müssen sich nun fragen, inwieweit sie ihre Konzeption aufgrund von Veränderungen im Sozialraum, bei bestimmten Gruppierungen etc. weiterentwickeln und verändern müssen. Dafür ist der „Blick von außen", d. h. die Analyse der Sichtweisen und Wahrnehmungen der Kindertageseinrichtungen aus dem Blickwinkel unterschiedlicher Gruppierungen und Institutionen von großem Interesse, da oft eine Differenz zwischen Eigen- und Fremdwahrnehmung entsteht..

Analyse- und Beteiligungsmethoden

Auf einem subjektorientierten Verständnis aufbauend, versucht eine sozialräumliche Lebensweltanalyse Einblicke in die unterschiedlichen Lebenswelten und Sozialräume von Kindern und Familien zu erhalten und Aneignungsmöglichkeiten und -einschränkungen zu analysieren. Qualitative Methoden einer Lebensweltanalyse ermöglichen die erforderlichen differenzierten Einblicke:

- Stadtteilbegehung mit Kindern,
- Nadelmethode,
- Cliquenraster,
- strukturierte Stadtteilbegehung,
- Autofotografie,
- subjektive Landkarten,
- Zeitbudgets.

(vgl. Deinet 2009)

Nach dem Schritt der Sozialraumanalyse mit der Verwendung von **statistischem Material zur Bevölkerungsstruktur** und anderer relevanter Daten des jeweiligen Sozialraums werden in einer Lebensweltanalyse **qualitative Methoden** aus dem Reservoir der empirischen Sozialforschung im Rahmen einer „kleinen" Feldforschung eingesetzt. Teilweise können auch Methoden der Jugendhilfeplanung oder aber Aktionsformen der Jugendarbeit selbst eingesetzt werden (z. B. Videostreifzüge).

Die Anwendung solcher Methoden soll helfen, Lebenswelten von Kindern besser zu erfassen und die in der Praxis immer noch vorhandene Einrichtungsbezogenheit zu überwinden. Diese Methoden lehnen sich zum Teil an qualitative ethnografische oder biografische Forschungsmethoden an und versuchen, diese für die Praxis der Jugendarbeit anwendbar zu machen, auch mit starkem Bezug auf das oben skizzierte Aneignungskonzept.

METHODE

Die analytischen Möglichkeiten der skizzierten Methoden liegen in der Gewinnung von qualitativem Material zu den Lebenslagen und -welten von Kindern und ihren Familien; gleichzeitig werden diese als Experten ihrer Lebenswelten in den Prozess aktiv einbezogen und beteiligt. Zahlreiche Methoden aus diesem Repertoire sind auch als **direkte Beteiligungsmethoden** einsetzbar.

Aus den Daten und Informationen können Aussagen zur Qualität des Sozialraums und dessen Verbesserung interpretiert werden. Diese sind sowohl für die klassische Arbeit der Tageseinrichtungen nutzbar als auch für eine zu entwickelnde Sozialraumarbeit im Stadtteil. [Eine adressengerechte Wahl geeigneter Methoden ist wichtig: Wie können die beteiligten Personen in die Erfassung einbezogen werden, z. B. mittels bildnerisch-gestalterischer oder darstellender Methoden, Gespräche, Befragungen u.a. (Anm. d. Autorin)]

Auf der Grundlage der Anwendung der oben beschriebenen qualitativen Methoden und der Interpretation der zur Verfügung stehenden sozialstrukturellen Daten können im Rahmen einer sozialräumlichen Konzeptentwicklung für Kitas und andere Institutionen sogenannte **konzeptionelle Differenzierungen** entwickelt werden. Der Begriff geht davon aus, dass ein Konzept in der Praxis bereits besteht, dass es aber darum gehen muss, dieses nach sozialräumlichen Kriterien hin weiter zu entwickeln und zu differenzieren.

Wichtige Fragen (für die Entwicklung konzeptioneller Differenzierungen lauten:

- Was müsste aufgrund der Analyse der Lebenswelten von Kindern und Familien im Stadtteil geschehen?
- Welche Maßnahme/Einrichtung kann welche neue Funktion und Rolle übernehmen?
- Welche alten Funktionen und Angebote können verändert oder evtl. abgebaut werden?
- Welche Rahmenbedingungen der Einrichtungen (z. B. Lage im Stadtteil, räumliche Ressourcen) machen welche Schwerpunktsetzungen möglich?

Drei Ebenen sozialräumlicher Arbeit

Eine sozialräumlich orientierte Konzeptentwicklung für eine Kita schafft eine breite Grundlage, die weit über die klassische Arbeit mit den Kindern hinausgeht. Die Kita sieht sich selbst als eine Institution in einem Geflecht von unterschiedlichen Einrichtungen und Anbietern in dem jeweiligen Sozialraum.

Mit ihrem Blick auf die Räume von Kindern und Familien im Stadtteil überwindet sie auch die vielfach verbreitete „Komm-Struktur" und bringt sich selbst als handelnde Akteurin in die Entwicklung des Sozialraums ein.

Eine sozialräumlich orientierte Kindertageseinrichtung kann auf 3 Ebenen arbeiten:

1. Durch eine Arbeit mit den Kindern, die sich an den sozialräumlichen Bedingungen der Lebenswelt von Kindern und Familien orientiert und Aneignungsprozesse möglich macht, die sich auch aufgrund der Veränderungen in der Lebenswelt nicht mehr quasi natürlich einstellen. Dies können Projekte sein, in denen sich Kinder ihre Umwelt erschließen und in denen die Kita zum Ausgangspunkt der Erweiterung des Handlungsraumes von Kindern, aber auch von Familien wird.

2. Durch ein Engagement über die Arbeit in der Kindertageseinrichtung hinaus, um z. B. mit Kindern und Familien Räume im Stadtteil zu erhalten, zu verteidigen oder zu schaffen, sich in Planungsprozesse, Freiraum und Spielplatzgestaltung und Verkehrsgestaltung einzumischen und Kinder und Familien direkt daran zu beteiligen. Dies hat den Aspekt einer auch lokalpolitisch aktivierenden Sozialraumarbeit, die versucht, die Menschen für ein Engagement in ihrem direkten Lebensumfeld zu motivieren. Dabei haben die Fachkräfte eine entscheidende Funktion und übernehmen oftmals die Rolle von Vorbildern oder zumindest Orientierungspersonen. Dazu gehört eine regelmäßige Präsenz im Stadtteil, etwa durch Stadtteilbegehungen, Projekte im Umfeld der Tageseinrichtung und Mitarbeit bei Stadtteilprojekten.

3. Durch den Aufbau einer Lobby für die Interessen von Kindern und Familien in der Öffentlichkeit: Dafür haben die Kitas das sozialräumliche Wissen und Mandat, d. h. die Mitarbeiter/-innen können als Experten/Expertinnen für die Interessen von Kindern und Familien im Sozialraum auftreten, Politik und Verwaltung beraten, sich in Stadtteilkonferenzen und anderen Institutionen einmischen. Die Kooperation und Vernetzung mit anderen Institutionen hat hier keinen Selbstzweck, sondern das eindeutige Ziel, die Lebensbedingungen von Kindern und Familien zu verbessern.

Breites Präventionsverständnis

Die hier beschriebene sozialräumliche Orientierung richtet ihren Blick zum einen auf den Zusammen-

METHODE

hang zwischen der Entwicklung von Kindern und deren Familien und den Sozialräumen, in denen sie leben. Der andere Fokus bezieht sich auf das sozialräumliche Arbeiten der Institutionen, insbesondere von Kindertageseinrichtungen in ihrem jeweiligen Umfeld. Beide Aspekte können auch im Zusammenhang einer **Frühprävention** gesehen werden: Die aktive Gestaltung eines Stadtteils, die Bildung von Netzwerken zwischen Institutionen, der Blick auf den öffentlichen Raum mit seinen Gefahren und Möglichkeiten, die Sozialraumarbeit ausgehend von Einrichtungen kann zur Verbesserung des Klimas in einem Stadtteil beitragen und damit auch präventive Wirkungen entfalten.

Im Gegensatz zu einem engen Präventionsbegriff gehen wir allerdings nicht von den präventiven Wirkungen einzelner Methoden oder Angebote aus, sondern sehen die sozialräumliche Entwicklung von Kindertageseinrichtungen insgesamt als Beitrag dazu, die Lebenslagen von Kindern und Familien zu verbessern und diese damit zu stärken im Sinne der Entwicklung präventiver Potenziale. Da wo sich Kinder und Familien in ihrem Wohnumfeld sicher fühlen können, wo sie einen intakten Nahraum nutzen und Kinder auch ohne Gefährdung selbstständig ihren Handlungsraum erweitern können, wo durch gezielte Förderung und die Entwicklung unterschiedlicher Bildungsorte eine breite Entwicklung von Kindern, besonders im Sinne von informeller und nonformaler Bildung gefördert wird, entsteht insgesamt eine kinder- und familienfreundliche Atmosphäre, der man präventive Wirkungen zuschreiben kann.

Stadtteilbegehung als Einstieg in eine Sozialraumanalyse

In der sozialen Arbeit gehören Begehungen immer noch nicht zum klassischen Methodenrepertoire wie etwa in der Architektur oder der Geografie, wo sie zum selbstverständlichen Handwerkszeug der Fachleute gehören. Sie haben in unserer Disziplin immer noch etwas den Anschein eines Spaziergangs. In unseren Sozialraumprojekten haben sich **Begehungen** auf unterschiedlichen Ebenen bewährt:
Zum einen als Einstieg in einen Sozialraum, um erste Eindrücke, Fragen und Themen zu sammeln, zum zweiten als Begehung mit Expertinnen und Experten und zum dritten als Begehungen mit den Zielgruppen, den Kindern, Jugendlichen, Senioren etc., unterstützt durch Dokumentationsmedien wie kurze Protokolle oder Fotografien.

Nicht nur aufgrund der Größe von Stadtteilen, sondern auch aufgrund von deren unterschiedlichen Strukturen müssen solche Begehungen vorbereitet werden im Sinne einer strukturierten Stadtteilbegehung (vgl. Deinet 2009). D. h., vorher werden Daten aus einem Sozialstrukturatlas oder aus anderen Planungsgrundlagen zur Verfügung gestellt. Die meisten Städte in Deutschland und Landkreise verfügen heute über sozialräumliche Daten sowie eine sozialräumliche Gliederung.

Die sozialräumliche Entwicklung der Kita ist ein Beitrag zur Verbesserung der Lebenslagen von Familien

(...) Der Einstieg mit einer Begehung hat auch das Ziel, die in der sozialen Arbeit weit verbreitete Institutionen-Orientierung etwas zu überwinden und den Blick stärker auf Freiflächen, öffentlichen Raum etc. zu richten. Spielplätze werden besichtigt, Graffitis etc. zur Kenntnis genommen, informelle Treffs wie „Büdchen" wahrgenommen, Geschäfte besucht. Damit werden auch die Augen für alltägliche Bedürfnisse geöffnet sowie der Blick auf unterschiedliche Zielgruppen gerichtet, zumindest sofern sie im öffentlichen Raum sichtbar sind.

Die Wahrnehmung von Vereinen als zivilgesellschaftliche Organisationen

Vereine spielen eine wichtige Rolle in der Zivilgesellschaft, sie sind oft Kristallisationspunkt bürgerschaftlichen Engagements, erreichen häufig einen hohen Organisationsgrad und prägen ein Gemeinwesen bis hin in die institutionalisierte soziale Arbeit, etwa wenn Vereine die Trägerschaft einer Offenen Ganztagsschule übernehmen.

Nicht umsonst ist die Mitgliedschaft in Vereinen auch Bestandteil des Bildungs- und Teilhabepaketes, also auch Ausdruck einer sozialen Qualität. Die **Vereinsstruktur** vor Ort zu untersuchen, ist deshalb ein wichtiger Schritt in einer Sozialraumanalyse.

Ein wichtiger Schritt der Analyse ist eine **Internetrecherche**, in der man Hinweise auf diverse Vereine bekommt und sich einen ersten Blick auf die Vereinskultur in dem jeweiligen Stadtteil machen kann. Mithilfe der **Nadelmethode** (siehe Foto) können auf einer subjektiven Ebene auf einer Stadtkarte Vereine lokalisiert und Erkenntnisse über die Bekanntheit von Vereinen gewonnen werden. Der bekannte Effekt der Nadelmethode ist die Visualisierung von Vereinsstrukturen.

METHODE

Fremdbilderkundung: die Wahrnehmung von Institutionen mit Blick von außen

(...) Im Mittelpunkt des Interesses an sozialräumlicher Analyse und Beteiligungsmethoden steht natürlich auch die Frage nach den Institutionen, deren Bekanntheitsgrad, Wahrnehmung und Wirkung im Sozialraum. Die Methode der **Fremdbilderkundung** (vgl. Deinet 2009) eignet sich sehr gut dazu, erste Anhaltspunkte für mögliche Differenzen zwischen Innen- und Außenwahrnehmung von Institutionen zu erhalten, die wiederum Ansätze für die Konzeptentwicklung sein können. (...) Grundlage [für die Selbstwahrnehmung] bilden leitfadengestützte Interviews mit Mitarbeiterinnen der Einrichtung selbst, um über vorhandene Dokumente hinaus die **Innenwahrnehmung** über den Blick von Fachkräften, die dort arbeiten, herzustellen. Die Selbstwahrnehmung von Fachkräften in Institutionen, auch Kitas, ist geprägt durch Wunschvorstellungen und Leitbilder, aber auch durch Routinen und eine Wahrnehmung „von innen".

Für die **Außenwahrnehmung** kann ein relativ kurzer Fragebogen konstruiert werden, der sich z.B. an Beratungsstellen, Schulen, Tageseinrichtungen, andere Familienzentren bis hin zum Theater richtet. Gefragt wird insbesondere nach den Angeboten, die bekannt sind, deren Bewertungen zum Grad der Vernetzung der Einrichtung bis hin zu Herausforderungen. (...)

Im Vordergrund [der Befragung von Stadtteilbewohnern] standen die Fragen, ob die befragten Bewohner die Einrichtung kennen und ihre Angebote nutzen.

[In zahlreichen Projekten zeigt sich zum Teil ein deutlicher Unterschied zwischen Selbst- und Fremdwahrnehmung. (Anm. d. Autorin)]

(...) Die Erkundungen des Sozialraums neben einem anstrengenden Alltag zu realisieren, ist sicher eine Herausforderung, lohnt sich aber, wie viele positive Beispiele zeigen. Verbunden mit einem solchen Projekt sind immer das Heraustreten aus dem jeweiligen Alltag sowie die selbstkritische Einsicht in Sichtweisen anderer. Auch dafür sind Kooperationspartner notwendig, etwa Kolleginnen und Kollegen aus anderen bzw. vergleichbaren Institutionen, mit denen man gemeinsam ein solches Projekt bestreitet, um es dann wechselseitig im Sozialraum der einen und der anderen Institution durchzuführen.

(Ulrich Deinet, Sozialraumorientierung als Konzeptionsentwicklung. Vom einrichtungszentrierten Blick zum Lebensweltbezug. In: TPS 8/2013, S. 8–12)

Arbeitsauftrag

Erstellen Sie eine sogenannte Ecomap (Netzwerkkarte) für Ihre Praxisstelle:

1. Wählen Sie eine oder mehrere adressatengeeignete Methode/n zur Erfassung des Sozialraums der Ihnen anvertrauten Kinder und deren Familien. *(LINKTIPP: www.sozialraum.de/methodenkoffer)*

2. Bilden Sie die Ergebnisse Ihrer Erkundung/en in einer Ecomap ab, indem Sie die Vorlage mit den von Ihnen recherchierten Partnern/Einrichtungen, Räumen u.a. ergänzen.
   Nutzen Sie dafür als Anregung die *Anlage 3* „Plakat", welches Sie auf A3 vergrößern lassen.

3. Bewerten Sie Ihre Erkenntnisse in einem Praxisgespräch mit Ihrer Ausbilderin/Ihrem Ausbilder, das Sie dokumentieren. Nutzen Sie zur Dokumentation die Vorlage „Dokumentation eines Praxisgespräches" (Seite 212f.).

| METHODE | Portfolio [Inhalte] |

Anlage 3: Plakat

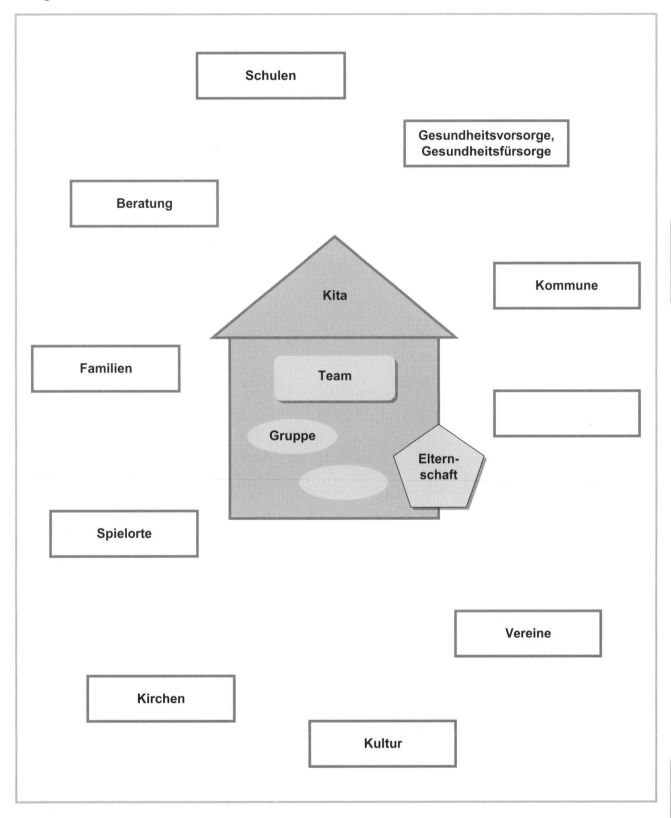

Legende:
- Dickere (dunklere) Linien bedeuten eine stärkere Beziehung
- Rote Linien bedeuten, dass das System eine stressige Beziehung ist
- Pfeile, die auf einen Partner gerichtet sind, zeigen, dass die Kita primär diesen beeinflusst
- Pfeile, die auf die Kita hinweisen, bedeuten, dass der Partner die Kita primär beeinflusst
- Pfeile, die in beide Richtungen zeigen, zeigen einen beiderseitigen Einfluss

METHODE Portfolio [Inhalte]

KORREKTURBLATT zur Sozialraumanalyse

für (Name): _____ Klasse: _____ Abgabetermin: _____

	Sehr gut bis gut	zufriedenstellend bis verbesserungsfähig	verbesserungswürdig bis unzureichend
Wahl geeigneter Erhebungsmethode(n) (Begründetheit, Vielfalt, Zielführung, Planung & Organisation, methodische Umsetzung, konkrete Durchführung, Pragmatismus, Einbindung von Edukanden, Kooperationen z.B. mit Mitarbeitern, Dokumentation, Reflexion u.a.)			
Ecomap (Genauigkeit und Vielfalt in der Darstellung, Differenzierung, individuelle Ergänzungen u.a.)			
Praxisgespräch (Selbst- und Fremdwahrnehmung in den unterschiedlichen Kompetenzbereichen, Zielvereinbarungen, Handlungsschritte, Reflexionskompetenz u.a.)			

Zusammenfassende Bewertung/Bemerkung an den Verfasser	Note

_____   _____
Datum   *Unterschrift Lehrkraft*

handwerk-technik.de • aus 4712 • Hanna Heinz

| METHODE | Portfolio [Inhalte] |

Videogestützte Praxisreflexion

HANDLUNGEN aufgrund von
- Erfahrungswissen
- Handlungswissen
- Vorstellungen über …
- u.a.

über Reflexionsgespräche

durch Beobachtungssequenz bewusst machen

Bild des forschenden Lernens

Videogestützte Praxisreflexion

Arbeit an subjektiven Theorien

mittels Orientierungswissen

dem Dialog/Diskurs zugänglich machen

METHODE

Portfolio [Inhalte]

Im Sinne einer qualitätssichernden Ausbildung in sozialpädagogischen Berufen soll im **Praktikum** die Methode der **videogestützten Praxisreflexion** ermöglicht werden. Als verwertbare Sequenzen eignen sich solche, die die Praktikantin/den Praktikanten in einer Interaktion mit Kindern, z.B. im Rahmen einer Bildungsmaßnahme oder in einer Interaktion im Freispiel (spielbegleitende Maßnahme), zeigen. Dabei reicht ein zeitlicher Umfang von wenigen Minuten, um auswertbare Reflexionsarbeit zu ermöglichen. Auf datenschutzrechtliche Fragen ist zu achten (vgl. Versicherungen).

Die videogestützte Praxisreflexion stellt ab auf ...

- hohe qualitätssichernde Transparenz und damit verbunden Aufhebung von Deutungshoheit (Vermeidung von Rechtfertigungsdiskursen),
- Wissen-Können-Transfer,
- Bewusstsein für die komplexen Anforderungen und notwendigen Kompetenzen (Empathie, Wissen u.a.),
- Austausch fachlicher Informationen, z.B. über didaktisches Vorgehen, methodischen Aufbau, Entwicklungsangemessenheit,
- Erkennen auch unbewusster Interaktionsprozesse mit dem Kind/den Kindern,
- Erkennen wertschätzender Kommunikation mit dem Kind/den Kindern,
- Erweiterung des individuellen Handlungsrepertoires und damit personaler Kompetenzen,
- Entwicklung des „authentischen Selbst" (K.O. Bauer) mittels aktiver Selbstbeobachtung.

Methodisch-didaktisch ist die videogestützte Praxisreflexion ...

- von der konkreten Situation ausgehend und somit von hoher Motivation getragen,
- kleinteilig: nur kleine Sequenzen werden zunächst reflektiert,
- differenziert durch die Möglichkeit wiederholter Beobachtung,
- angeleitet durch die Praxislehrkraft,
- dialogisch: streng vertraulich im Gespräch zwischen Studierendem sowie Praxislehrkraft,
- individualisierend: personale Fähigkeiten/Fertigkeiten werden im Einzelgespräch reflektiert,
- wertschätzend und empathisch: Studierende sowie Praxislehrkraft versuchen in einer bereichernden, professionellen Haltung eine Begegnung zu schaffen, die Beurteilungen vermeidet,
- erforschend in der Vorgehensweise: Wahrnehmungen abgleichen, Interpretationen austauschen und verstehen, Handlungen reflektieren und Alternativen entwickeln,
- ko-konstruktiv: die Deutung der Wirklichkeit liegt beim Studierenden, die Praxislehrkraft entwickelt mit dem Studierenden von dieser subjektiven „Konstruktion" ausgehend ihre begleitende Intervention, indem sie Fragen stellt, moderiert, Zusammenhänge abbildet u.a.,
- ressourcenorientiert: es wird zunächst von positiv erlebten Verhaltensweisen ausgehend reflektiert,
- transparent: Studierende sowie Praxislehrkraft legen Maßgaben der Reflexion offen.

METHODE Portfolio [Inhalte]

Versicherung zur videogestützten Praxisreflexion
seitens der Praktikantin/des Praktikanten

Die im Rahmen meines Praktikums veranlasste videogestützte Beobachtung dient alleinig der Reflexion meiner persönlichen und fachlichen Kompetenzen.

Sie wird in Absprache über Personen(-gruppen), Zeit, Ort, Dauer und Situation mit der Ausbilderin/dem Ausbilder an der Praxisstelle vorgenommen.

Sie wird ausschließlich über die von der Schule vorgesehenen und entliehenen Kameras inkl. zugehöriger Speicherkarte aufgezeichnet.

Die aufgezeichnete Sequenz wird zum zeitnahen Praxisgespräch auf der Speicherkarte mitgebracht und dort mit der Praxislehrkraft ausgewertet. Anschließend erfolgt die sofortige Löschung der Sequenz im Beisein der Lehrkraft.

Die aufgezeichneten Filmsequenzen dürfen nur zum Zweck der Reflexion und ausschließlich in der beschriebenen Vorgehensweise genutzt werden.

Eine Verletzung der datenschutzrechtlichen Vereinbarungen kann zum Ausschluss aus der Ausbildung führen.

Hiermit bestätige ich

_____   _____
Name Praktikant/-in   Datum

diese Vereinbarungen einzuhalten.

Lernort-kooperation

Versicherung zur videogestützten Praxisreflexion
vonseiten der Schule

Die im Rahmen des Praktikums veranlasste videogestützte Beobachtung dient alleinig der Reflexion von Kompetenzen der Praktikantin/des Praktikanten.

Die Schule stellt hierfür Videokamera und ggf. Stativ zur Verfügung. Diese Medien können von den Praktikanten für den Zeitpunkt der Aufzeichnung kurzfristig entliehen werden.

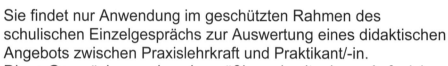

Sie findet nur Anwendung im geschützten Rahmen des schulischen Einzelgesprächs zur Auswertung eines didaktischen Angebots zwischen Praxislehrkraft und Praktikant/-in.
Diese Gespräche werden planmäßig und zeitnah zur Aufzeichnung festgelegt.

Nach dem Reflexionsgespräch wird die aufgezeichnete Sequenz sofort gelöscht.

Die im Gespräch offengelegten Informationen unterliegen der Schweigepflicht der Beteiligten.

Die aufgezeichneten Sequenzen werden nicht für unterrichtliche Zwecke genutzt.

Die Einhaltung dieser Vereinbarungen garantiert für die Schule die zuständige Praxislehrkraft:

_____   _____
Unterschrift Praxislehrkraft   Datum

Schulstempel

METHODE Portfolio [Inhalte]

Anlage 3: Auswertung der videogestützten Reflexion

Methode: Analyse von Videosequenzen

- Bitte beschreiben Sie die Situation nun so detailliert wie möglich! Bemühen Sie sich darum, nah an der Situation zu bleiben und zu beschreiben, was Sie gesehen und gehört haben! Vermeiden Sie in diesem ersten Arbeitsschritt Deutungen und Interpretationen.

- Welche Schlussfolgerungen würden Sie als frühpädagogische Fachkraft nach Ihrer Analyse für die Gestaltung und Planung der weiteren pädagogischen Arbeit ziehen?

- Gibt es etwas, das Ihnen in dieser Sequenz ganz besonders aufgefallen ist, das Sie irritiert oder neugierig gemacht hat? Erläutern Sie, was dies war und warum es Sie beschäftigt!

- Wie würden Sie die beschriebene Situation bewerten und wie begründen Sie Ihre bewertenden Einschätzungen?

- Was erfahren Sie in dieser Sequenz über das Kind bzw. die Kinder? Was erfahren Sie über die pädagogische Fachkraft bzw. die pädagogischen Fachkräfte?

- Stellen Sie Parallelen zu anderen, ähnlichen Situationen oder Erlebnissen her, die Sie selbst in Ihrer Berufspraxis erlebt haben!

- Wir möchten Sie nun bitten zu beschreiben, wie Sie Ihre Erkenntnisse aus der Videoanalyse im Rahmen der Zusammenarbeit mit Eltern einsetzen würden.

- Ziehen Sie nun für die Analyse theoretisches Wissen heran, um die Situation zu deuten und zu bewerten!

- Welche Lern- und Bildungsprozesse vollziehen sich Ihrer Meinung nach hier bei dem Kind bzw. bei den Kindern?

- Welche pädagogischen Vorstellungen/Überlegungen liegen Ihrer Meinung nach dem Verhalten der Fachkraft zugrunde?

(Fröhlich-Gildhoff/Nentwig-Gesemann 2014)

| METHODE | Portfolio [Inhalte] |

Dokumentation reflexiver Praxisgespräche

Reflektierende Praxisgespräche mit der Ausbilderin/dem Ausbilder oder der betreuenden Praxislehrkraft werden während und am Ende des Gesprächs protokolliert in ihren Ergebnissen.

Ziele sind neben der Nachvollziehbarkeit der Gesprächsinhalte auch der Vergleich von Selbst- und Fremdwahrnehmung sowie gemeinsame **Zielvereinbarungen** und Festlegung verbindlicher und konkreter Handlungsschritte im Sinne von Kompetenzerweiterung und professioneller Entwicklung.

Die Dokumentation erfolgt mit einem eigenen Register in einer losen Blattsammlung im Rahmen der **Portfolio-Arbeit** und mit einem vorstrukturierten Dokumentationsblatt (siehe Vorlage).

→ Die 2-seitige Vorlage „Dokumentation eines Praxisgesprächs" findet sich auf Seite 212f. in dieser Sequenz.

METHODE Portfolio [Inhalte]

Reflexives PRAXISTAGEBUCH
in der sozialpädagogischen Praxis

Es ist eine Dokumentationsform der sozialpädagogischen Praxis, bei der Vorbereitungen und Tätigkeiten, Eindrücke und Erfahrungen, Fragestellungen und Probleme, Reflexionen und Perspektiven (u.v.m.) eigener pädagogischer Aktivitäten skizziert werden.

Es ist ein persönliches und vertrauliches Dokument.

Es ist ein „Schatzkästchen", in dem auch ganz persönliche Gedanken und Gefühle aus dem Inneren im Äußeren Raum greifen und der Verfasser im Prozess des Aufschreibens und später des Lesens erfährt, was sie ihm bedeuten.

Ziele können u.a. sein: die Reflexion eigener und fremder fachlicher Beobachtungen im pädagogischen Handlungskontext, Entwicklung von prozesshaften Strukturen bei sich selbst und den Edukanden, die Vorbereitung von Elterngesprächen, Teamsitzungen, Praxisberichten.

Es kann geschrieben werden in einem Notizbuch, das handlich und griffbereit ist.

Handschriftlich entsteht eine Sammlung von beobachtbaren Tätigkeiten, Erlebnissen und Eindrücken in Verbindung mit den im Handlungskontext wahrgenommenen emotionalen Befindlichkeiten.

Es kann auf eigenen Wunsch vertrauten Personen (evtl. in Teilen) zum Lesen und späteren Austausch anvertraut werden.

Am Ende einer Arbeitsphase, eines Arbeitstages, einer Beobachtung o.a. sollte explizit eine **Kommentierung**, also eine Reflexion der eigenen Eintragungen Platz finden. Wenn möglich und erwünscht, sind auch Fremdkommentierungen sinnvoll und hilfreich.

METHODE

Das reflexive Praxistagebuch

Was habe ich heute gemacht? → Dokumentation von Tätigkeiten, Beobachtungen, Erfahrungen	
Wie habe ich mich dabei gefühlt? → Im Handlungskontext wahrgenommene emotionale Befindlichkeiten	
Was ist gut gelungen, was weniger gut? → Erfolge und Schwierigkeiten/Probleme	
Was bleibt zu tun? → Arbeitsvorhaben/Perspektive	
Eigenkommentierung: → Reflexion von Skizzierungen, Eintragungen	
Fremdkommentierung(en): → z.B. Lernbegleiter, Praxisanleitung	

METHODE Portfolio [Inhalte]

Reflexiver Wochenrückblick

Woche vom: _____ bis zum: _____

Planungen für die Woche	
Besondere Ereignisse/Vorkommnisse	
Aktualitäten	
Beobachtungen bei Kindern	
Selbstbeobachtungen	
Kollegiales Feedback und Ausbildungsgespräche	

| **METHODE** | Portfolio [Inhalte] |

Ergebnisse reflexiver Wochenrückblick	
Fachliche Erkenntnisse	
Erworbene Kompetenzen • fachliche • methodische • soziale • personale	
Weitere Ziele	
Persönliche Anmerkungen	

METHODE

Der Prozess des reflexiven Schreibens

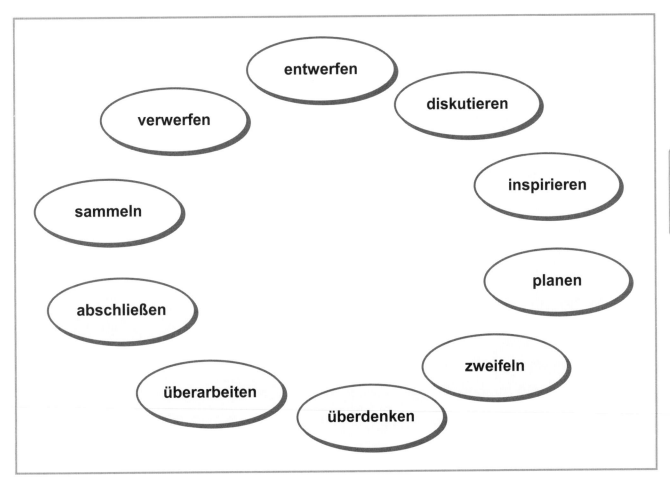

CHECKLISTE: Planung eines Bildungsangebots

Hinweis:
An dieser Stelle passt ergänzend die 3-seitige Checkliste „Spielförderungsmaßnahme im Freispiel".
Diese findet sich im getrennt erhältlichen Lehrerhandbuch Erzieherausbildung Band 2 auf Seite 120–122.

METHODE Portfolio [Inhalte]

CHECKLISTE: Planung eines Bildungsangebots

Name: _____ Klasse: _____ Datum: _____

aus dem Bildungsbereich _____

Thema des Angebots _____

Bezug zum Bildungsplan:
Aufgabe: Stellen Sie inhaltliche Bezüge zu dem entsprechenden Bildungsplan für Kindertagesstätten her, indem Sie mindestens 3–5 Sätze korrekt daraus zitieren.

Einrichtung (Name): _____

Praxisanleitung (Name Erzieher/-in); evtl. Lehrkraft: _____

Rahmenbedingungen:

Datum/Uhrzeit – Wann beginnt das Bildungsangebot? _____

Dauer – Von wann bis wann soll das Bildungsangebot stattfinden? _____

Raum – Wo soll das Bildungsangebot stattfinden? Inkl. Begründung _____

METHODE — Portfolio [Inhalte]

1 Situationsanalyse
- Aktuelle Anlässe, konkrete Verhaltensbeobachtungen, Bedürfnisse, Interessen, Ressourcen, Förderbedarf der Kinder/Jugendlichen o.a.
- Vorhandene institutionelle Möglichkeiten, konzeptionelle Bezüge, Bezug zur Planung o.a.
- Interessen, Fähigkeiten, Kenntnisse der Studierenden o.a.

2 Sachanalyse
- Sachwissen, Texte, Spiele, Materialkenntnisse, Techniken o.a.
- Grundlagen der Methoden
- Erkenntnisse über Umfeld/Umgebung, thematische Bezüge zur Lebenswirklichkeit der Zielgruppe o.a.

3 Gruppenanalyse
- Alter und Zahl der Gruppenmitglieder
- Gruppensituation, Gruppenthemen, Vorerfahrungen, Fähigkeiten und Fertigkeiten, Bedürfnisse, Lebenssituationen
- Partizipationsmöglichkeiten der Zielgruppe, z.B. bei Planung und Durchführungsprozess

4 Entwicklungspsychologische Analyse
- Entwicklung in der Sprache, des Denkens und Wahrnehmens o.a.
- Entwicklung in Moral
- Entwicklung in der Motorik
- Entwicklung in der Psychosexualität (o.a.)

5 Didaktische Analyse

5.1 Zielperspektiven
- Z.B. Leit-/Richtziele durch den Bezug zu Bildungsplänen für Kindertageseinrichtungen in den Basiskompetenzen als auch in den themenzentrierten Erziehungs- und Bildungsstandards
- Formulierung von (2 bis 3) Grobzielen
- Operationalisierung in Feinzielen (Fertigkeits-, Fähigkeits-, Erkenntnis- und Einstellungsziele)

5.2 Methodisches Vorgehen
- Sozialformen: Einzel-, Partner-, Gruppenarbeit
- Kommunikationsformen: Gespräch, Fragen, Impulse, Interview o.a.
- Methodisches Vorgehen: deduktiv, induktiv, Modell, Beobachtung, Befragung, Experimentieren
- Lern- und Entwicklungsbegleitung: Hilfestellung, Wiederholung, aktives Zuhören, Anleitung o.a.
- Einsatz von Materialien und Medien
- Dokumentation, Rückschau, Zusammenfassung, Vertiefung, Feedback

5.3 Rahmenbedingungen
- Zusammenhang zu aktuellen gesellschaftlichen Themen
- Bedingungen im Sozialraum, ggf. gesetzliche Bestimmungen wie Aufsichtsführung/Hygiene
- Bedingungen der Institution, ggf. aus der Konzeption, Regeln
- Persönlicher Bezugsrahmen
- Absprachen im Team
- Organisation in Raum/Zeit/Material

6 Durchführung/Verlaufskizze

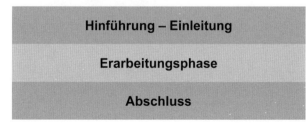

METHODE

7 Reflexion

7.1 Situationsbezüge
Auswahl der Aktivität bezogen auf
- die Situation (Interessen, Themen, Ressourcen u.a.)
- den Erfahrungsbereich der Zielgruppe in der Motorik
- den Entwicklungsstand der Zielgruppe

7.2 Zielsetzungen
- Wahl der Ziele entsprechend der Ausgangssituation, der Erfahrungen und Ressourcen der Zielgruppe sowie deren Entwicklungsstand
- Erreichen der Ziele

7.3 Rahmenbedingungen
- Wahl der Medien und Materialien für die geplante Aktivität
- Vorbereitungen: Raumgestaltung, Lichtverhältnisse, Platzbedarf, Absprachen, Materialien/Medien o.a.

7.4 Sprachverhalten
- Hatte die eigene Sprache Modellcharakter? (grammatikalische Richtigkeit, Dialekt, Aussprache, Wortschatz o.a.)
- Wie war die Sprechweise? (monoton, lebendig, deutlich, einfühlsam, stockend, fließend, schnell o.a.)
- Welche Formen intentionaler Sprachbildung für die Zielgruppe bzw. einzelne Kinder/Jugendliche wurden genutzt?
- Wie gestaltete sich die non-verbale Kommunikation über Mimik, Gestik, Haltung?
- Welche Fragestellungen waren angemessen, welche nicht? (Kollektiv-, Doppel-, Suggestiv-, Alternativfragen o.a.)

7.5 Chronologie des Ablaufs

Hinführung – Einleitung
- Wie wurde das Interesse der Zielgruppe geweckt, wurden Zielpersonen zum Mittun motiviert? War die Hinführung originell, spannend, prompt, speziell, aktuell, lange o.a.?
- Wie wurde der Zielgruppe das Angebot vorgestellt, eine Material- bzw. Handlungsperspektive eröffnet? War die Überleitung anschaulich, verständlich, fließend o.a.?

Erarbeitungsphase
- Wie wurden die Arbeitsschritte in sinnvollem, logischem, nachvollziehbarem Aufbau angeboten?
- Welche methodischen Lernprinzipien (z.B. ganzheitlich, sinnesbezogen, anschaulich, vom Leichten zum Schweren, vom Nahen zum Fernen, vom Konkreten zum Abstrakten, aktive Beteiligung der Zielgruppe, Übungsphasen, Wiederholung, Lernen am Modell, Lebensnähe) konnten angewendet werden?
- Wurde methodisch vielseitig und abwechslungsreich gearbeitet? Entsprachen die methodischen Anwendungen den Zielsetzungen?
- Welche Form von Scaffolding (Hilfestellung) wurde angeboten bzw. angeregt? War die Lernbegleitung getragen von einer ko-konstruktiven Haltung? Waren Anweisungen klar und eindeutig in der Formulierung?
- Wurden die Bedürfnisse der Zielgruppe erkannt und diesen entsprochen? Wie flexibel wurde auf Wünsche, Interessen u.a. reagiert? Wurden Eigeninitiativen aufgegriffen und wertgeschätzt?
- Welche Möglichkeiten der Individualisierung wurden genutzt?
- Welche Erziehungsmittel wurden angemessen eingesetzt (Lob, Grenzen o.a.)? Welche Möglichkeiten der Binnendifferenzierung konnten aufgegriffen werden?
- Welche Anregungen/Impulse konnten die Motivation halten?
- Welche Ressourcen der Zielgruppe wurden genützt? Wo konnten Kinder/Jugendliche partizipieren?

Abschluss
- War die Beendigung zeitlich wie inhaltlich angemessen? War die Beendigung für die Zielgruppe berechenbar? Konnte der Abschluss sinnvoll wiederholen, zusammenfassen, vertiefen o.a.?
- In welcher Form konnte ein Ausblick auf die Weiterführung des Themas gegeben werden? Wie konnte das Thema im Gruppengeschehen verankert werden?

METHODE — Portfolio [Inhalte]

7.6 Beziehungsgestaltung
- War die Beziehung zur Zielgruppe getragen von Wertschätzung, Akzeptanz und Empathie?
- War die Praktikantin/der Praktikant kontaktfreudig, reserviert, offen, distanziert o.a.?
- Konnte die Zielgruppe klar geführt werden, wurden Grenzen rechtzeitig gesetzt?
- Wie war der Führungsstil? (dominant, konsequent, nachsichtig, sicher o.a.)
- Wurden einzelne Kinder/Jugendliche wahrgenommen, angesprochen, eingebunden?
- Wie gestaltete sich die Konfliktlösung? Wurden Konflikte erkannt, angesprochen, ko-konstruktiv oder dominant gelöst, eigene Lösungsmöglichkeiten der Zielgruppe aufgegriffen?

8 Quellen

9 Anlagen

Lernort-kooperation

METHODE

Arbeiten mit Dilemma-Situationen

Was sind Dilemma-Situationen?
Von einem Dilemma sprechen wir dann, wenn ein Akteur eine Situation nicht mehr ohne Weiteres mit bisherigen Handlungsroutinen bewältigen kann und/oder sich in einem inneren Konflikt befindet.
So entstehen Situationen, die mit emotionaler Aktivierung oder starken Gefühlen verbunden sind. Bisher festgefahrene innerpsychische Schemata werden damit angestoßen und der Akteur spürt, dass sich im bewusst erlebten Gegenwartsmoment in besonderer Weise Kernfragen seiner aktuellen und biografischen Entwicklung stellen. (Quelle: Nentwig-Gesemann u.a. 2011, S. 24)

Welche Ziele verfolgen Sie mit dieser fallrekonstruktiven Methode?
Momente, in denen Dilemmata erfahren werden, bergen die Möglichkeit erhöhter Offenheit für Selbstreflexivität. Das kann eine gute Basis sein für Weiterentwicklungsprozesse im Kontext von Ausbildung (und Professionalisierung) – birgt aber auch die Gefahr von Ablehnung und Stagnation.
Vor allem die Bearbeitung von solch persönlich erlebten Dilemma-Situationen bietet Möglichkeiten der Kompetenzerfassung und Weiterentwicklung, indem subjektive Theorien offengelegt und die daraus resultierenden Handlungen hinterfragt werden können. In Ausbildungssituationen können so Stolpersteine aufgespürt und geeignete Methoden entwickelt werden, um diese und vergleichbare Situationen zukünftig professionell bearbeiten zu können. (Quelle: DJI 2014, S. 55)

Wie gehen Sie vor?

1. Arbeitsschritt: Beschreiben Sie möglichst detailliert eine konkrete praxisbezogene Entscheidungs- und Handlungssituation mit Dilemma-Charakter, die Sie selbst erlebt bzw. beobachtet haben.

2. Arbeitsschritt: Analysieren Sie den Verlauf der Situation, entwickeln Sie mehrere Lesarten, beziehen Sie die Perspektiven der verschiedenen Akteure ein, entwerfen Sie retrospektiv andere Handlungsmöglichkeiten, begründen Sie getroffene Entscheidungen.

3. Arbeitsschritt: Setzen Sie den konkreten Einzelfall in Beziehung zu theoretischem Wissen sowie zu anderen Fällen und Situationen.

4. Arbeitsschritt: Beziehen Sie Ihre eigene biografische Entwicklung ein und stellen Sie dar, welche Fragen und Herausforderungen sich für Sie persönlich aus der Handlungssituation ergeben.

5. Arbeitsschritt: Reflektieren Sie Ihre Erkenntnisse mit Ihrer Ausbilderin/Ihrem Ausbilder, der praxisbegleitenden Lehrkraft oder einem Mitstudierenden der Klasse. Dokumentieren Sie kurz, welche Anregungen, Erfahrungen, Kritik o.a. Sie im kollegialen Gespräch erfahren haben.

METHODE — Portfolio [Inhalte]

Das Dilemma – Beschreibung (1.)

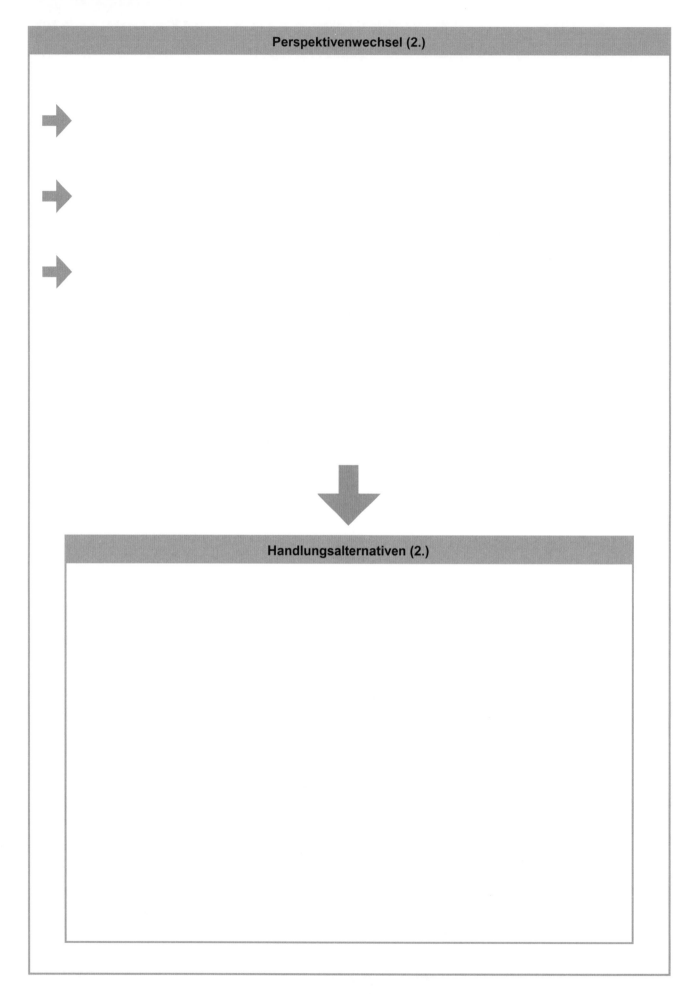

| **METHODE** | Portfolio [Inhalte] |

Welches Fachwissen (Fach/Lernfeld) konnte mir weiterhelfen? (3.)

Welche Vorerfahrungen/welches Vorwissen (3.) ...
waren hilfreich für mein Handeln?
beeinträchtigten mein Handeln?

| **METHODE** | Portfolio [Inhalte] |

Welche biografischen Zusammenhänge (4.) ...
sind für mich erkennbar?
sind für mich fraglich?
sind zu entwickeln im Hinblick auf meine berufliche Handlungskompetenz?

Kollegialer Austausch (5.)
(Anregungen, Fragen, Erkenntnisse, Kritik u.a.)

Linktipp: Zum Arbeiten mit Dilemma-Situationen finden sich Anwendungsfelder, ein Beispiel inkl. Analyse hier:
www.weiterbildungsinitiative.de/fileadmin/download/Veranstaltungen/AWiFF_Kompetenzbasierte_Pruefungs-Feedbackverfahren_Panel_5.pdf (Folie 9 ff.)

METHODE: Lernortkooperation

[Vgl. auch Glossarbegriff Lernortkooperation S. 12]

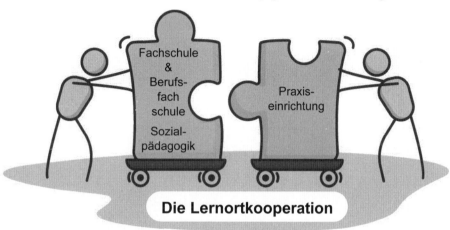

01 Warum Lernortkooperation?
Transparenz schaffen und die Qualität der Ausbildung fördern

(in Anlehnung an BMBF/BiBB 2013)

Begründung des Handlungsbedarfs
Verknüpfung von fachtheoretischem Wissen und praktischem Können
Optimierte Kooperation durch Erarbeitung eines gemeinsamen Ausbildungsplans
Transparenz durch Vorgaben für Ausbildungsabschnitte
Planungssicherheit durch Arbeitsaufträge in verschiedenen Ausbildungsabschnitten
Verstärkung individueller Förderung von Schülern/Studierenden
Förderung von Eigeninitiative und Eigenverantwortung der Schüler/Studierenden
Mitspracherecht der Ausbildungspartner
Wahrnehmung der Praktikanten als Lernende
Praxisnaher Einsatz entsprechend wachsender Kompetenzen
Verbesserung/Ausweitung von Methoden in der Praxisbegleitung
Sinnvoller Umgang mit Zeitressourcen
Gegenseitige Wertschätzung
Stärkung der Ausbilderkompetenzen
Sicherung von Qualitätsstandards in der fachlichen Ausbildung
Koordination von Praktikumsplätzen
...

METHODE — Lernortkooperation

Der PDCA-Zyklus - „Gehe an den Ort des Geschehens"

ACT: Überprüfung der Ausbildungsqualität

PLAN: Ausbildungsplan, Ausbildungskonzept

CHECK: Kompetenzorientierte Beurteilung von Lernerfolgen

DO: Einsatz berufspädagogischer Methoden

LERNORT-KOOPERATION

Bausteine der Lernortkooperation

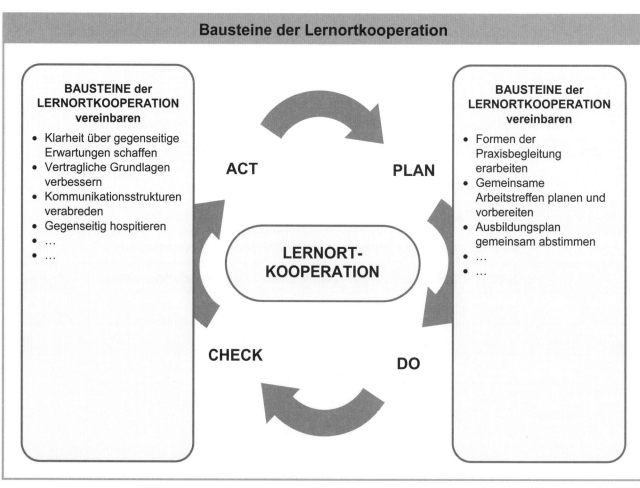

BAUSTEINE der LERNORTKOOPERATION vereinbaren
- Klarheit über gegenseitige Erwartungen schaffen
- Vertragliche Grundlagen verbessern
- Kommunikationsstrukturen verabreden
- Gegenseitig hospitieren
- ...
- ...

BAUSTEINE der LERNORTKOOPERATION vereinbaren
- Formen der Praxisbegleitung erarbeiten
- Gemeinsame Arbeitstreffen planen und vorbereiten
- Ausbildungsplan gemeinsam abstimmen
- ...
- ...

ACT — PLAN — DO — CHECK

LERNORT-KOOPERATION

METHODE — Lernortkooperation

Verbesserung der Lernortkooperation durch …

Optimierung der Kommunikation

	Ist-Stand	Soll-Stand	Wer? Verantwortliche/r	Mit wem? Partner	Wie? Maßnahme	Bis wann?	erledigt
Ansprechpartner benannt		Vereinbarung, was wem wann mitgeteilt wird					
Informationen werden weitergegeben							

Verbesserung der Lernortkooperation durch …

Praxisbegleitung und -beratung

	Ist-Stand	Soll-Stand	Wer? Verantwortliche/r	Mit wem? Partner	Wie? Maßnahme	Bis wann?	erledigt
Praxisbesuche vereinbart		An der praktischen Ausbildung beteiligte Personen beraten über methodische Aspekte wie Praxisaufträge, Lehr- und Lernmethoden					
Praxisaufgaben geklärt							

METHODE   Lernortkooperation

Verbesserung der Lernortkooperation durch …

methodische Abstimmung im individuellen Ausbildungsplan

	Ist-Stand	Soll-Stand	Wer? Verantwortliche/r	Mit wem? Partner	Wie? Maßnahme	Bis wann?	erledigt
Ausbildungsvertrag ist geschlossen		Vertragliche Vereinbarungen im Rahmen der Ausbildung berücksichtigen Vorgaben der Lehrpläne und sind verbindlich					
Individueller Ausbildungsplan wird erarbeitet							

Empfehlungen zum methodischen Vorgehen

Ziel der Kooperation ist die bestmögliche Begleitung der Auszubildenden beim Erwerb beruflicher Handlungskompetenz.

Die Kooperationspartner sprechen ihre Erwartungen deutlich aus und fixieren diese schriftlich.

Die Kooperationspartner vereinbaren verbindliche Kommunikationsstrukturen.

Durch wechselseitige Information entsteht größtmögliche Transparenz und methodisch-didaktische Abstimmung.

Die Kooperationspartner vereinbaren gemeinsam Ziele für bestimmte Ausbildungsabschnitte und geeignete Methoden, um diese zu erreichen.

Gemeinsame Arbeitstreffen dienen der Entwicklung von Methoden und Materialien, z.B. Lernsituationen, Beurteilungen.

Regelmäßige Überprüfung der Lernortkooperation sorgt für Qualität.

Themenzentrierte Fachtage von Praxis und Schule ermöglichen Austausch und Erfahrungen

METHODE   Lernortkooperation

02 EINFÜHRUNG:
Erstellen eines individuellen Ausbildungsplans

Die Ausbildung zur Erzieherin/zum Erzieher hat im Hinblick auf den komplexen Kompetenzerwerb, die unterschiedlichen Arbeitsfelder und die quasi-duale Ausbildungssituation einen hohen Bedarf an planvoller und transparenter Gestaltung.

Es ist deshalb im Sinne einer qualitätssichernden Ausbildung, ordnende Strukturen mit *individuellen Inhalten* zu füllen, um einer kompetenzorientierten Ausbildung gerecht zu werden.

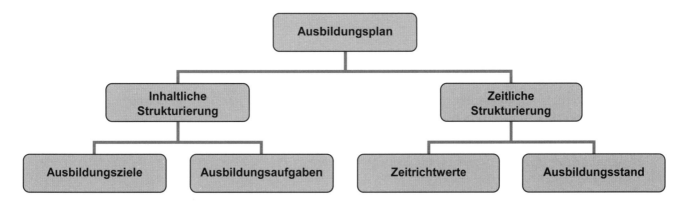

„Berufliche Identität und Handlungskompetenzen der frühpädagogischen Fachkraft müssen – neben einer fachtheoretischen Ausbildung – vor allem durch Tätigkeit in sozialpädagogischen Handlungsfeldern erlernt werden (...). Nur durch pädagogische Praxis lernen die angehenden Fachkräfte, mit der Komplexität, den Paradoxien und Ungewissheiten des pädagogischen Handelns umzugehen. Die Ko-Ausbildung in der Praxis soll dazu beitragen, Wissen in Handlungskompetenz zu übersetzen. Auf welche Art und Weise dieser Übersetzungsprozess gelingt, hängt zum einen davon ab, wie die Arbeit am Lernort Praxis qualitativ gestaltet wird, und zum anderen, wie die oder der Praxisanleiter/-in die Auszubildenden unterstützt und berät."
(FSP2 2017)

Die Vernetzung von angestrebten Kompetenzen mit Lerninhalten sorgt auf der einen Seite für **Transparenz** für die Beteiligten: die Studierenden, die Ausbilderin/Mentorin an der Praxisstelle und die praxisbegleitende Lehrkraft der Fachschule. Gleichzeitig wird eine zeitliche wie örtliche Organisation ersichtlich, die wie die inhaltlichen Festlegungen eine **konstruktive Reflexion** ermöglicht und damit einen **Entwicklungsprozess** der Kompetenzen sichert.

Inhaltliche Grundlagen: Jeder individuelle Ausbildungsplan richtet sich aus am jeweiligen ländereigenen Lehrplan für Erzieher/Erzieherinnen[1] und an etwaigen ländereigenen Handreichungen/Rahmenplänen zur Praktikumsgestaltung[2] bzw. Vernetzung von Schule und Praktikum.

Individualität: Berücksichtigt werden in einem individuellen Ausbildungsplan die Erfahrungen der Praktikantin/des Praktikanten, die besonderen Fähigkeiten der Ausbilder und die besonderen Gegebenheiten der Praxisstelle. „Die Zielvorstellungen müssen individuell formuliert werden, um einerseits das persönliche Tempo von Entwicklungs- und Lernprozessen der Praktikantin bzw. des Praktikanten zu respektieren und andererseits die besonderen Möglichkeiten der sozialpädagogischen Einrichtung abzubilden" (FSP2 2017). Der Ausbildungsplan ist immer ein individueller Plan, der die Interessen, Ressourcen, Erfahrungen aller am Prozess Beteiligten berücksichtigt und in *konkrete Lernschritte* übersetzt.

Die Erstellung des Ausbildungsplans ist abhängig von dem Verlauf des Praktikums mit seinen verschiedenen Phasen (siehe unten) und wird unter der Federführung der Praktikantin/des Praktikanten gemeinsam mit der Ausbildungsleitung erstellt. Der Ausbildungsplan wird in der Regel in den ersten 1-2 Wochen des Praktikums **erarbeitet und kontinuierlich erweitert**. Dabei gilt es, die jeweiligen Phasen des Praktikums zu berücksichtigen, die für unterschiedliche Praktika auch unterschiedliche Zeitfenster darstellen.

---

[1] Im folgenden Beispiel-Ausbildungsplan (S. 262ff.) ist es der bayerische Erzieherlehrplan 2017 (identisch mit dem „Länderübergreifenden Lehrplan Erzieher" von 2012).

[2] Im Beispiel: „Handreichung für Seminarveranstaltungen im Berufspraktikum der Fachakademie für Sozialpädagogik" (ISB München) sowie der „Rahmenplan für das Berufspraktikum Fachbereich Sozialwesen in Rheinland-Pfalz" und der bayerische „Lehrplan für Berufsfachschulen für Kinderpflege".

METHODE Lernortkooperation

In der Regel unterscheiden sich folgende Phasen im Praktikum:

1 ORIENTIERUNGSPHASE

Kontaktaufnahme und Orientierung: Kennenlernen von Personen und Aufgaben, Vertrauen finden.

Die erste Phase dient der Orientierung in einer neuen Arbeitsumgebung und der Kontaktaufnahme.

Am Ende der Orientierungsphase: Verabredung und Dokumentation individueller fachlicher, methodischer, persönlicher Lernziele für die Zeit des Praktikums.

2 ERPROBUNGSPHASE

Das sich Ausprobieren, Mitmachen und Erforschen in möglichst vielfältigen Tätigkeiten einer Erzieherin/eines Erziehers im jeweiligen Arbeitsfeld.

Nach der intensiven Orientierung im neuen Tätigkeitsfeld und der Identifikation mit der eigenen Rolle soll der/die Praktikant/-in eine angemessene Sicherheit erwerben. Im Vordergrund stehen das Mitmachen und Erforschen.

Ziel dieser Phase ist es, durch angeleitetes, praktisches Erproben in kleinen Teilbereichen Sicherheit zu gewinnen.

Am Ende der Erprobungsphase: Überprüfung der Einhaltung der im Ausbildungsplan erarbeiteten Zielsetzung und gegebenenfalls Überarbeitung der Zielsetzung.

3 VERANTWORTUNGSPHASE

Zunehmende Übernahme von Teilbereichen.

Ziel: am Ende der Arbeit eine Entwicklung hin zu einer kompetenten Kollegin/einem kompetenten Kollegen.

In dieser Phase sollte der/die Praktikant/-in in Absprache mit der Ausbilderin/Mentorin weitgehend selbstständig, aber begleitet in Teilbereichen arbeiten. Ausbilderin/Mentorin ist beratend tätig, gibt Impulse, reflektiert, evaluiert.

Der/die Praktikant/-in handelt hierbei zunehmend verantwortlich und wendet eigenes theoretisches Wissen an.

Am Ende der Verselbständigungsphase: Ausbilderin/Mentorin begleitet den/die Praktikant/-in in dieser Phase, beobachtet und regt an, neue Lösungen im pädagogischen Handeln zu entwickeln. Sie fordert ein theoretisch begründetes Vorgehen des/der Lernenden.

4 ABSCHLUSSPHASE

Reflexion – Ablösung - Abschied nehmen.

In dieser letzten Phase geht es sowohl um einen Rückblick auf das Praktikum sowie um die Einleitung eine Abschieds. Idealerweise haben sich Beziehungen zwischen Kindern/Jugendlichen und Praktikant/-in entwickelt und verfestigt. Hier gilt es, einen Abschied und eine Ablösung zu initiieren.

Am Ende der Abschlussphase: Wichtig ist, dass alle Angebote oder Projekte abgeschlossen werden. Auch Versprechungen (vor allem gegenüber den Kindern/Jugendlichen und Kolleginnen/Kollegen) müssen eingehalten werden. So kann die Verabschiedung erfolgen.

METHODE — Lernortkooperation

Die Gestaltung eines individuellen Ausbildungsplans kann unterschiedliche Schwerpunkte anvisieren, die entsprechend der Bedürfnisse der Auszubildenden sowie der kontextualen Strukturen zu wählen sind:

➔ Der Ausbildungsplan kann **ausgehen von einem speziellen Praktikum** der Studierenden, und damit den Zeitpunkt des Praktikums stark verknüpfen mit den bereits erarbeiteten Lernfeldern und den hierin verankerten Kompetenzen.
Demensprechend wird dieses Modell eines individuellen Ausbildungsplans eine enge Verknüpfung einzelner Lernfelder mit ihren entsprechenden Kompetenzerwartungen und Lerninhalten abbilden und einen angemessenen Ausdruck finden in den angestrebten Aufgaben in der sozialpädagogischen Praxis: Plan A, Seite 259.

➔ Ein **auf den gesamten Ausbildungsprozess hin angelegter** Ausbildungsplan hingegen wird in seiner Form und Anlage ausgehen von den Lernfeldern, die während der Ausbildung anstehen; die einzelnen Praktika finden sich dann in der jeweils auszuführenden Dokumentation wieder: Plan B, Seite 262.

Immer wird ein individueller Ausbildungsplan Teil des Ausbildungsportfolios sein und Kompetenz-, Handlungs- und Lernortorientierung der Ausbildung dokumentieren:

Kompetenzorientierung

Die Ausbildung zur Erzieherin/zum Erzieher wird ausgerichtet an vielfältigen Kompetenzen: den fachlichen, den methodischen, den personalen und den sozialen Kompetenzen. Diese sind im Lehrplan den verschiedenen Lernfeldern zugeordnet und mit verschiedenen fachtheoretischen Inhalten verbunden.

Berufsfeldorientierung/Handlungsorientierung

Erzieher/-innen arbeiten in sehr unterschiedlichen Arbeitsfeldern und damit mit einer divergierenden Klientel. Sie müssen sich einstellen können auf Diversitäten, die sich ergeben aus dem Alter und der individuellen Entwicklung der Edukanden, ihrer sozialen wie ethnischen Herkunft, ihrem Geschlecht, ihrer Bedürfnisse u.a.

Es ist notwendig, arbeitsfeldspezifische Bezüge herzustellen, die in Bildungs- und Orientierungsplänen sowie kultusministeriellen Empfehlungen u.Ä. festgelegt sind.

Die Breitbandausbildung wird je nach Bundesland differenziert angesprochen, z.B. durch die Wahl von Vertiefungsgebieten/Schwerpunkten in der Ausbildung (vgl. Bayern u.a.).

Lernortorientierung

Die Ausbildung zur Erzieherin/zum Erzieher erfolgt an 2 Bildungsorten: der Fachschule/Fachakademie für Sozialpädagogik und den sozialpädagogischen Praxiseinrichtungen im Verlauf der Ausbildung. Die Betätigung an den Lernorten findet parallel statt und bedarf einer intentionalen Vernetzung. Sie erfolgt auf verschiedenen Wegen wie Ausbilderkonferenzen, Praxisbesuchen, Praxisgesprächen, Praxisvereinbarungen, Praxistagebuch, gemeinsamen Projekten/Planspielen u.a. sowie dem Ausbildungsplan..

METHODE — Lernortkooperation

03 Mein Ausbildungsplan (Formular Plan A)

Mein Ausbildungsplan

Art des Praktikums _____ von _____ bis _____

für (Name) _____ Klasse _____

in der Einrichtung _____

Ausbilder/-in _____

Zusammenfassende Reflexion bzgl. der gewählten Kompetenz

→ Was habe ich erreicht im Praktikum?   → Wo liegen meine weiteren Ziele?

_____
_____
_____
_____
_____
_____
_____
_____
_____
_____
_____
_____
_____
_____

(in Anlehnung an Handreichung zur Verzahnung von theoretischen & praktischen Ausbildungsinhalten in der Ausbildung von Erzieherinnen und Erziehern/Ministerium für Unterricht/Kultus/Sport BW)

Lernort-
kooperation

METHODE — Lernortkooperation

Kompetenzen

Wählen Sie aus den Kompetenzen eines/mehrerer geeigneten, möglichst aktuellen Lernfelds eine Kompetenz aus, die Sie innerhalb des bevorstehenden Praktikums erwerben möchten:

Operationalisieren Sie diese Kompetenz mittels geeigneter, persönlicher Zielsetzungen*	aus den unterschiedlichen Kompetenzbereichen				Bezüge Lernfelder	Arbeitsfeldspezifische Bezüge (vgl. Bildungsplan für Kitas)	Prozessschritte zum Kompetenzerwerb an der Fachschule	Prozessschritte zum Kompetenzerwerb an der Praxisstelle	Rahmenbedingungen Zeitlicher Umfang Verortung	Reflexion* kurze Begründung −− − + ++
	fachlich	methodisch	personal	sozial						
⟩										☐ weil ...
⟩										☐ weil ...
⟩										☐ weil ...

* Achten Sie auf eine fachliche Anwendung taxonomischer Begrifflichkeiten (vgl. Lerntagebuch).

* Vertiefte Reflexion im Praxisgespräch

Lernortkooperation

handwerk-technik.de • aus 4712 • Hanna Heinz

METHODE — Lernortkooperation

Operationalisieren Sie diese Kompetenz mittels geeigneter, persönlicher Zielsetzungen*	aus den unterschiedlichen Kompetenzbereichen		Bezüge Lernfelder	Arbeitsfeldspezifische Bezüge (vgl. Bildungsplan für Kitas)	Prozessschritte zum Kompetenzerwerb an der Fachschule	Prozessschritte zum Kompetenzerwerb an der Praxisstelle	Rahmenbedingungen Zeitlicher Umfang Verortung	Reflexion* kurze Begründung −− − + ++ *Vertiefte Reflexion im Praxisgespräch
	fachlich							
	methodisch							
	personal							
	sozial							
↘								☐ weil …
↘								☐ weil …
↘								☐ weil …

*Achten Sie auf eine fachliche Anwendung taxonomischer Begrifflichkeiten (vgl. Lerntagebuch).

Arbeitsfeldspezifische Bezüge

(In Anlehnung an: Handreichung zur Verzahnung von theoretischen und praktischen Ausbildungsinhalten in der Ausbildung von Erzieherinnen und Erziehern; Ministerium für Kultus, Jugend und Sport Baden-Württemberg, 2014)

METHODE

04 So erstellen Sie einen Ausbildungsplan (Plan A)

1. Verwenden Sie das vorgegebene 3-seitige Formular „Mein Ausbildungsplan (Formular Plan A)".
2. Füllen Sie die Angaben zum Praktikum auf dem Deckblatt/Seite 1 (obere Hälfte) aus.

Kompetenzen Wählen Sie aus den Kompetenzen eines/mehrerer geeigneten, möglichst aktuellen Lernfelds eine Kompetenz aus, die Sie innerhalb des bevorstehenden Praktikums erwerben möchten.	**1. Arbeitsschritt** Wählen Sie unter Zuhilfenahme von Anlage 1 eine Ihnen wichtige Kompetenz für Ihre berufliche Entwicklung aus den „Schlüsselkompetenzen der Erzieherin." Diese sollte auch mit dem Praktikumsverlauf, der Praxisstelle, der Zielgruppe kompatibel sein.
Operationalisieren Sie diese Kompetenz mittels geeigneter, persönlicher Zielsetzungen* * Achten Sie auf eine fachliche Anwendung taxonomischer Begrifflichkeiten (vgl. Lerntagebuch).	**2. Arbeitsschritt** Die Kompetenz sollen Sie jetzt entsprechend Ihrer persönlichen Entwicklungsprozesse operationalisieren: Ziele sind kleinteilig, individuell, überprüfbar (SMART-Formel).
aus den unterschiedlichen Kompetenzbereichen fachlich / methodisch / personal / sozial	**3. Arbeitsschritt** Kreuzen Sie zu jedem Ihrer operationalisierten Ziele den zutreffenden Kompetenzbereich an: • fachlich • methodisch • personal • sozial
Bezüge Lernfelder	**4. Arbeitsschritt** In welchen weiteren Lernfeldern sind entsprechende Kompetenzen zu finden? Geben Sie diese an.
Arbeitsfeldspezifische Bezüge (vgl. Bildungsplan für Kitas)	**5. Arbeitsschritt** Entsprechend Ihrer Praxisstelle, der Zielgruppe, mit der Sie im Praktikum arbeiten, und entsprechend Ihres gewählten Vertiefungsgebiets gibt es Vorgaben, die im Zusammenhang stehen mit von Ihnen angestrebten Kompetenzen.

METHODE — Lernortkooperation

	Prozessschritte zum Kompetenzerwerb an der Fachschule	**6. Arbeitsschritt** In welchen Fächern, mit welchen fachlichen Inhalten können Sie im Unterricht an der Fachschule/Fachakademie entsprechende Kompetenzen entwickeln? Was können Sie dazu beitragen, dass dieser Prozess erfolgreich sein wird?
	Prozessschritte zum Kompetenzerwerb an der Praxisstelle	**7. Arbeitsschritt** Welche Arbeitsprozesse, Aufgaben, Formen der Zusammenarbeit u.a. an Ihrer Praxisstelle sind geeignet, die von Ihnen angestrebten Ziele zu erreichen? Was können Sie dazu beitragen, dass dieser Prozess gelingt?
	Rahmenbedingungen Zeitlicher Umfang Verortung	**8. Arbeitsschritt** Wie planen Sie vorzugehen? Wann und wo können Sie Arbeitsprozesse verorten, um entsprechende Ziele zu erreichen?
	Reflexion* kurze Begründung `--	-	+	++` * Vertiefte Reflexion im Praxisgespräch	**9. Arbeitsschritt** Reflektieren Sie jeweils kurz die einzelnen Zielvorgaben und begründen Sie Ihre Einschätzung kurz: – – weitgehend nicht erreicht – eher nicht erreicht + teilweise erreicht + + weitgehend erreicht

3. Schließen Sie die Planung mit einer zusammenfassenden Reflexion auf dem Deckblatt/Seite 1 (untere Hälfte) ab, indem Sie sich fragen, welche Ziele Sie in diesem Praktikum erreicht haben (arbeiten Sie nach der SMART-Formel, s. Anlage 2).

4. Fragen Sie sich dann, welche Ziele Sie im nächsten Praktikum fokussieren. Verwenden Sie das vorgegebene 3-seitige Formular „Mein Ausbildungsplan (Formular Plan A)".

| METHODE | Lernortkooperation |

Anlage 1: Kompetenzbeschreibung

Schlüsselkompetenzen der Erzieherin

Folgende Schlüsselkompetenzen beschreiben die fachlichen Anforderungen an Erzieherinnen und Erzieher. Sie verdeutlichen gleichzeitig die angestrebte Professionalität im beruflichen Handeln der Fachkräfte.

Basis sind zuerst einmal **grundlegende Persönlichkeitseigenschaften**, die die erzieherische Fachkraft mitbringen soll und die während der Ausbildung weiterentwickelt werden:

- Zuverlässigkeit beim Übernehmen von Aufgaben und Einhalten von Absprachen
- Belastbarkeit im Umgang mit Gruppen, mit schwierigen Kindern/Jugendlichen, in schwierigen Situationen
- Selbstständigkeit und Engagement in der Wahrnehmung von Aufgaben.

Auf diesen persönlichen Eigenschaften bauen die folgenden zu erreichenden **Schlüsselkompetenzen** auf. Diese entwickeln sich im Laufe der Ausbildung und mit zunehmender beruflicher Erfahrung weiter:

1 Fähigkeit, Fachwissen in berufliches Handeln umzusetzen

2 Fähigkeit zur differenzierten Wahrnehmung (sozial, sinnlich-dinglich)

3 Fähigkeit zur Reflexion

4 Fähigkeit zum wertebewussten, pädagogischen Handeln (Werte, Normen, Ethik, Vorurteilsfreiheit)

5 Fähigkeit, eigene Lernprozesse zu organisieren und Kinder und Jugendliche in Lernprozessen zu unterstützen

6 Fähigkeit zur professionellen Kommunikation

7 Fähigkeit, im pädagogischen Team sowie mit anderen Partnern im Erziehungsprozess zusammenzuarbeiten (Konfliktfähigkeit, Teamfähigkeit u.a.)

(in Anlehnung an AGFAKS 2016, auf Basis FAKS Aschaffenburg)

Anlage 2: SMART-Formel

SMART-Formel

S = spezifisch	Ein Ziel wird durch sogenannte W-Fragen konkretisiert: Was, wann, wo, wer, mit wem und wie?
M = messbar	Das Ziel kann von jedem Mitarbeiter selbst überprüft werden (Reflexion). Woran können Mitarbeiter erkennen, dass das Ziel verwirklicht ist?
A = akzeptabel	Haben alle pädagogischen Mitarbeiter/Beteiligten am Erziehungsprozess dieses Ziel fokussiert? Ist es für alle im Team „tragbar", d.h. akzeptiert? Wie kann diese Akzeptanz eventuell hergestellt werden?
R = realistisch	Kann das Ziel von dem Mitarbeiter/den Mitarbeitern mit verfügbaren Mitteln gestemmt werden? Kann das Ziel in die pädagogische Arbeit integriert werden, ohne Mitarbeiter/Kinder zu überfordern?
T = terminiert	Wann ist das Ziel erreicht? Definiert wird dies durch einen fixierten Zeitpunkt oder ein beschriebenes Verhalten, an dem das Ziel ablesbar wird.

METHODE Lernortkooperation

05 Beispiel: Ein Ausbildungsplan (Plan B)

Am Beispiel einer bayerischen Fachakademie für Sozialpädagogik (Stand 2017) wird gezeigt, wie ein schuleigener Ausbildungsplan aussehen kann.

Mit den Kategorien:
Sozialpädagogisches Seminar (1. Jahr Erzieherausbildung Bayern);
Fachschule Sozialpädagogik (2. und 3. Jahr);
Berufspraktikum/Jahrespraktikum (praktisches 3. Jahr);
Berufsfachschule für Kinderpflege.

Inkl.
- „Kompetenzerwartungen" (aus dem jeweiligen Lehrplan)
- „Inhalte, Methoden"
- „Mögliche Aufgaben in Unterricht & Praktikum"

Vorschau 1

Ausbildungsplan Sozialpädagogisches Seminar [hier: Bayern, 1. Jahr Erzieherausbildung, „SPS"]

1. „Personen und Situationen wahrnehmen, Verhalten beobachten und erklären"

Zentrale berufliche Handlungskompetenzen nach dem Rahmenausbildungsplan für SPS	Inhalte, Methoden und Aufgaben in Unterricht & Praktikum
Kompetenzerwartungen • Der/die ErzieherpraktikantIn beobachtet das Verhalten einzelner Kinder, deren Bezugspersonen, des Teams, der/s AusbilderIn und deren Interaktionen auf der Basis von Wissen über altersentsprechender Bedürfnisse der Kinder • Er/sie ist sich bewusst, dass die fachliche Beobachtung, deren Dokumentation und Bewertung Grundlage professionellen Handelns ist • Er/sie gewinnt eine wertschätzende, erzieherische Grundhaltung gegenüber der Zielgruppe, individueller Lernwege, Ressourcen und Entwicklungsverläufe • Er/sie kennt Beobachtungs- und Dokumentationsformen und weiß um die Problematik selektiver und subjektiver Wahrnehmung • Er/sie hat einen Überblick über Entwicklungsprozesse, individuelle Entwicklungsverläufe, -abweichungen und -risiken • Er/sie nimmt den Kontext von Erziehung wahr (natürlich, kulturell, sozial) • Er/sie gewinnt Einblick in verschiedene Formen beruflichen Handelns • Er/sie entwickelt Selbstwahrnehmung und lernen Fähigkeiten/Grenzen eigenen beruflichen Handelns einzuschätzen	**Inhalte** • Grundanforderungen an die Erzieherpersönlichkeit • Rolle des/der ErzieherpraktikantIn • Darstellung und Analyse der jeweiligen Praxisstelle Formen der Beobachtung und Beobachtungsaufgaben • Bedürfnisse von Kindern/Jugendlichen • Unterscheiden von Beschreibung, Bewertung und Interpretation Beobachtung als Grundlage sozialpädagogischen Handelns Zusammenhang von Beobachtungen, Erklärungsversuchen und weiterem sozialpädagogischen Vorgehen • Unterschiedliche Dokumentationsinstrumente **Mögliche Aufgaben** • Institutionsbericht • Freispielbeobachtung/Spielbegleitungsmaßnahmen • Hospitationen • Dokumentation der Entwicklungsschritte im Ausbildungsportfolio • Beobachtungssequenz(en) zu verschiedenen Beobachtungssituationen

METHODE — Lernortkooperation

Vorschau 2

Ausbildungsplan Fachschule/Fachakademie für Sozialpädagogik

3. „Lebenswelten und Diversität wahrnehmen, verstehen und Inklusion fördern"

Zentrale berufliche Handlungskompetenzen nach dem Lehrplan für Fachschule/Fachakademie	Inhalte, Methoden und Aufgaben in Unterricht & Praktikum
Kompetenzerwartungen • Die Studierenden arbeiten auf der Grundlage eines fundierten und integrierten Wissens über die Vielfalt der Lebenswelten und Lebenssituationen von Kindern, Jugendlichen und jungen Erwachsenen in einer pluralistischen und sich ständig ändernden Gesellschaft • Sie analysieren die Auswirkungen unterschiedlicher Lebenswelten und Lebenssituationen auf Kinder, Jugendliche und junge Erwachsene und erweitern ihr Konzept der Fremdwahrnehmung. In der Situationsanalyse erfassen sie Vielfalt als heterogene Ausgangslage ihrer Arbeit • Sie setzen sich mit Vielfaltsaspekten wie Mehrsprachigkeit, kultureller Herkunft, religiösen und ethischen Prägungen und Geschlechtsrollenerwartungen auseinander und untersuchen die verschiedenen Dimensionen von Heterogenität in ihrer Bedeutung für Entwicklungs- und Bildungsprozesse • Sie übernehmen in ihrer Arbeit Verantwortung für Teilhabe und Förderung ihrer Adressaten • Die Verschiedenheit (Diversität) ihrer Bezugsgruppe bildet den Ausgang für die Planung, Durchführung und Reflexion pädagogischer Prozesse mit dem Ziel Inklusion zu fördern • Die Bildungs-, Erziehungs- und Betreuungsarbeit planen sie mit dem Ziel, allen Kindern, Jugendlichen und jungen Erwachsenen, orientiert an ihren individuellen Ressourcen, eine gleichberechtigte Teilhabe am gesellschaftlichen Leben zu ermöglichen. In der inklusiven Förderung arbeiten sie auch präventiv und kompensatorisch	**Inhalte** • Beobachtungs- und Dokumentationsverfahren von ressourcenorientierten Förder- und Erziehungsprozessen • Begleitung sprachlicher Entwicklung • Sozialraumanalyse • Hilfeplanung nach SGB VIII • Persönliche Erprobung verschiedener Beobachtungsverfahren • Auseinandersetzung mit der „Objektivität" der eigenen Beobachtungen • Aufgabenorientierter Einsatz von Dokumentation • Anwendung von fachspezifischem Erklärungswissen **Mögliche Aufgaben** • Reflexionsgruppen an der Fachschule • Dokumentation der Entwicklungsschritte im Ausbildungsportfolio: Entwicklungsdiagramm • Beobachtungsbuch anlegen • Arbeiten mit Beobachtungssequenzen zu verschiedenen Beobachtungsbereichen und mit unterschiedlichen Beobachtungsinhalten • Beobachtungsbericht

Vorschau 3

Ausbildungsplan Berufspraktikum/Jahrespraktikum

5. „Kooperation mit Partnern im sozialen Umfeld"

Zentrale berufliche Handlungskompetenzen nach der Handreichung für das Berufspraktikum	Inhalte, Methoden und Aufgaben in Unterricht & Praktikum
Kompetenzerwartungen • Der/die BerufspraktikantIn trägt zum positiven Erscheinungsbild der Einrichtung und ihrer Mitarbeiterinnen und Mitarbeiter in der Öffentlichkeit bei • Er/sie verfasst schriftliche und mündliche Beiträge und gestaltet Präsentationen • Er/sie gestaltet Aktionen der Öffentlichkeitsarbeit und der Gemeinwesen orientierten Arbeit mit • Soziale Netzwerke im Umfeld der Einrichtung kennen und deren Angebote nutzen. • Er/sie arbeitet mit Institutionen des sozialen Netzes zusammen • Er/sie nutzt Möglichkeiten einer Fachberatung im Praxisfeld und im Rahmen der schulischen Ausbildung • Er/sie setzt sich mit Vorstellungen und Zielen berufsständischer Vertretungen auseinander	**Inhalte** • Corporate Communication • Methoden der Sozialraumanalyse: SWOT, Potential-Analyse… • Sozialraum-Orientierung (Methoden..) • Ebenen der sozialräumlichen Arbeit **Mögliche Aufgaben** • Dokumentation einer Stadtteil-Begehung, z.B. als Foto-Werkstatt • Sozialraumexpertise • Erstellen einer Ecomap

 Anlage auf CD-ROM

Den vollständigen beispielhaften Ausbildungsplan (Plan B) einer bayerischen Fachakademie für Sozialpädagogik (Stand 2017) finden Sie auf der CD (26 Seiten)

Literaturverzeichnis Band 3

Didaktisches Glossar 2

Bergo, Cristina/Pro Skills: „TRAININGSKONZEPT zur Förderung von sozialen und personalen Kompetenzen bei sozial benachteiligten jungen Erwachsenen als Voraussetzung für Lebenslanges Lernen" 2006, S. 13. URL: *http://www.pro-skills.eu/manual/ProSkills_Manual_German.pdf* (Abruf 24.04.2014)

Berkefeld, Thorsten u. a.: Lehrerhandbuch Altenpflege. Verlag Handwerk und Technik, Hamburg 2010

Cohn, Ruth; Terfurth, Christina (Hrsg.): Lebendiges Lehren und Lernen - TZI macht Schule. Klett-Cotta, Stuttgart 1993, S. 174

Europäische Kommission für allgemeine und berufliche Bildung: Einen europäischen Raum des lebenslangen Lernens schaffen. Mitteilung der Kommission. 2007

Gudjons, Herbert: Pädagogisches Grundwissen. Klinkhardt, Heilbrunn 2008, S. 76 ff.

Jaszus, Rainer; Küls, Holger: Didaktik der Sozialpädagogik. Hamburg 2017, S. 425 f.

Kultusministerkonferenz: Deutscher Qualifikationsrahmen für lebenslanges Lernen. Beschluss der KMK v. 10. März 2011, S. 16

Länderübergreifender Lehrplan Erzieher/Erzieherin. Ausarbeitung Arbeitsgruppe, empfohlen vom Unterausschuss für Berufliche Bildung des KMK, Stand 01.07.2012

Ophardt, Diemut; Thiel, Felicitas: Klassenmanagement: Ein Handbuch für Studium und Praxis. Kohlhammer, Stuttgart 2013, S. 7

Scholz, Ingvelde: Das heterogene Klassenzimmer – differenziert unterrichten. Vandenhoeck & Ruprecht, Göttingen 2016, S. 9, 10, 12

Reich, Kersten (Hrsg.): Methodenpool der Universität Köln. Unterrichtsmethoden im konstruktiven und systemischen Methodenpool. URL: *http://methodenpool.uni-koeln.de*

Von Raben, Barbara: Portfolios in der Ausbildung pädagogischer Fachkräfte. Verlag an der Ruhr, Mülheim 2010

Weizsäcker, Richard von: Ansprache bei der Eröffnungsveranstaltung der Tagung der BAG Hilfe für Behinderte am 1. Juli 1993 in Bonn, URL: *http://www.bundespraesident.de/SharedDocs/Reden/DE/Richard-von-Weizsaecker/Reden/1993/07/19930701_Rede.html* (Abruf 10.10.2017)

Woolfolk, Anita: Educational Psychology, Allyn 2001

Situationsanalyse (nach Beer)

Beer, Peter; Langenmayr, Margret: Lernfeldorientierung in der Erzieherausbildung. Don Bosco, München 2003

CD: Einführung in kompetenzorientierten Unterricht

Arnold, Rolf: Wie man lehrt, ohne zu belehren. Auer, 2013

Bayerisches Staatsministerium für Unterricht und Kultus: Lehrplan Fachakademie für Sozialpädagogik, Erzieherausbildung, 2017

Beer, Peter; Langenmayr, Margret: Lernfeldorientierung in der Erzieherinnenausbildung. Don Bosco 2003, S. 46

Länderübergreifender Lehrplan Erzieherin/Erzieher. Ausarbeitung Arbeitsgruppe, Stand 01.07.2012

OECD: The Definition and Selection of Key Competencies. Executive Summery. S. 4

Projekt „Kompetenzbasierte Prüfungs- und Feedbackverfahren für die frühpädagogische Aus- und Weiterbildung". Verbundprojekt der EH Freiburg, Prof. Dr. Klaus Fröhlich-Gildhoff & der ASH Berlin, Prof. Dr. Iris Nentwig-Gesemann. URL: *https://www.weiterbildungsinitiative.de/fileadmin/download/Veranstaltungen/AWiFF_Kompetenzbasierte_Pruefungs-Feedbackverfahren_Panel_5.pdf*

Reinmann-Rothmeier, Gabi; Mandl, Heinz: Unterrichten und Lernumgebungen gestalten. In: Krapp, A.; Weidemann, B.: Pädagogische Psychologie. Beltz 2001, S. 626

Sausel, Stephan: Bemerkungen zu einer Kompetenzorientierten Ausbildung am Studienseminar Stade. Vortrag Tagung 2016. URL: *https://www.boefae.de/wp-content/uploads/2016/12/2016-BoefAE-Tagung_Sausel-Kompetenzorientierung-am-StudSemSTD-29-11-16.pdf*

WiFF Weiterbildungsinitiative Frühpädagogische Fachkräfte: Qualifikationsprofil „Frühpädagogik" – Fachschule / Fachakademie. 2011, S. 15

Die Kleinen kommen – Texte und Aufgaben zur Krippenpädagogik

Becker-Textor, Ingeborg: Die Kleinen kommen. Braucht die Kinderkrippe eine eigene Pädagogik? Transkript eines Referats, gehalten im Auftrag des LRA Würzburg und des Stadtjugendamtes Würzburg am 18.02.2009. Online veröffentlicht in: Das Kita-Handbuch, herausgegeben von Martin R. Textor und Antje Bostelmann. URL: *http://www.kindergartenpaedagogik.de/1986.html* (Abruf 11.10.2017)

Wüstenberg, Wiebke: Gleichaltrige im Krippenalter entwickeln Humor, eigene Themen und Freundschaften unter einander: Nützt das ihrer Entwicklung? (Teil 1). Online in: Das Kita-Handbuch, herausgegeben von Martin R. Textor und Antje Bostelmann. URL: *http://www.kindergartenpaedagogik.de/1813.html* (Abruf 20.10.2017)

Bild vom Erzieher

Wenke, Hans: Legende von der Erschaffung der Erzieherin (frei nach Erna Bombeck, Als der liebe Gott die Mutter schuf, 1974)

Lernsituation zu Bindung

Haug-Schnabel, Gabriele: Professionelle Beziehungsgestaltung. So verändert sich das Nähe- und Distanzerleben in den ersten drei Lebensjahren. In: Kleinstkinder in Kita und Tagespflege Heft 6/2013, S. 6–9

Die Beobachtung: Eine Materialsammlung

Hebenstreit-Müller, Sabine: Beobachten lernen – das Early Excellence Modell. Dohrmann Verlag Berlin (dvb), Berlin 2013

Jeannot, Godje u.a.: Kompetent in der Kita. Verlag Handwerk und Technik, Hamburg 2014

Moderation & Präsentation von Themen: Elternpartnerschaft Lernfeld 5

Bernitzke, Fred; Schlegel, Peter: Das Handbuch der Elternarbeit. Bildungsverlag1, Troisdorf 2004, S. 143, 154, 209

Hartmann, Martin; Rieger, Michael; Luoma, Marketta: Zielgerichtet moderieren. Beltz, Weinheim 1999, S. 19

Szenario: Helen und Familie
Weinbrenner, Peter: Merkmale eines Szenarios (2001). URL: *https://www.sowi-online.de/praxis/methode/szenariotechnik.html* (Abruf 10.11.2017)

Methoden der Kooperation
Müller, Burkhard K.: Die Kindertagesstätte als lernende Organisation. Online veröffentlicht in: Das Kita-Handbuch, herausgegeben von Martin R. Textor und Antje Bostelmann. URL: *http://www.kindergartenpaedagogik.de/1047.html* (Abruf 18.05.2017)
Tietze, Kim-Oliver: Die Phasen der kollegialen Beratung; Ablauf und Aufgaben. URL: *http://kollegiale-beratung.de* (Abruf 15.02.2017)

Konzeptionsentwicklung
Hollmann, Elisabeth; Benstetter, Sybille: In sieben Schritten zur Konzeption. Ein Arbeitsbuch. Velber/Seelze 2001, S. 20–21
Jacobs, Dorothee: Die Konzeptionswerkstatt in der Kita. Verlag das netz, Berlin 2009
Reich, Kersten (Hrsg.): Planspiel. In: Methodenpool der Uni Köln, 2007. URL: *http://methodenpool.uni-koeln.de/download/planspiel.pdf* (Abruf 03.09.2017)

Methode Ausbildungsportfolio
Bayerisches Staatsministerium für Arbeit und Sozialordnung, Familie und Frauen (Hrsg.); Textor, Martin; Blank, Brigitte: Elternmitarbeit: Auf dem Wege zur Bildungs- und Erziehungspartnerschaft. 2004, S. 13–14
Bräuer, Gerd: Schreiben als reflexive Praxis. Tagebuch, Arbeitsjournal, Portfolio. URL: *http://www.academia.edu/496627/Schreiben_als_reflexive_Praxis_Tagebuch_Arbeitsjournal_Portfolio* (Abruf 20.10.2017)
Deinet, Ulrich: Sozialraumorientierung als Konzeptionsentwicklung. Vom einrichtungszentrierten Blick zum Lebensweltbezug. In: TPS 8/2013, S. 8–12
Deutsches Jugendinstitut/Weiterbildungsinitiative Frühpädagogische Fachkräfte (Hrsg.): Mentorinnen und Mentoren am Lernort Praxis. Grundlagen für die kompetenzorientierte Weiterbildung. WiFF Wegweiser Weiterbildung, Band 8. DJI, München 2014, S 55
Fröhlich-Gildhoff, Klaus; Nentwig-Gesemann, Iris: Projekt „Kompetenzbasierte Prüfungs- und Feedbackverfahren für die frühpädagogische Aus- und Weiterbildung" (Verbundprojekt der EH Freiburg, Prof. Dr. Fröhlich-Gildhoff & der ASH Berlin, Prof. Dr. Nentwig-Gesemann). 2014, S. 14
Henning, Gudrun; Pelz, Georg: Merkmale nützlicher Verträge. In: Marona-Glock; Höhl-Spenceley, Sozialmanagement Praxisanleitung. Cornelsen, Berlin 2002
Nentwig-Gesemann, Iris; Fröhlich-Gildhoff, Klaus; Pietsch, Stefanie: Kompetenzentwicklung von FrühpädagogInnen in Aus- und Weiterbildung. In: Frühe Bildung, 2011, S. 24 URL: *http://econtent.hogrefe.com/doi/pdf/10.1026/2191-9186/a000003* (Abruf 21.10.2017)
Reich, Kersten (Hrsg.): Portfolio. In: Methodenpool der Uni Köln, 2007, S. 1, 4. URL: *http://methodenpool.uni-koeln.de/download/portfolio.pdf* (Abruf 01.03.2017)
Von Raben, Barbara: Portfolios in der Ausbildung pädagogischer Fachkräfte. Verlag an der Ruhr, Mühlheim 2010, S. 85–105

Methode Lernortkooperation
AGFAKS: Arbeitsgemeinschaft der bayrischen Fachakademien für Sozialpädagogik: Schlüsselkompetenzen der Erzieherin. 2016 URL: *http://faks-bayern.de/wp-content/uploads/2015/12/Schl%C3%BCsselkompetenzen-der-Erzieherin_2016.pdf* (Abruf 11.06.2018)
Bayerisches Staatsministerium für Unterricht und Kultus: Lehrplan für die Berufsfachschule für Kinderpflege. URL: *https://www.isb.bayern.de/berufsfachschule/lehrplan/berufsfachschule/lehrplan-lehrplanrichtlinie/sozialwesen/569/*
https://www.isb.bayern.de/download/10791/kinderpflege_2010_v2012.pdf (Abruf 11.05.2017)
BMBF/BiBB: Bundesministerium für Bildung und Forschung/Bundesinstitut für Berufsbildung: Lernortkooperation - gemeinsam zu einer abgestimmten Ausbildung an allen Lernorten (QUESAP). Abschlusstagung des Modellprogramms am 07. und 08.11.2013 in Berlin. URL: *https://www2.bibb.de/bibbtools/dokumente/pdf/QUESAP_Abschluss_MV_Qualitaet_2013.pdf* (Abruf 12.07.2017)
DQR: Deutscher Qualifikationsrahmen für Lebenslanges Lernen, S. 7
FSP2 Staatliche Fachschule für Sozialpädagogik Altona: Ausbildungsbegleitbuch für die Ausbildung zur Erzieherin/zum Erzieher an der FSP2. Hamburg 2017, S. 21–24, 30
Heinz, Hanna: Lehrerhandbuch Erzieherausbildung Band 1. Verlag Handwerk und Technik, Hamburg 2017
ISB München: Handreichung für Seminarveranstaltungen im Berufspraktikum der Fachakademie für Sozialpädagogik. URL: *http://www.isb.bayern.de/foerderschulen/materialien/h/handreichung-fuer-seminarveranstaltungen-im-berufs/* (Abruf 06.07.2017)
Jaszus, Rainer; Küls, Holger: Didaktik der Sozialpädagogik. Verlag Handwerk und Technik, Hamburg 2017
Kultusministerkonferenz: Kompetenzorientiertes Qualifikationsprofil für die Ausbildung von Erzieherinnen/Erziehern an Fachschulen/Fachakademien. Beschluss der Kultusministerkonferenz vom 01.12.2011
Länderübergreifender Lehrplan Erzieher/Erzieherin. Ausarbeitung Arbeitsgruppe, empfohlen vom Unterausschuss für Berufliche Bildung des KMK, Stand 01.07.2012
Ministerium für Bildung, Wissenschaft, Weiterbildung, Kultur Rheinland-Pfalz: Rahmenplan für das Berufspraktikum Fachbereich Sozialwesen in Rheinland-Pfalz. URL: *https://berufsbildendeschule.bildung-rp.de/fileadmin/user_upload/bbs/berufsbildendeschule.bildung-rp.de/Lehrplaene/Dokumente/Lehrplan_2010_11/Erzieher_Rahmenplan_Komplett.pdf* (Abruf 11.05.2017)
Ministerium für Kultus, Jugend und Sport Baden-Württemberg: Handreichung zur Verzahnung theoretischer und praktischer Ausbildungsinhalte in der Ausbildung von Erzieherinnen und Erziehern. Stuttgart 2014
Ministerium für Kultus, Jugend und Sport Baden-Württemberg: Rahmenplan für die praktische Ausbildung von Erzieherinnen und Erzieherin an der Fachschule für Sozialpädagogik [praxisintegriert], 2012, S. 7
Sozialpädagogenkonferenz FAKS Lindau (Heinz, Hanna; Kamps, Carmen; Ortmann, Isabella; Richter-Gottschalk, Roswitha; Schlehr-Petzold, Monika; Sechser, Conny; Spitz, Ricarda) 2016: Beispiel Ausbildungsplan (Plan B)
Weiterbildungsinitiative frühpädagogische Fachkräfte (Hrsg.)/Katja Flämig: Kooperation von Schulen und Praxisstätten in der Ausbildung frühpädagogischer Fachkräfte. München 2011

Bildquellenverzeichnis (Buch und beiliegende CD)

Fotolia Deutschland, Berlin, © www.fotolia.de: S. 6 (Lucian_3D); 8 (Koraysa); 9 (vitma); 12/1 (Mimi Potter), 2 (Mimi Potter),3 (Mimi Potter),4 (Mimi Potter),6 (Mimi Potter); 15/1 (Nenov Brothers),2 (vlntn); 21/4 (Rudie),5 (Trueffelpix); 31 (Rudie); 34 (Rudie); 38 (aris sanjaya); 40 (aris sanjaya); 42 (aris sanjaya); 43 (aris sanjaya); 44 (aris sanjaya); 45 (aris sanjaya); 46 (aris sanjaya); 47 (aris sanjaya); 48 (aris sanjaya); 49 (aris sanjaya); 59/6 (otomek),7 (vege); 62 (Alena Yakusheva); 64 (kzww); 101 (NikolayPetrovich); 116 (mihaela19750405); 124 (mihaela19750405); 136 (vitma); 147 (vitma); 155 (Alena Yakusheva); 156 (iceink); 167/1 (vlntn),3 (Dreaming Andy),4 (Peter Hermes Furian), 168/1 (Nenov Brothers),2 (vlntn); 191/1 (vlntn),3 (Dreaming Andy); 198 (rukanoga); 222/1 (cpauschert); 229/1 (Trueffelpix),2 (Jane),3 (Robert Kneschke),5 (Rudie),6 (Giovanni Cancemi)

Heinz, Hanna, Vogt: S. 21/1,2,3

iStockphoto, Berlin: S. 12/5 (Palto), 84/2 (jaroon)

Kaya, Merve, Lindau: S. 61

Shutterstock Images LLC, New York, USA: S. 21/6 (Palto),7 (Pedjami),8 (Lorelyn Medina); 22 (naulicreative); 25 (naulicreative); 37 (Suat Gursozlu); 56 (Martyshova Maria); 58 (Melissa King); 59/1 (Christos Georghiou),2 (Meitiek),3 (Alexander Maslennikov),4 (Anatoly Maslennikov),5 (Michael D Brown); 84/1 (Sergei Kolesnikov); 167/2 (5 second Studio); 191/2 (5 second Studio), 229/4 (Julia Babii); 230 (Julia Babii); 231 (Julia Babii); 232 (Julia Babii); 233 (MNStudio); 249 (PedroNevesDesign)

Verlag Handwerk und Technik GmbH, Hamburg: S. 28; 148; 149; 150; 222/2

Bildquellenverzeichnis (Zusatzmaterial auf beiliegender CD)

Didaktisches Glossar 1 aus Band 1/2

Fotolia Deutschland, Berlin, © www.fotolia.de: S. 3 (bittedankeschön); 6/1 (Thodoris Tibilis),2 (mikoo),3 (AnNat); 8 (Lucian_3D); 11 (Ekler); 13 (JiSign); 14/2 (Birgit Reitz-Hofmann),4 (elxeneize); 17 (donatas1205); 19 (ecco); 21 (Coloures-pic); 23/1–3, 4,6 (Mimi Potter); 28/1 (Nenov Brothers)

Illustration, An imation, Design Gregor Mecklenburg, Pinneberg: S. 12

iStockphoto, Berlin: S. 14/3 (foto-ruhrgebiet); 23/5 (Palto)

Merve, Kaya, Lindau: S. 14/1

Shutterstock Images LLC, New York, USA: S. 6/4 (npine),5 (sdebenport)

Verlag Handwerk und Technik GmbH, Hamburg: S. 10; 28/2

www.wikimedia.com: S. 15

Präsentationsdatei Einführung in kompetenzorientierten Unterricht

Autorengruppe Fachschulwesen (2011): Qualifikationsprofil „Frühpädagogik" – Fachschule/Fachakademie. Weiterbildungsinitiative Frühpädagogische Fachkräfte, WiFF Kooperationen, Band 1. München: Folie 8

Fotolia Deutschland, Berlin, © www.fotolia.de: Folie 2/1 (Rudie),3 (Trueffelpix); 3/2 (Rudie),3 (Trueffelpix); 4 (Dreaming Andy); 12/1 (Rudie),2 (Rudie); 13 (chee siong teh); 14 (Rudie); 15/1 (Rudie),2 (Rudie); 16/1 (Rudie); 18/1 (chee siong teh); 19 (Lucian_3D); 20 (vitma); 21/1 (chee siong teh); 22 (XtravaganT); 26/1 (chee siong teh); 28/1 (chee siong teh); 29/2 (donatas1205),3 (Ekler),4 (Coloures-pic),5 (ecco); 33/1 (Trueffelpix),2 (Jane),3 (Robert Kneschke),4 (Julia Babii),5 (Rudie),6 (Giovanni Cancemi),7 (Julia Babii); 34/1 (chee siong teh); 35/1 (Mimi Potter),3 (Mimi Potter); 36/1 (chee siong teh)

Heinz, Hanna, Vogt: Folie 1/1,2; 2/2; 3/1; 16/2; 21/2; 26/2; 28/2; 34/2; 36/2

iStockphoto, Berlin: Folie 29/1 (CSA-Images); 29/6 (foto-ruhrgebiet); 35/2 (Palto)

Shutterstock Images LLC, New York, USA: Folie 18/2 (ogieurvil); 27 (5 second Studio); 30/1 (CoraMax), 2 (Mego studio),3 (Jane0606); 31/1 (Palto),2 (Pedjami)

Verbundprojekt Kompetenzbasierte Prüfungs- und Feedbackverfahren für die frühpädagogische Aus- und Weiterbildung, Prof. Dr. Klaus Fröhlich-Gildhoff, EH Freiburg, Prof. Dr. Iris Nentwig-Gesemann, ASH Berlin: Folie 23

Wahrnehmungsrundgang Schule: Arbeitsblätter

Shutterstock Images LLC, New York, USA: S. I (Garder Elena); III (Andrew Rybalko); V (Yayayoyo); VII (Artisticco); IX (Yurchenko Yulia)

Methode Portfolio: Registerblätter

Fotolia Deutschland, Berlin, © www.fotolia.de: Register Blatt: 1 (vlntn); 3 (Dreaming Andy); 4 (Peter Hermes Furian); 8 (sunt): 9 (VRD); 11 (Anatoly Maslennikov); 12 (fotoscool); 14 (MTomicic)

iStockphoto, Berlin: Register Blatt: 7 (johavel); 15 (3D_generator); 18 (Magdevski)

Shutterstock Images LLC, New York, USA: Register Blatt: 2 (5 second Studio); 5 (Fedorov Ivan Sergeevich); 6 (5 second Studio); 13 (chinasong); 16 (aradaphotography); 17 (Drakonova); 20 (Lemon Tree Images); 21 (Markus Mainka)

Alle Lehrerhandbücher auf einen Blick:

Lehrerhandbuch
Erzieherausbildung Band 1
Kompetenzorientierte
Unterrichtssequenzen
von H. Heinz
Bestell-Nr.: **4709**

Lehrerhandbuch
Erzieherausbildung Band 2
Kompetenzorientierte
Unterrichtssequenzen
von H. Heinz
Bestell-Nr.: **4710**

Lehrerhandbuch
Erzieherausbildung Band 3
Neue kompetenzorientierte
Unterrichtssequenzen &
Arbeiten mit dem Portfolio
von H. Heinz
Bestell-Nr.: **4712**

Lehrerhandbuch
Erzieherausbildung Band 4
Neue kompetenzorientierte
Unterrichtssequenzen &
Klassenmanagement
von H. Heinz
Bestell-Nr.: **4713**

Auszüge aus den Lehrerhandbüchern sind auch als Downloadmaterial im Webshop erhältlich!

**Downloadmaterialien aus 4709
„Lehrerhandbuch Erzieherausbildung Band 1"**

Lernfeld 1: Berufliche Identität und professionelle
Perspektiven entwickeln
Bestell-Nr.: **DA0901041**

Lernfeld 2: Pädagogische Beziehungen gestalten
und mit Gruppen pädagogisch arbeiten
Bestell-Nr.: **DA0901042**

Lernfeld 3: Lebenswelten und Diversität wahrnehmen,
verstehen und Inklusion fördern
Bestell-Nr.: **DA0901043**

**Downloadmaterialien aus 4710
„Lehrerhandbuch Erzieherausbildung Band 2"**

Lernfeld 4: Sozialpädagogische Bildungsarbeit in den
Bildungsbereichen professionell gestalten
Bestell-Nr.: **DA0901044**

Lernfeld 5: Erziehungs- und Bildungspartnerschaften
mit Eltern und Bezugspersonen
Bestell-Nr.: **DA0901045**

Lernfeld 6: Institutionen und Team entwickeln sowie
in Netzwerken kooperieren
Bestell-Nr.: **DA0901046**

Lernfeldübergreifendes Downloadmaterial

Methodik/Didaktik
Bestell-Nr.: **DA0901047**

Weitere Informationen finden Sie
unter www.handwerk-technik.de